# A História do Brasil em 50 frases

# A História do Brasil em 50 frases

JAIME KLINTOWITZ

LeYa

*Diretor editorial*: Pascoal Soto
*Editora executiva*: Maria João Costa
*Editora assistente*: Denise Schittine
*Assessor editorial*: Bruno Fiuza
*Pesquisa*: Susana Horta Camargo
*Revisão de texto*: Camila Dias da Cruz e Luiz Roberto Jannarelli
*Diagramação*: Abreu's System
*Design de capa*: Ideias com Peso
*Produção Gráfica:*
*Direção*: Marcos Rocha
*Gerência*: Fábio Menezes

CIP-BRASIL. CATALOGAÇÃO-NA-FONTE
SINDICATO NACIONAL DOS EDITORES DE LIVROS, RJ

Klintowitz, Jaime
A história do Brasil em 50 frases / Jaime Klintowitz. – Rio de Janeiro: LeYa, 2014.
464 p.

Bibliografia
ISBN 978-85-8044-908-2

1. História – Brasil I. Título II. Fraga

13-1064 CDD: 981

2014
Todos os direitos desta edição reservados a
TEXTO EDITORES LTDA.
[Uma editora do Grupo LeYa]
Rua Desembargador Paulo Passaláqua, 86
01248-010 – Pacaembu – São Paulo – SP – Brasil
www.leya.com.br

Para Manuela, Violeta e Gabriel.
Sem eles, não valeria a pena.

Sumário

**Das batalhas e revoltas**

**De reis, príncipes e imperadores**



**De místicos e visionários**

**Dos construtores**

## Dos pensadores

**De presidentes**

# Introdução

A história é feita de fatos – e também de frases.

Embora nenhuma sentença seja capaz de conter ou sintetizar por si só as circunstâncias e mentalidades envolvidas num fato histórico, elas traduzem o sentido do drama, da vontade – e também da comédia – que marcam a trajetória de um povo. Nem sempre elas oferecem a solenidade que se espera de um evento imponente. Assim como nem sempre as melhores frases foram legadas por grandes líderes. Mas sempre se pode extrair emoção, conhecimento ou simplesmente humor de um aforismo.

Muitas vezes, as frases saem espontaneamente prontas da boca dos protagonistas, como "O cheirinho do cavalo é melhor que o do povo", do presidente João Figueiredo.

Outras frases foram claramente inventadas ou lapidadas posteriormente para cristalizar o significado de um acontecimento histórico. "Independência ou morte", por exemplo. É a conclamação perfeita para a declaração de independência. Mas, a rigor, as palavras mais duras, proferidas às margens plácidas do Ipiranga no exato instante em que o príncipe Dom Pedro declarou rompidas as relações com o reino de seu pai, foram "Pois verão quanto vale o rapazinho!". Era assim, com desdém, que ele era chamado pelos políticos portugueses que queriam reconduzir o Brasil à condição de colônia.

E há frases que são previamente preparadas e ficam ali, à espera do momento certo. "Serenamente dou o primeiro passo no caminho da eternidade e saio da vida para entrar na história", da carta-testamento de Getúlio Vargas, foi escrita dez dias antes de seu suicídio. E não pelo presidente, mas, pelo menos em sua forma final, por José Soares Maciel Filho, redator da maioria de seus discursos. Isso em nada prejudica o sentido ou a emoção daquela mensagem trágica.

O que as frases fazem não é apenas ilustrar e dar maior riqueza à narrativa do episódio histórico. Muitas delas acabam entrando para o imaginário popular, transformando-se em alegorias da cultura e da personalidade de um país, embora às vezes o povo não se lembre mais de quem as proferiu nem em qual evento se originaram.

Por detrás de cada uma das cinquenta frases do título deste livro encontram-se eventos relevantes da história do Brasil. É um convite para o leitor revisitar os personagens e o momento em que foram proferidas. Não se trata de uma coletânea do que de melhor ou do mais espirituoso foi dito nos últimos quinhentos anos, ainda que, entre uma frase insípida e outra de boa verve, ficou-se com esta última. Deu-se preferência àquelas que pegaram e se tornaram de uso corrente, a ponto de sua origem deixar de ter importância para quem as usa no cotidiano. Outras foram escolhidas por ter brilho próprio. A interpretação sagaz de um acontecimento, a graça peculiar, a proeminência de seu autor contribuem para fazer de uma sentença um marco de sinalização da trajetória nacional. Algumas frases foram muito repetidas no passado e agora repousam no baú das expressões em desuso. Aqui são lembradas de forma a permitir uma visita-relâmpago à história brasileira.

Este não é um livro de pesquisas originais. As informações foram buscadas em duas centenas de livros de historiadores, jornalistas e memorialistas, em artigos da imprensa e nos arquivos históricos de livre consulta. Um grande esforço foi feito para dar o devido crédito a cada informação reproduzida de outros autores. Agradecemos a todos eles. Eventuais omissões nos devidos créditos não foram intencionais. Devem ser atribuídas à falha humana.

Este livro não está organizado em ordem cronológica: os capítulos foram agrupados por afinidade de temas. Isso permite que a leitura seja feita segundo a vontade de cada um, do início para o fim, do fim para o início, ou a partir de qualquer frase, sem o risco de perder o fio da meada. Monte o seu próprio roteiro para um passeio pela história.

Jaime Klintowitz

# Dos desbravadores

SE ALGURES NA TERRA EXISTE O PARAÍSO TERRESTRE, NÃO PODE ELE ESTAR LONGE DAQUI!

Américo Vespúcio

Pedro Álvarez Cabral comandou uma frota com 13 navios, com 1.500 homens a bordo, e descobriu o Brasil, em 1500. O florentino Américo Vespúcio veio ao Novo Mundo como reles tripulante numa expedição portuguesa de apenas três caravelas, em 1501. A missão era conferir as dimensões da descoberta de Cabral. A terra é imensa, pôde informar o capitão Gonçalo Coelho ao rei Dom Manuel, o Venturoso.

Apesar da imensidão territorial do Brasil, o Novo Mundo recebeu o nome do piloto italiano e não o do capitão-mor da Armada portuguesa. Parte da explicação para a inversão de valores é a seguinte: a notícia do *achamento* de terra firme no Ocidente causou pouca comoção. Das mãos de Dom Manuel, a carta de Pero Vaz de Caminha passou à secretaria de Estado carimbada como documento sigiloso. Não era do interesse da Coroa anunciar, antes do tempo, tal descobrimento, se é que existia. Ainda era incerto se o Brasil estava ou não na porção do mundo atribuída aos portugueses pelo Tratado de Tordesilhas. Existia o risco de a Espanha reivindicar a nova terra ou até enviar navios para tomar posse. Em Portugal, as primeiras informações sobre as viagens cabralinas só foram impressas em 1550.

Portugal não investira na frota de Cabral para encontrar novas terras. O propósito era o de instalar feitorias na África e nas Índias. A viagem deveria também passar um recado às cidades-estados da Itália – o de que o comércio com o Extremo Oriente agora tinha novo dono. De volta a Portugal, o fidalgo chegou a ser convocado para comandar nova expedição às Índias. Às vésperas da partida, desentendeu-se com Dom Manuel e foi substituído. Pelo resto da vida, o descobridor do Brasil viveu anonimamente no seu casarão em Santarém.

Sabe-se que o rei comentou, maldosamente, que Cabral "não é bem-afortunado nas coisas do mar". Seria uma referência às perdas sofridas pela frota na viagem que descobriu o Brasil?

Dos treze navios que deixaram Portugal, apenas cinco retornaram ao Tejo com os porões cheios de especiarias. A nau de Vasco de Ataíde desapareceu logo no início da viagem, perto de Cabo Verde. Quatro embarcações naufragaram na travessia do Atlântico em direção ao Cabo da Boa Esperança, levando toda a tripulação para o fundo do mar. Outra nau, sob o comando de Sancho de Tovar, carregada de especiarias, encalhou na volta do Oriente. Duas chegaram de porões vazios (uma delas foi aquela enviada com a notícia da descoberta do Brasil).

Pois é bom dizer logo: não foi fiasco algum. A perda de navios era um risco aceitável das grandes navegações. Ninguém criticou o capitão-mor por deixar metade da frota pelo caminho. A carga dos cinco navios rendeu um lucro de 800% para a Coroa portuguesa. O dinheiro foi suficiente para pagar o custo das embarcações perdidas e ainda sobrou para financiar novas expedições. Cabral, que tinha direito a parte da carga, ficou podre de rico. O que não alcançou em vida foi notoriedade pela descoberta do Brasil ou a homenagem de ter uma terra – uma simples província que fosse – com seu nome.

Américo Vespúcio foi, no estilo renascentista, homem de múltiplos talentos. Explorador, financista, navegador, cartógrafo, escritor de sucesso. Enviado para Cádiz, na Espanha, para cuidar da filial do banco da família Médici, ele expandiu os negócios para o ramo da navegação. Dom Manuel o convidou a participar como observador de várias viagens entre 1499 e 1502.

A modesta expedição de Gonçalo Coelho foi um marco na história da cartografia por ter confirmado que as terras recém-descobertas não faziam parte da Ásia. Cristovão Colombo descobriu a América e morreu pensado ter chegado às Índias. Vespúcio foi o primeiro a reconhecê-la como novo continente – e foi ele quem espalhou a boa nova na Europa.

"Quem relata e explica torna-se, muitas vezes, mais importante que o verdadeiro autor", escreveu Stefan Zweig a respeito do florentino.[1] Com sua pena e talento narrativo, Américo Vespúcio assentou a pá de cal na geografia de Ptolomeo, a única conhecida desde o século II. A expressão *Mundus Novus* foi usada pela primeira vez na carta que ele enviou a seu benfeitor Lorenzo di Pierfrancesco de Medici, o banqueiro de Florença. A carta, cujo original está perdido, foi traduzida para o latim e publicada em latim em livro no final de 1502. Um best-seller, que alcançou 22 edições nos três anos seguintes.

"E é legítimo chamar isso um novo mundo, porque nenhum desses países era do conhecimento de nossos ancestrais e tudo o que se ouvir a respeito deles será inteiramente novo", escreveu Américo Vespúcio.

Um de seus leitores, o cartógrafo e humanista alemão Martin Waldseemüller, foi o primeiro a sugerir que o novo continente fosse nomeado *ab Americo Inventore*. O próprio cartógrafo concretizou a ideia ao dar o nome de América ao continente em seu monumental mapa-múndi publicado em 1507.[2] A designação aparecia sobreposta no Nordeste brasileiro e, por essa razão, foi usada por um tempo para identificar a América do Sul. Não tardou a ser aceita para todo o continente.

Na elaboração do mapa-múndi, Waldseemüller contou com a colaboração do cartógrafo Matthias Ringmann. Eles eram jovens clérigos na catedral de Saint-Dié, em Lorena, na França, e é um mistério como podiam conhecer com tanta precisão a configuração da América do Sul e a existência do Oceano Pacífico.

Em tese, o espanhol Vasco Nuñez de Balboa avistaria o Pacífico pela primeira vez em 1513. O extremo sul do continente só iria ser contornado pelo português Fernando de Magalhães em 1520. Em anotação no próprio mapa, Waldseemüller forneceu a seus contemporâneos uma dica intrigante:

"Se você não está familiarizado com as novas descobertas, não precisa se assustar com o que vê neste mapa, pois isso é como você verá o mundo no futuro."[3]

Quando Vespúcio morreu em 1512, em Sevilha, o continente já era conhecido por todos como América.

A propósito, quando esteve por aqui, um ano depois de Cabral, o florentino escreveu um simpático comentário:

"Se algures na terra existe o paraíso terrestre, não pode ele estar longe daqui!"

## Referências:


1 Stefan Zweig, *Caminhos da verdade*. Rio de Janeiro: Editora Guanabara, 1936.

2 A única cópia conhecida da primeira edição do mapa-múndi de Waldseemüller está na Biblioteca do Congresso, em Washington. Foi comprada por 10 milhões de dólares em maio de 2003.

3 John W. Hessler (org.), *The Naming of America: Martin Waldseemüller's 1507 World Map and the Cosmographie Introductio*, Giles, 2008.

E EM TAL MANEIRA É GRACIOSA QUE, QUERENDO-A APROVEITAR, DAR-SE-Á NELA TUDO, POR BEM DAS ÁGUAS QUE TEM.

Pero Vaz de Caminha

O escrivão Pero Vaz de Caminha, da armada de Pedro Alvarez Cabral, legou à posteridade um testemunho raro: o do encontro de dois mundos distantes numa praia sul-americana em abril de 1500.

A carta enviada por ele ao rei de Portugal com a notícia da descoberta do Brasil é um relato quase jornalístico dos fatos à medida que foram acontecendo durante a memorável semana em que os navios portugueses permaneceram fundeados em Porto Seguro. Nas primeiras linhas, Caminha assumiu o compromisso de prestar um testemunho isento – "não porei aqui mais do que aquilo que vi e me pareceu" – e, apesar de escrever na linguagem própria da época e do ofício, ele resistiu à tentação do estilo rebuscado em voga na Renascença.

A simplicidade da abordagem dá ao texto o ritmo vivaz de um roteiro de cinema, que se lê com prazer cinco séculos depois dos acontecimentos. A descrição que faz da vida material dos indígenas ainda fornece informações úteis aos etnólogos modernos.

Caminha escreveu todos os dias, como se fosse um diário, e datou a carta de Primeiro de Maio de 1500, sexta-feira. No sábado, a frota zarpou em direção às Índias. A Carta do Achamento (como se dizia no século XVI) seguiu caminho inverso, remetida para Lisboa. Das mãos de Dom Manuel, o Venturoso, o documento passou aos arquivos da Torre do Tombo e ali foi esquecido por dois séculos.

Só em 1773, o diretor do arquivo, José Seabra da Silva, mandou fazer uma cópia. Supõe-se que essa cópia tenha chegado ao Brasil na bagagem da família real, em 1808. O certo é que foi encontrada no Arquivo da Marinha Real do Rio de Janeiro pelo padre Manuel Aires do Casal, que a publicou pela primeira vez em 1817. Cinco anos mais tarde, com a independência, os brasileiros perceberam a utilidade do documento para a identidade nacional do novo país – vem desta época a expressão "Certidão de Nascimento do Brasil".

O original, que permanece numa gaveta na Torre do Tombo, consiste de 27 páginas de texto e uma de endereço. Dessa missiva relativamente longa, uma única sentença vem fácil à memória dos brasileiros:

*"E em tal maneira é graciosa que, querendo-a aproveitar, dar-se-á nela tudo, por bem das águas que tem."*[1]

Em geral, é citada em versão simplificada: "Em nela se plantando, tudo dá." Soa como um prognóstico de primeiríssima hora do país do futuro e, por essa razão, pode ser relembrada para alimentar surtos de ufanismo. O curioso é que a referência ao potencial agrícola é secundária na carta de Caminha, quase um apêndice ao assunto central do manuscrito, que são os índios.

O tópico econômico só aparece no final da carta, quando o escrivão especulou sobre a abundância de águas e outras riquezas da Ilha de Vera Cruz. Até parece incluído de última hora, como se ocorresse ao redator que seria estranho deixá-lo de lado.

Nela, até agora, não pudemos saber que haja ouro, nem prata, nem coisa alguma de metal ou ferro. Nem lho vimos. Porém a terra em si é de muitos bons aires...

Do que foi ou não escrito, é preciso absolver o escrivão de uma acusação: a de que a raiz do nepotismo no Brasil está na carta que Caminha escreveu ao rei. Nas últimas linhas, ele dá a entender – ou assim foi entendido pelos leitores – que pede emprego para um parente. A suposição não é correta. O escrivão tinha pelo menos uma filha, Isabel, casada com certo Jorge Osório. Homem violento, Jorge foi condenado por assalto a mão armada e degredado para a África. É por ele que Caminha intercede, ao pedir ao rei que "mande vir da ilha de São Tomé a Jorge de Osório, meu genro – o que d'Ela receberei em muitas mercês".

E ainda se tivesse pedido um emprego para o genro, estaria perfeitamente de acordo com os costumes de seu tempo. Quase não existia outra forma de entrar para o serviço público exceto a indicação de alguém poderoso no reino. Em 1476, Caminha assumiu o posto de Mestre da Balança da Casa da Moeda na cidade do Porto, equivalente ao de tesoureiro, e também foi vereador. É possível que tenha herdado o posto, pois era comum a transmissão de cargos oficiais de pai para filho. Ou terá sido nomeado por Dom Manuel que, segundo certos estudiosos, lhe tinha afeição. Em 1500, ele foi nomeado escrivão da feitoria a ser construída por Cabral em Calecute, na Índia. Lá, ele foi morto no ataque muçulmano às obras da feitoria, em dezembro de 1500.

À caminho do posto, Caminha parou no Brasil e escreveu sua famosa carta. A novidade que ele desejava compartilhar com El-Rei era a descoberta daquela gente "parda, maneira de avermelhados, de bons rostos e bons narizes, bem feitos".

A descrição simples foi, a seu tempo, uma revolução cultural. A Europa ainda estava presa a mitos medievais sobre a existência de seres fantásticos e homens disformes nas regiões distantes do Trópico. O encontro amistoso com os portugueses, que o escrivão narra em detalhes, ajudou a demonstrar a humanidade dos habitantes do novo mundo. Ao contrário das lendas, notou, os índios eram fisicamente formosos, asseados e de boa índole. Espantavam, apenas, certos costumes:

> Andam nus, sem nenhuma cobertura. Nem estimam de cobrir ou mostrar suas vergonhas. E nisso têm tanta inocência como em mostrar o rosto.

E, com toda a certeza, eram bárbaros sem noção do protocolo europeu. Imagine a cena: Cabral preparou-se à moda de um grande senhor para receber os primeiros índios a subir a bordo da nau capitânea. Queria impressionar aquela gente. Sentou numa cadeira, bem vestido, um colar "mui grande ao pescoço, e aos pés uma alcatifa por estrado". Toda a pompa foi em vão, pois os visitantes "não fazem sinal de cortesia, nem de falar ao Capitão, nem a ninguém".

O escrivão português encantou-se em especial com as mulheres nuas que aparecem na praia. Até se atreve a fazer, numa carta endereçada ao rei, trocadilhos e comparações bem-humoradas do corpo das índias com os das mulheres de Portugal:

"E uma daquelas moças era toda tingida, de baixo a cima daquela tintura. E certo era tão bem-feita e tão redonda, e sua vergonha (que ela não tinha) tão graciosa, que a muitas mulheres da nossa terra vendo-lhes tais feições, fizera vergonha, por não terem a sua como ela".

O que fazer com essa gente tão amigável e ingênua? O escrivão preocupou-se em salvar-lhes a alma. Ele exortou o rei a enviar um clérigo para batizá-los. A frota preparava-se para abandonar dois degredados com os índios. Caminha, porém, não acreditava que eles seriam capazes de ensinar a fé cristã aos selvagens.

Além dos dois coitados abandonados à própria sorte no litoral de um mundo desconhecido, houve também dois grumetes, "que esta noite se saíram desta nau num esquife, fugindo por terra". A Certidão de Nascimento do Brasil não registrou os nomes nem os motivos do desterro e da fuga desses quatro primeiros brasileiros, detalhes que hoje mereceriam grande atenção.

## Referências

1 O abismo aberto pelo tempo dificulta a leitura do original da Carta do Descobrimento. Veja um exemplo do que Pero Vaz de Caminha escreveu:

*"Posto que o capitam moor, desta vossa frota e asy os outros capitaães screpuam a vossa alteza a noua do achamento desta vossa terra noua que se ora neesta nauegaçam achou, nom leixarey tambem de dar disso minha comta avossa alteza asy como eu milhar poder aimda que pera o bem contar e falar o saiba pior que todos fazer."*

Há várias adaptações para a língua moderna feitas por especialistas, que eles divergem sobre o sentido de muitas palavras do português quinhentista. A versão neste livro é a de Paulo Roberto Pereira, em Os Três Únicos Testemunhos do Descobrimento do Brasil, Lacerda Editores, 1999.

COMO O DEMÔNIO COM O SINAL DA CRUZ PERDEU TODO O DOMÍNIO SOBRE OS HOMENS, RECEANDO PERDER TAMBÉM O MUITO QUE TINHA NESTA DITA TERRA, TRABALHOU PARA QUE FOSSE ESQUECIDO O PRIMEIRO NOME E FICASSE O DE BRASIL POR CAUSA DE UM PAU.

Frei Vicente de Salvador

Há alguma coisa no nome de um país que possa afetar seu destino e identidade?

Frei Vicente de Salvador achava que sim. Em *História do Brasil*, que o religioso baiano terminou de escrever em 1627, ele afirma que uma colônia que troca o nome cristão pelo de um "pau com que tingem panos" não podia dar em boa coisa.[1]

Nas primeiras décadas da colonização, a denominação da nova terra não era assunto trivial. Uma marca das conquistas portuguesas era a toponímia de cunho religioso. O primeiro sinal de terra foi avistado na Páscoa – batizado, por consequência, de Morro Pascal. É provável que Pedro Alvarez Cabral tenha escolhido Vera Cruz porque estavam a poucos dias da celebração da Cruz de Cristo.

Em abril de 1500 não havia certeza sobre o que fora encontrado. Na carta enviada ao rei de Portugal, comunicando a descoberta, o escrivão Pero Vaz de Caminha se refere primeiro à Terra de Vera Cruz. Mais adiante, talvez para se corrigir, endereçou a correspondência "deste Porto Seguro, da vossa Ilha de Vera Cruz".

Mestre João Faras, médico de bordo e autor de um dos três relatos escritos deixados por testemunhas da descoberta, também se refere a Ilha de Vera Cruz.[2] No terceiro testemunho ocular da descoberta, *Relação do Piloto Anônimo*, publicado em italiano no ano de 1507, o Brasil é denominado "Terra dos Papagaios".

Cita-se aqui provas testemunhais do primeiro nome do Brasil por boa razão: Vera Cruz jamais foi usado. Só se soube de sua efêmera existência com a publicação da carta de Pero Vaz de Caminha, em 1817.[3] O que terá acontecido? Talvez Vera Cruz não tenha agradado a Dom Manuel, o Venturoso. Em 1501, o rei escreveu a seus sogros, reis da Espanha, para informá-los da boa nova, a descoberta da Terra de Santa Cruz.

Foi essa cruz, a santa, que – para desgosto de Frei Vicente – viria a ser suplantada por um lenho profano, reles mercadoria.[4]

De alguma maneira, o termo Brasil instalou-se sozinho para denominar a América portuguesa. Isso ocorreu com tanta rapidez que o dramaturgo Gil Vicente pode usá-lo num versinho do Auto da Fama, que estreou em 1510:

"Com ilhas mil, deixai a Terra do Brasil."

O governo português resistiu por algum tempo. A denominação profana apareceu pela primeira vez em um documento oficial em 1530. No alvará real para o envio de uma expedição com a missão de estabelecer o controle português, está a determinação para "Martim Affonso de Souza, do meu conselho, achar ou descobrir na Terra do Brasil onde o envio".

A relutância em relação ao nome laico persistiu ainda por décadas. É isso que se deduz do título do livro do historiador Pero de Magalhães de Gândavo publicado em 1576, com prefácio de Luís de Luiz de Camões: *História da Província de Santa Cruz, a que vulgarmente chamamos de Brasil.*

Brasil, a madeira, era velha conhecida dos europeus. Há séculos eles a importavam da Ásia, principalmente do Ceilão e da Indonésia. Do cerne avermelhado era extraído um corante, a brasileína, usado no tingimento de tecidos e no preparo, em menor escala, de tinta de escrever. Por analogia, a árvore similar identificada no Novo Mundo também recebeu o mesmo nome.[5] Os indígenas de língua tupi, do litoral brasileiro, chamavam a árvore de Ibirapitanga, literalmente madeira vermelha. Uma sorte que não tenha sido esse o nome que prevaleceu.

O pau-brasil podia ser encontrado em toda a América tropical. Mas, por aqui, as condições revelaram-se excepcionais para o comércio em larga escala. Grandes reservas de madeira, facilidade de acesso pelo litoral e farta mão de obra indígena, disposta a entregar a mercadoria nos navios em troca de quinquilharia. Quase toda produção era enviada para ser processada na região de Flandres, nos Países Baixos. Esse comércio persistiu até o surgimento das tinturas sintéticas, no século XIX.

Nenhum cronista colonial pôs em dúvida que o nome da terra derivava de seu principal produto. Só no início do século XX, por sugestão de um respeitado historiador, Capistrano de Abreu, ganhou espaço uma versão alternativa – a de que o nosso Brasil viera em linha reta de uma ilha mítica, "a linda Hy Brasil". Peça da geografia imaginária da Idade Média, esse lugar abençoado pela magia e pela concórdia ainda aparecia nas costas da Irlanda em mapas do século XV.

Apesar de nunca ter sido encontrada uma única fonte antiga que mencione a ilha mística como inspiração para o batismo do país, a etimologia fantasiosa é popular. Seria injusto colocar no mesmo pacote todos que gostam dessa versão mágica. Mas fica difícil ignorar a motivação sombria que movia o acadêmico Gustavo Barroso, o grande patrono da ancestralidade de Hy Brazil. Fascista de carteirinha e fervoroso propagandista do antissemitismo, Barroso considerava a origem mística preferível a uma atividade mercantil cujo pioneiro foi o cristão-novo Fernando de Noronha.[6]

O historiador José Murilo de carvalho, ocupante da cadeira número cinco da Academia Brasileira de Letras debruçou-se sobre o conflito de versões, comparou a motivação de religiosos do passado, como Frei Vicente, com a dos atuais adeptos de Hy Brazil e, pode-se dizer, perdeu a paciência. Ele escreveu a respeito:

"Sem poder mais se livrar do nome Brasil, os novos inconformados buscaram deslocar sua origem para a fantástica ilha. Se para os primeiros o lenho corante não poderia substituir o lenho sagrado, para os segundos o lenho-mercadoria não podia prevalecer sobre a Ilha dos Abençoados."[7]

O nome, no final das contas, pode dizer bastante sobre a identidade e o destino de um povo.

## Referências

1 O parágrafo completo é o seguinte: "Como o demônio com o sinal da cruz perdeu todo o domínio sobre os homens, receando perder também o muito que tinha nesta dita terra, trabalhou para que fosse esquecido o primeiro nome e ficasse o de Brasil por causa de um pau assim chamado, de cor abrasada e vermelho, com que tingem panos, e não o daquele divino pau que deu tinta e virtude a todos os sacramentos da Igreja." A obra de Frei Vicente da Salvador (1564-1635), que nasceu na Bahia e por isso é aclamado como o primeiro historiador brasileiro, só foi publicada dois séculos depois de escrita. O texto acima foi transcrito de Frei Vicente de Salvador, *História do Brasl*, Edições do Senado Federal, 2010.

2 Em sua carta, datada de primeiro de maio de 1500, Mestre João sugere que a existência de terra firme naquela latitude já era conhecida e até constava de determinado mapa. Veja do trecho: *"(...)Quanto, Senhor, ao sítio desta terra, mande Vossa Alteza trazer um mapa-mundi que tem Pedro Vaz Bisagudo e poderá ver Vossa Alteza o sítio desta terra; mas aquele mapa-múndi*

*não certifica se esta terra é habitada ou não; é mapa antigo e ali achará Vossa Alteza escrita também a mina.*" Mestre João foi um dos primeiros a descrever a constelação do Cruzeiro do Sul.

3 *A Carta de Pero Vaz de Caminha* ficou inédita por mais de dois séculos, até ser descoberta Arquivos da Torre do Tombopor José de Seabra da Silva, em 1773. No Brasil foi publicada pela primeira vez pelo padre Manuel Aires de Casal, na sua *Corografia Brasilica*, pela Imprensa Régia, em 1817. *A Carta do Mestre João* foi descoberta pelo historiador Pedro Adolfo de Varnhagen e publicada em 1843.

4 Nas primeiras décadas do século XVI outros nomes designaram o Brasil. Terra dos Papagaios era o preferido dos italianos. Mas Américo Vespúcio, o italiano que emprestou seu nome ao continente, preferia Terra de Gonçalo Coelho, nome do capitão da expedição que o trouxe à nova terra pela primeira vez, em 1501. Em *O tupi na geografia Nacional*, publicado em 1901, o geógrafo Teodoro Sampaio, diz que os indígenas do litoral usavam a expressão Pindorama para a terra que habitavam. Do tupi pindó-rama ou pindó-retama, significando a região ou o país das palmeiras.

5 Pedro Martir de Angleria, o cronista das conquistas espanholas, narrando a segunda viagem de Cristovão Colombo em 1495, diz existir florestas na ilha de Hespaniola bosques nas quais não se via outra árvore exceto brazil, "que os italianos chamavam de verizinho".

6 Gustavo Barroso (1888-1957) presidiu a ABL em 1932, 1935, 1949 e 1950. Filiado ao Partido Integralista, Barroso propôs confinar os judeus brasileiros em campos de concentração similares aos existentes na Alemanha nazista.

7 José Murilo de Carvalho, O Brasil e seus nomes, Revista de História da Biblioteca Nacional, dezembro de 2006.

**MORRER SE PRECISO FOR, MATAR, NUNCA.**

Cândido Rondon

O Theatro Municipal do Rio de Janeiro lotou para ouvir a série de palestras proferidas por Cândido Rondon, em 1915. A plateia gostou em especial do relato da expedição que devassou o Rio da Dúvida, cujo nome refletia a incerteza sobre seu curso. Desvendado o mistério, foi rebatizado de Rio Roosevelt. Isso porque Rondon levara consigo, pela mata virgem, o ex-presidente Teodoro Roosevelt, o do *big stick*.[1] O momento era de aclamação patriótica do bandeirante moderno e ninguém mencionou que a aventura por pouco não termina em tragédia.

A expedição binacional havia percorrido 640 quilômetros em 59 dias por rios e florestas inexploradas. Jornada exaustiva e, devido aos atritos entre os expedicionários, tensa. Ao chegar a Manaus, em 30 de abril de 1914, o ex-presidente americano perdera 20 quilos e estava febril, com uma ferida infeccionada na perna. Rondon, ao contrário, mostrava-se pronto para retornar ao trabalho na floresta. O que para o americano fora um mergulho no inferno verde, para o militar brasileiro era simples rotina.[2]

Cândido Rondon acompanhou a comitiva de Roosevelt até Belém, aonde chegaram em 9 de maio, e o americano pegou um navio para casa. O militar brasileiro embarcou às 11 horas da noite do mesmo dia num navio que voltava pelos rios Amazonas e Madeira. Rondon estava com 50 anos e erguia linhas telegráficas pela vastidão brasileira desde os 25.[3] A mais penosa missão foi a de oito anos dedicados à linha telegráfica entre Cuiabá, no Mato Grosso, e a margem do rio Madeira, na bacia do Amazonas, finalmente inaugurada em janeiro de 1915.[4]

A linha solitária estendia-se por 1.600 quilômetros em terreno inóspito, só conhecido por mapas precários. O grosso do trabalho consistia em abrir um picadão de 30 metros de largura na mata fechada e era constantemente interrompido por surtos de malária, beribéri e por pesadas deserções na tropa de recrutas. Ainda era preciso lidar com índios desconhecidos e, muitas vezes, agressivos.

Ah, os índios... Menos que pela exploração do ignoto brasileiro, a posterioridade celebra Rondon pela política indianista que ajudou a moldar.[5] O lema cunhado por ele para nortear os primeiros contatos com tribos isoladas foi adotado pelo Serviço de Proteção ao Índio, do qual ele foi o primeiro chefe: "Morrer se preciso for, matar, nunca".

Na virada para o século XX, o Brasil via com naturalidade a realização de expedições punitivas contra tribos arredias. Não havia apenas aquelas organizadas pelas autoridades. Eram comuns matanças patrocinadas por fazendeiros e seringueiros. O próprio Rondon precisou de sangue frio para não se deixar arrastar pelos costumes do faroeste caboclo. Em seu diário, ele narrou a luta íntima, travada entre o desejo de vingança e a ponderação humanitária, que se seguiu a um ataque nhambiquara ao seu acampamento no norte do Mato Grosso, em 21 de outubro de 1907.

Uma flecha atingiu a bandoleira de couro de sua espingarda Remington e outra feriu com gravidade Rio Preto, seu cão da caça. O futuro marechal espantou os atacantes a tiros, mas disparou para o alto. Ao registrar o episódio, ele não disfarçou a irritação: "Esses nhambiquaras[5] não sabem que viemos em paz?

Longe estávamos de esperar essa traição inglória e traiçoeiramente". Na conclusão, o sentimento de alívio: "Que felicidade! Escapei de morrer inglória e traiçoeiramente". No dia seguinte, mais calmo, mostra-se compreensivo com os índios. Mas foi preciso convencer seus comandados a não adotar represálias:

> (...) a vergonha que parecia todos sofríamos se não demonstrássemos aos inimigos nossa superioridade. Ao princípio ia participando deste ponto de vista militar, sendo felizmente reconduzido ao ponto de vista humano e fraternal – insisti pela retirada, porque nossa missão é de todo fraternal, não de guerra.[6]

Cândido Mariano da Silva nasceu no Mato Grosso em 1865. Aos cinco meses perdeu o pai e, aos dois anos, a mãe. Foi morar com um tio em Cuiabá, de quem adotou o sobrenome Rondon. Em dezembro de 1889, um mês depois da proclamação da República, recebeu o título de engenheiro militar e de bacharel em matemática e ciências físicas pela Escola Militar do Rio de Janeiro.

Sua mãe descendia de índios bororos e terenas – mas não foi a genealogia que o motivou a defender os indígenas. Rondon pertenceu a uma geração de brasileiros que lutou por reformas modernizantes e para dar identidade à nação. No final do século XIX, a presença do Estado brasileiro não se estendia longe do litoral. Demorava um mês para ir do Rio ao Mato Grosso numa viagem de navio que descia o litoral, entrava no Rio da Prata e subia pelos rios Paraná e Paraguai.

Levava-se quase o mesmo tempo para ir ao Japão, do outro lado do planeta. Em 1908, o navio *Kasato Maru* com a primeira leva de imigrantes japoneses só precisou de quarenta dias para chegar ao Brasil.[7] A notícia da proclamação da República em 15 de novembro de 1889 só chegou aos moradores de Cuiabá às vésperas do Ano-novo.

A comissão chefiada por Rondon estava, como o telégrafo e a cartografia, ligando os pontos entre os Brasis. Em 70 meses, entre 1900 e 1906 – de acordo com estimativas do próprio Rondon citadas pelo historiador Todd A. Diacon –, a Comissão Telegráfica explorou e mapeou, muitas vezes pela primeira vez, quatro mil quilômetros quadrados de território do Mato Grosso.

Rondon acreditou que a força do Brasil estava na fusão das três raças, branca, negra e indígena. Para ele, quem vivia no sertão e na taba era tão brasileiro quando um bacharel no Rio de Janeiro. O brasileiro do grotão só precisava ser informado de sua identidade nacional. Era por essa razão que ele carregava na bagagem um gramofone. Em datas festivas, como o Sete de Setembro, tocava o hino nacional e hasteava a bandeira em aldeias indígenas, vilarejos de seringueiros ou nos acampamentos de trabalhadores. Muitos brasileiros viram assim os símbolos da pátria pela primeira vez.

O mote positivista era "ordem e progresso". Era isso o que Rondon pretendia levar ao Brasil "selvagem". Na doutrina do filósofo francês Auguste Comte, os rituais cívicos eram a melhor ferramenta para conectar os indivíduos (família) à sociedade (humanidade), pois o elo entre eles era a nação (pátria). Rondon foi um dos primeiros a aderir à Igreja Positivista, quando a proclamação da República a colocou em voga. O culto definhou em menos de uma década. Daí em diante, viu-se reduzido a um punhado de velhotes excêntricos – entre eles Rondon, fiel até o final da vida.

Os índios também eram vistos pelo prisma positivista. Viviam em estado civilizatório já ultrapassado pelo homem ocidental. Era preciso protegê-los, dando tempo para atingirem o desenvolvimento necessário para a incorporação no Estado Positivista da Humanidade, a entidade supranacional almejada pela seita. A proteção aos selvagens defendida por Rondon incluía o direito à terra. Só isso já era motivo suficiente para que ele fosse odiado por fazendeiros e governadores, que preferiam tirar os indígenas do caminho. Rondon também trombava com a Igreja Católica. Vivia a denunciar o trabalho dos missionários salesianos entre os índios. O fiel positivista via o catolicismo como relíquia de uma etapa já superada da marcha humana. A guerra de atrito atingiu o clímax quando Rondon matriculou um órfão nhambiquara numa escola protestante no Rio de Janeiro. Não era concebível um funcionário público atrever-se a roubar uma alma à Igreja Católica. A comprovação de que Rondon detinha a tutela legal do menino arrefeceu o escândalo fomentado pela igreja e por alguns jornais.

Nos anos 20 e 30, a cúpula militar, que não queria mais saber de filosofia nos quartéis, era abertamente hostil a Rondon. Vitoriosa a Revolução de 30, um de seus líderes, Juarez Távora, detonou Rondon numa entrevista ao *Jornal do Commercio*, do Rio de Janeiro:

> Dilapidador dos cofres públicos, a distribuir pelo sertão bruto linhas telegráficas aos índios para servir-lhes de brinquedo.

Rondon deixou o Exército, mas Getúlio Vargas, o chefe da Revolução, o manteve no serviço público. Anos depois foi convocado a liderar a comissão brasileira que mediou o conflito de fronteira entre o Peru e a Colômbia. Ao voltar ao país em 1938, foi homenageado por uma comissão de recepção reunindo todos os ministros de Estado e por um coro regido por Villa-Lobos. O maestro compôs um hino especialmente para a ocasião.

Rondon assumira o status de herói da pátria e assim foi tratado dali em diante. Em 1955, recebeu o título honorífico de marechal. Em 1963, o de patrono da Arma de Comunicações do Exército.

Mantinha-se ativo, escrevendo cartas aos políticos e dando palpite em toda a sorte de assuntos. Em 1952, com 87 anos, num gesto simbólico, foi encarregado de levar ao presidente Getúlio Vargas o projeto de lei criando o Parque Nacional do Xingu. Morreu aos 93 anos em seu apartamento em Copacabana, em 19 de fevereiro de 1958. Dois anos antes, em 17 de fevereiro de 1956, por decisão do Congresso Nacional, o antigo território de Guaporé passara a se chamar Rondônia.

Até hoje é o único brasileiro homenageado com o nome de um Estado.

## Referências:

1 Theodore Roosevelt trouxe com ele naturalistas com o propósito de coletar material para o Museu de História Natural de Nova York. A viagem, que começou em dezembro de 1913, foi relatada por Roosevelt em *Through the Brazilian wilderness*, publicado em 1914. A edição mais recente em português é *Nas selvas do Brasil*, Theodore Roosevelt. 1977. Itatiaia – Edusp, 326 p. Trad. Luiz Guimarães Junior.

2 Todd A. Diacon. *Rondon.* Coleção Perfis Brasileiros. São Paulo: Companhia das Letras, 2006.

3 O primeiro posto do engenheiro militar Cândido Rondon, em 1890, foi o de ajudante do major Gomes Carneiro, chefe da Comissão Construtora de Linhas Telegráficas, então empenhada em colocar de pé a ligação entre Cuiabá e a divisa com Goiás. Em 1892, Rondon assumiu o comando da Comissão.

4 A linha solitária foi inaugurada ainda faltando instalar quilômetros de fios. O primeiro telegrama só pode ser transmitido no ano seguinte.

5 A grafia usada por Rondon em seu diário é Mabikwara.

6,7 Todd A. Diacon. op. cit.

# Das batalhas e revoltas

> É NECESSÁRIO QUE VENHAM MUITAS MULHERES ÓRFÃS E DE TODA A QUALIDADE, ATÉ MERETRIZES.

Manoel da Nóbrega

Um problema nos primeiros anos da colonização era a falta de mulheres brancas.

Tomé de Souza, o primeiro governador-geral, desembarcou na Bahia em março de 1549 com mais de mil colonos. Trouxe funcionários para cuidar da burocracia, soldados, cirurgiões, pedreiros, lenhadores, tanoeiros, ferreiros, carvoeiros e centenas de degredados. Mas não havia mulheres solteiras, com a exceção de uma escrava moura que se tornou objeto da cobiça geral.

Para sorte dos colonos, as índias eram amistosas e logo se formaram casais. Muitos portugueses até usufruíam de verdadeiros haréns. Era tudo feito à maneira informal dos casamentos indígenas, apesar da desaprovação oficial da Igreja Católica. Na verdade, o clero, que deveria zelar pelos bons costumes, era tolerante com esses arranjos tropicais.

Entre toda essa gente vinda com o governador-geral, Manoel da Nóbrega, que chegou acompanhado de três padres e dois frades, teria maior importância para o futuro do Brasil que os outros mil. Era a primeira missão na América da Companhia de Jesus, criada apenas quinze anos antes. O fundador, Inácio de Loyola, ainda estava vivo, em Roma. O objetivo era a catequese dos indígenas. E cheios de energia e entusiasmo, os jesuítas consideram que tinham o dever de combater a sem-vergonhice dos colonos.

Como fazer isso?

Quatrocentos anos mais tarde, o sociólogo Gilberto Freyre, autor de *Casa Grande e Senzala,* livro clássico sobre a formação da identidade brasileira, deu asas à imaginação ao se debruçar sobre o assunto. Ele descreveu os colonizadores portugueses como extremamente dados ao sexo e à miscigenação. Isso ocorria em boa parte, na visão do Mestre de Apipucos, porque eles eram prisioneiros de uma imagem herdada de séculos de contatos com os sarracenos, "que deixara idealizada entre os portugueses a figura da moura encantada, tipo delicioso de mulher morena e olhos pretos, envolta em misticismo sexual".[1] Ou seja, o tipo físico das índias combinaria com o ideal de beleza feminina dos portugueses.

Manoel da Nóbrega, que via com os próprios olhos o que estava acontecendo, tinha explicação mais prosaica: os pecados dos portugueses nos trópicos se deviam à falta de mulheres brancas. Para remediar, ele pediu socorro ao Reino. Seu primeiro apelo foi feito em 1550, em carta enviada a El-Rei João III:

"Se El-Rei determina povoar mais esta terra, é necessário que venham muitas mulheres órfãs e de toda a qualidade, até meretrizes, porque há aqui várias qualidades de homens. E os bons e os ricos casarão com as órfãs. E deste modo se evitarão pecados e aumentará a população no serviço de Deus."[2]

Talvez houvesse falta de órfãs e meretrizes em Portugal, pois as mulheres continuaram a vir a conta-gotas. Em 1551, desembarcaram na Bahia apenas três irmãs solteiras. Em 1553, vieram outras nove e, em 1559, mais sete.[3]

Manoel da Nóbrega foi ficando, aos poucos, mais tolerante com a nova realidade. Em carta enviada em 1551, ele diz ser desnecessário enviar mulheres brancas para Pernambuco. Lá, os portugueses e as "negras da terra" já haviam produzido uma geração de mulheres mestiças, as primeiras brasileiras. Chamadas de mamelucas e criadas como cristãs, "as quais todas agora casarão, com a ajuda do Senhor".

O jesuíta percebeu inesperada vantagem nos arranjos sexuais da colônia. Numa carta a seu superior, ele explicou uma dificuldade da catequese. Depois de aceitar o batismo, a maioria dos índios fugia para o mato e retornavaa vida tradicional, inclusive ao canibalismo.A situação era outra entre as índias amasiadas com europeus. Elas geralmente permaneciam fiéis à religião do companheiro e criavam os filhos como cristãos. Surpreendia como elas se tornavam carolíssimas, com grande devoção aos santos:

"As índias forras, que há muito andam com os cristãos em pecado, trabalhamos para remediar por não se irem ao sertão já que são cristãs, e lhes ordenamos uma casa à custa dos que as tinham para nela recolher e dali casarão com alguns homens trabalhadores pouco a pouco."

Os pecadilhos sexuais passaram para segundo plano,com a invasão francesa na Baía da Guanabara, em 1555. O governo da colônia e os jesuítas tinham então um osso mais duro de roer.

Desde 1517, quando o alemão Martinho Lutero abrira fogo contra a venda de indulgências pela Igreja Católica, havia guerra religiosa na Europa. Um em cada três cristãos abandonara a Igreja Católica. A Companhia de Jesus, que Loyola criara com disciplina militar, perfilava na linha de frente da luta contra a Reforma. Manoel da Nóbrega, chefe dos jesuítas na colônia,decidiu que sua prioridade era promover na América do Sul a guerra aosfranceses que "seguem as heresias da Alemanha e vinham a essa terra semear a heresia pelo gentio", como diz em carta de 1560.

Antes da invasão, os franceses navegam abertamente pelo litoral brasileiro, retornando à Europa com os porões de seus navios abarrotados de produtos valiosos. Uma única nau podia levar 3 mil toras de pau-brasil e 3 mil peles de onça. Eles só ancoravam seus navios o tempo necessário para carregar as mercadorias trazidas pelos índios, sem se fixar na terra.

"Durante anos", escreveu o historiador Capistrano de Abreu, "ficou indeciso se o Brasil pertenceria a portugueses ou a franceses".

O rei francês Henrique II decidiu que era hora de se estabelecer. O Rio de Janeiro seria o embrião de um novo império colonial na América do Sul, a França Antártica. O nome esdrúxulo se deve à cartografia precária, que situava a Baía da Guanabara mais perto do Polo Sul do que está na realidade. Em 1554, o vice-almirante Nicolas Durand Villegaignon fez rápida e discreta viagem exploratória ao Brasil. Navegou até Cabo Frio, a menos de 200 quilômetros do Rio de Janeiro, e confirmou que os portugueses pouco se afastavam de suas capitanias. Muito menos se atreviam a se aproximar do Rio de Janeiro, onde eram odiados pelos tupinambás que viviam às margens da Baía da Guanabara.

Em 10 de novembro de 1555, Villegaignon estava de volta ao Rio de Janeiro, desta vez para ficar. Ele era acompanhado por uma guarda pessoal de oito escoceses e por um índio tabajara, casado com uma francesa, na condição de intérprete. O índio não foi de qualquer serventia, pois a língua que falava era a dos inimigos dos tupinambás. A expedição consistia de duas caravelas e um cargueiro de pequeno porte, embarcações apinhadas com 600 colonos.

Pelo menos metade deles havia sido recrutada nas prisões francesas – "gente rude, sem educação ou lealdade", como se queixou Villegaignon mais tarde. Mas havia também cientistas e intelectuais. A primeira escola na Baía da Guanabara foi fundada por dois deles, padres beneditinos e biólogos experientes. Outro francês, o franciscano André Thevet, legou à posteridade um relato pioneiro do Brasil e de seus habitantes, publicado em Paris em 1557.[4] Luteranos, nesta primeira leva, havia uma dúzia, se tantos.

O que não havia eram mulheres. Villegaignon não trouxera nenhuma – e isso seria dor-de-cabeça que quase destruiu sua colônia.

Os franceses ergueram um baluarte de madeira, o Forte Coligny, numa ilha arborizada distante um quilômetro da praia (devido aos aterros, atualmente apenas um canal de 50 metros de largura separa a ilha do aeroporto Santos Dumont). A maioria dos colonos foi viver em Henriville, a vila construída por eles onde é agora o centro da cidade do Rio de Janeiro.

Manoel da Nóbrega tinha 48 anos em 1555. Não era um teólogo e, devido a um problema de dicção, também deixava a desejar como pregador. Sua grandeza estava na inesgotável energia física e moral. Percorreu o país de norte a sul, de sul a norte, converteu os indígenas, aos quais protegeu da escravidão o quanto pode, e ajudou a fundar Salvador, Rio de Janeiro, São Paulo e Santos.

Na expedição para libertar o Rio de Janeiro dos franceses, o jesuíta foi a força que impulsionou o exército e o responsável pela estratégia de Mem de Sá, o terceiro-governador geral. Era ele o redator das cartas com pedidos de reforços militares, que muitas vezes Mem de Sá também assinava:

"Peço que se faça socorrer a esse pobre Brasil, ameaçado por um antro de hereges chefiados por um demônio", escreveu a Dom Henrique, regente de Portugal depois da morte de João III.

Uma batalha homérica foi travada entre Manoel da Nóbrega e Nicolas Durand Villegaignon – dois homens que tinha muito em comum e que, no final das contas, nunca estiverem frente a frente.

Villegaignon, o "demônio" de Manoel da Nóbrega, nada tinha de herege. Era, como o jesuíta, um católico fervoroso, comendador da Ordem dos Cavaleiros de Malta, congregação militar que existia desde as cruzadas. Ao contrário do português, figura confinada ao trabalho numa colônia selvagem, o francês era um homem da Corte, uma celebridade do século XVI. Henrique II, de quem era amigo, o encarregava das missões mais espinhosas.[5]

Vasco Mariz, seu biólogo brasileiro, faz de Villegaignon a seguinte descrição:

"Era alto, bonito, forte, simpático, bem falante, culto, extremamente hábil no manejo das armas da época, sedutor com as mulheres (embora obrigatoriamente casto depois que entrou para a Ordem de Malta, aos 21 anos), sempre bem vestido (mesmo na França Antártica, onde todos andavam seminus), respeitoso com seus superiores e por eles muito apreciado, determinado ao extremo, profundamente religioso e bom conhecedor da fé católica e de seus dogmas mais complexos."[6]

O ardor religioso do cavaleiro de Malta ajudou bastante no fracasso da colônia no Rio de Janeiro. Esteve na origem da primeira crise, conhecida por Revolta da Testosterona.

Igual aos portugueses, os franceses confraternizavam livremente com as índias. Villegaignon não via isso com bons olhos e decidiu acabar com festa escolhendo um caso exemplar. Ordenou a um intérprete normando, que vivia em concubinato com uma índia, que casasse de acordo as leis cristãs ou abandonasse a mulher, sob o risco de ser condenado à morte se desobedecesse. Descontentes por se verem privados de companhia feminina, muitos colonos passaram a conspirar para matar o comandante e seu estado-maior. O complô foi descoberto a tempo pela guarda escocesa. Dois colonos foram executados e outros dois reduzidos à escravidão. O intérprete, pivô da revolta, fugiu para viver com os índios, acompanhado por duas dúzias de franceses.

A segunda crise foi religosa. A colônia conseguiu se manter fora das disputas entre protestantes e católicos até o momento em que o almirante Gaspard de Coligny, primeiro-ministro do reino e recém-convertido à reforma, surgiu com a ideia de transformar a França Antártica em refúgio para calvinistas franceses. Cheio de entusiasmo, o teólogo João Calvino arregimentava voluntários, contando que o próprio Villegaignon lhe escrevera pedindo ajuda financeira e colonos protestantes.

A primeira leva de 300 calvinistas franceses e suíços desembarcou na Baía da Guanabara em maio de 1557. No grupo vinham catorze missionários recrutados em Genebra para a catequese dos índios. Era a primeira missão enviada pelos protestantes para fora da Europa. Vieram também uma mulher e várias adolescentes. Foram as primeiras europeias a aparecerem vestidas na baía da Guanabara, para espanto dos índios.

Foi questão de semanas até o fervor reformista trombar com o dogmatismo católico do Cavaleiro de Malta. Andavam às turras por querelas doutrinárias, como a presença de Cristo na Eucaristia. Seria lícito deitar água ao vinho? Sim, pela tradição dos santos católicos, não para os protestantes, que se valiam das Escrituras. Para piorar, o zelo dos missionários colocara os tupinambás em pé de guerra.

No final do ano, a situação era insustentável. Os missionários decidiram retornar à Europa num velho barco normando que apareceu para carregar pau-brasil. Na hora de zarpar, assustados com o péssimo estado da embarcação, cinco deles preferiram desembarcar a arriscar a vida na travessia oceânica. Desconfiado com o retorno inesperado dos calvinistas, Villegaignon mandou prender, torturar e executar três deles.[7]

Na Europa, os sobreviventes pintaram um quadro dantesco da França Antártica. Villegaignon foi acusado de tirania e de pretender fundar uma dinastia independente com Jaci, a bela filha do cacique Cunhambebe. Elee Calvino tinham sido colegas de escolas e bons amigos. Agora, o teólogo reformista o tratava de "Caim da América". Foram suspensos os preparativos para o envio de nova leva de colonos luteranos. Os próprios católicos estavam desconfiados. Estaria o Cavaleiro de Malta, membro proeminente da mais católica das ordens guerreiras, desenvolvendo uma nova heresia nos trópicos?[8]

Em 1558, depois de três anos no Brasil, Villegaignon partiu para se defender pessoalmente na França de todas as acusações.

Em 21 de fevereiro de 1560, com Villegaignon ainda na Europa, a frota portuguesa entrou na baía da Guanabara para expulsar os franceses.Os portugueses arrasaram facilmente Henriville, passando na espada os habitantes, franceses e índios, que conseguiram pegar. Tomar o forte foi mais difícil. O comandante Bois-le-Comte, sobrinho de Villegaignon, resistiu por dois dias, até acabar a munição. Embrenhou-se então pelo mato com sua gente. Os canhões abandonados nos escombros do forte ainda são exibidos em Lisboa como troféu de guerra.

No relatório de Mem de Sá, fica-se sabendo que havia no forte 74 franceses e alguns escravos, reforçados depois pelos 40 tripulantes da nau *Isaura*, que estava na baía sendo carregada no momento da chegada dos portugueses. Havia também "mais de mil gentios, tão bons espingardeiros quanto os franceses". O governador dispunha de 120 soldados portugueses, 140 gentios e 18 soldados "moços que nunca viram pelejar".

A França Antártica sobreviveu até 1567, quando os portugueses tomaram de assalto o morro da Glória, ocupado e fortificado pelos franceses. Naquela batalha, atingido no olho por uma flecha envenenada, morreu Estácio de Sá, sobrinho de Mem de Sá, que três anos antes fundara o Rio de Janeiro. Foi, em boa parte, por insistência de Manoel da Nóbrega que a cidade foi erguida sobre as ruínas de Henriville.

Villegaignon estava a organizar uma expedição armada para socorrer a colônia. Desistiu ao saber da vitória portuguesa. Deu então um passo inesperado: apresentou um pedido de indenização ao embaixador português em Paris. Curiosamente, o governo lusitano concordou em indenizá-lo com 3.000 ducados. Ressarcido seu investimento, o Cavaleiro de Malta considerou encerrada a aventura brasileira.

Em 1570, ano em que Manoel da Nóbrega morreu no Rio de Janeiro, a colônia já não via a falta de mulheres brancas como grande problema.

## Referências


1 Ana Lucia Sales de Lima e Sezinando Luiz Menezes, "*Que proveja isto com temor, pois nós outros não podemos por amor*"*: A ação catequética do Padre Manuel da Nóbrega nos Trópicos entre 1549 e 1559*. Tempos Históricos, volume 11, 2008.

2 Manoel da Nóbrega, Cartas do Brasil 1549-1560, coleção Cartas Jesuíticas Volume I, Biblioteca da Cultura Nacional, Academia Brasileira de Letras, 1931.

3 Darcy Ribeiro, *O Povo Brasileiro*, Companhia de Bolso, 2006.

4 André Thevet, *As Singularidades da França Antártica*, Itatiana, 1978.

5 A façanha mais conhecida de Villegaignon antes da invasão do Brasil fora o resgate (ou o sequestro, como preferem os ingleses), de Maria Stuart, rainha da Escócia. Em 1548, Maria Stuart tinha cinco anos e seu país estava dilacerado pela guerra religiosa. Para evitar que fosse capturada e forçada

a casar com o filho do rei inglês Henrique VIII, "um herege", sua mãe a escondeu num palácio e pediu socorro a França. O rei francês mandou uma frota com 6 mil soldados para invadir a Inglaterra. Era só despiste para distrair os ingleses enquanto Villegaignon contornava a ilha em galeras a remo, pegava a rainha-menina e a levava para a França sã e salva. Se ele tivesse fracassado, a história da Europa no século XVI teria sido bem diferente.

6 Vasco Mariz e Lucien Provençal, *Villegagnon e a França Antártica* , Editora Nova Fronteira, 2ª ed., 2005.

7 Os missionários executados por ordem de Villegaignon estão entre os mais cultuados mártires do calvinismo. Também é lembrado nos sermões o tormento dos que conseguiram retornar à Europa. A comida a bordo acabou no meio do Atlântico e para sobreviver os missionários precisaram se alimentar de ratos, papagaios e roer pedaços de couro.

8 Segundo um de seus biógrafos, o francês Arthur Heulhard, Villegaignon realmente chegou a pensar em uma igreja brasileira, menos rígida na doutrina, quase ecumênica.

**NÃO HÁ PECADO DO LADO DE BAIXO DO EQUADOR.**

Gaspar Barleus

Um cacoete brasileiro consiste em responsabilizar a colonização portuguesa por mazelas do Brasil moderno. Passados quase dois séculos da independência, seria razoável procurar o bode expiatório por aqui mesmo. Mas a coceira persiste: seria diferente se os holandeses não tivessem sido expulsos em 1654? A julgar pela Indonésia e pelo Suriname, o legado colonial batavo está longe de inspirador. Nem por isso a nostalgia em relação ao período de dominação holandesa no Nordeste deixa de ter um pezinho na realidade. No século XVII, Pernambuco foi arejado por uma lufada de iluminismo europeu cujo legado urbanístico e cultural ainda impressiona.

A aventura holandesa no Nordeste começou do outro lado do mundo, como sucesso da Companhia das Índias Orientais na Ásia. Quase da noite para o dia a pequenina Holanda emergiu como potência marítima e comercial. Os bons negócios no Oriente inspiraram a formação de um empreendimento similar, a Companhia das Índias Ocidentais, para tentar a sorte na América. Em 1623, uma frota de 65 navios enviada pela Companhia tomou Pernambuco, a mais rica das capitanias. Seis anos depois, foi contratado um novo administrador para a colônia, João Maurício, conde de Nassau-Siegen, príncipe da Casa de Orange.[1]

Ele tinha 32 anos, era um militar e administrador experiente. Um homem renascentista, com múltiplos interesses e talentos. Desembarcou em Pernambuco acompanhado por uma pequena guarnição de 350 soldados e um estupendo time composto de naturalistas, cientistas, astrônomos, médicos e pintores.[2] Era um pacote de inovação que iria revolucionar o rústico nordeste brasileiro. A renovação de maior peso foi urbana. Nassau construiu a Cidade Maurícia (Mauritsstad em holandês) na ilha de Antônio Vaz, ligada por uma ponte a velha Recife.[3] O burgo flamengo tinha ruas de traçado geométrico, pontes, palácios, observatórios astronômicos e um jardim botânico. Não havia nada remotamente parecido no desordenado urbanismo do Brasil português.

A administração de Nassau durou menos de oito anos. Se há nostalgia, é por esse curto período de ouro do Nordeste holandês. A Companhia das Índias Ocidentais, empregadora de Nassau não estava insatisfeita com o seu trabalho. O projeto renascentista nos trópicos custava caro, comendo os lucros da Companhia. Os acionistas, pequenos investidores na maioria, decidiram demiti-lo em 1644. De volta à Holanda, Nassau encomendou ao humanista Caspar van Barleu[4] um panegírico sobre sua administração. É nesse relato escrito em latim que, ao buscar explicação para a lassidão moral nos trópicos, Berlau cunhou um inesquecível aforismo: *ultra aequinoctialem non peccavi.* O historiador Sérgio Buarque de Holanda o cita em *Raízes do Brasil*, livro clássico da sociologia brasileira, e seu filho, Chico, o popularizou numa música com a tradução "não existe pecado do lado de baixo do Equador".

A maior novidade trazida pelos calvinistas holandeses foi a tolerância religiosa, um tipo de liberalidade impensável nas colônias ibéricas. Na cidade cosmopolita, católicos e até os judeus podiam praticar livremente sua religião. A primeira sinagoga da América foi instalada em Recife.[5] O açúcar era o principal negócio da Companhia das Índias Ocidentais e foi possível conciliar os interesses batavos com os dos senhores de engenho. Portugueses e brasileiros não tinham queixas. Eles também se beneficiavam da política de livre comércio e da fartura de financiamento para a produção. Entre todos, quem melhor soube tirar proveito do bom relacionamento com os holandeses foi João Fernandes Vieira.

Nascido na ilha da Madeira, filho de uma escrava africana, ele vivia desde criança em Pernambuco. Sem dinheiro, humilde empregado do comércio em Olinda, Fernandes Vieira encontrou o caminho da fortuna ao trabalhar para um judeu holandês, abastado comerciante e senhor de engenho, em 1635. Tornou-se amigo de Nassau, obteve o contrato para cobrar os impostos sobre o comércio de açúcar e o pau-brasil, e, ainda jovem, foi nomeado vereador nas câmaras municipais de Maurícia e de Olinda. Acumulou fazendas de gado, engenhos de açúcar e um exército de escravos. Quando Nassau partiu, Fernandes Vieira era o homem mais rico e poderoso de Pernambuco.

Nassau foi substituído por administradores medíocres e mesquinhos, que rapidamente azedaram as relações com a população brasileira. O maior foco de atrito decorria da tentativa feita pelo governo colonial de cobrar a dívida que os senhores de engenho haviam contraído com banqueiros holandeses. Os brasileiros não podiam ou não queriam pagar. A guerra que retomou Pernambuco para os portugueses, em 1654, já foi chamada, com ironia, de "revolta dos endividados". O poderoso Fernandes-Vieira, que tivera o cuidado de transferir preventivamente seu gado e sua prataria para a Bahia, colocou-se à frente da insurreição.

Nos livros escolares, Fernandes Vieira é apresentando em pé de igualdade com outros dois heróis, o índio Felipe Camarão e o negro Henrique Dias. O propósito ideológico é, evidentemente, o de enfatizar o caráter nacional da rebelião, simbolizado na mescla de três raças formadoras do povo brasileiro. A rebelião foi, de fato, totalmente brasileira. A monarquia portuguesa, restaurada em 1640 depois de 60 anos de submissão à Espanha, não tinha fôlego para uma guerra no além-mar. Portugal se resignara à perda de Pernambuco e preferia que os brasileiros também deixassem as coisas como estavam.

Instado a embainhar a espada, Fernandes Vieira considerou que o momento exigia "desobedecer a El-rei para servir a El-rei" e prosseguiu a luta até a vitória. Três séculos mais tarde, no Congresso Nacional, a frase teve seu momento solene. O deputado Ulysses Guimarães recorreu a ela no discurso de Promulgação da Constituição de 1988 para expressar a preeminência da sociedade sobre o Estado.

Terminada a guerra, o herói da restauração pernambucana foi nomeado governador da Paraíba e, mais tarde, capitão-geral de Angola. Na África, o filho da escrava africana cumpriu a missão de supervisionar o negócio mais lucrativo de seu tempo, o tráfico de escravos.

Na Holanda – que o jesuíta Antônio Vieira descreveu como "aquele inferno frio e aguado" – o príncipe de Nassau é lembrado como Maurício, o brasileiro.

## Referências

1 Johann Mauritius van Nassau-Siegen (Dillenburg, Nassau, 1604 – Kleve, Brandenburgo, 1679). Filho do conde Johann VII, Maurício de Nassau era

sobrinho-neto do *stadthoulder* Guilherme, o Taciturno, um dos líderes da independência dos Países Baixos.

2 *Brasil holandês história, memória e patrimônio compartilhado*, Instituto-Ricardo Brennand. São Paulo: Editora Alameda, 2012. Usou-se principalmente as monografias *João Maurício: um príncipe renascentista em terras do Novo Mundo*, de Leonardo Dantas, e de *As perspectivas da Holanda e do Brasil do "Tempo dos flamengos"*, de Ernest van den Boogaard.

3 O boi voador, personagem do folclore Pernambuco, tem origem na inauguração da ponte sobre o rio Capibaripe. Frei Manuel Calado conta, em *O Valeroso Lucideno*, livro publicado em Lisboa em1648, que Maurício de Nassau prometera que, para marcar a ocasião, um boi voaria de um lado a outro da rua. O boi realmente voou, mas era apenas o couro do animal recheado de palha e preso a roldanas. O pedágio cobrado à multidão que cruzou a ponte atraída pelo espetáculo ajudou a ressarcir parte do custo da obra, que Nassau bancara do próprio bolso.

4 *Rerum per octennium in Brasilia (História dos feitos recentemente praticados durante oito anos no Brasil* de Gaspar Barleus, foi publicado em 1647 por uma das mais importantes tipografias holandesas, a Ioannes Blaeu, de Amsterdam. Com 340 páginas e 56 ilustrações, entre elas o retrato de Nassau por Theodor Matham (1605-1660), mapas de George Marcgraf (1610-1644) e gravuras de Frans Post (1612-1680), comporia uma das mais suntuosas publicações do século XVII na República das Províncias Unidas. As informações estão em Fernanda Trindade Luciani, *Barleus: Oito anos de Nassau no Brasil*, Brasiliana USP: http://www.brasiliana.usp.br/node/419

5 Quando os holandeses deixaram o Brasil, uma cláusula no acordo de rendição autorizou os judeus de Pernambuco a emigrar. Eles retornaram para a Holanda ou seguiram para o Suriname, a Jamaica e Nova Amsterdã, atual Nova York. O primeiro rabino pernambucano, Isaac Aboab da Fonseca, português de nascimento, foi viver em Amsterdã. Lá participou do tribunal que excomungou o filósofo Baruch Spinoza, em 1656.

VIVA O SENHOR D. JOÃO IV, NOSSO REI E SENHOR, PELO QUAL DAREI A VIDA!

Amador Bueno da Ribeira

No último mês de 1640, uma revolução pôs fim aos 60 anos de domínio espanhol e levou ao trono português o duque de Bragança, coroado como dom João IV. Mas a notícia do fim da união ibérica – como é conhecido o período de submissão lusitana à dinastia espanhola dos Habsburgos – demorou a alcançar a colônia de ultramar. Os moradores da vila de São Paulo de Piratininga só tomaram conhecimento da troca de cabeças coroadas em meados de maio do ano seguinte.

Como reagir à nova situação? Depois de um mês de confabulações, decidiram pelo inusitado: a aclamação de um rei que não era espanhol ou português, mas paulista.[1] O que deu especial sabor ao episódio foi terem escolhido exatamente um homem que não quis ser rei: Amador Bueno da Ribeira, cidadão rico e influente.

Amador Bueno ocupara vários cargos públicos, exercera mandato na Câmara Municipal e fora capitão-mor da Capitania de São Vicente na década de 1630. Possuía grande fazenda de trigo, que tocava com centenas de índios cativos. Também plantava algodão, milho, feijão e criava gado e cavalos. Para completar, o que era importante naquele contexto, era filho de Bartolomeu Bueno da Ribeira, espanhol de Sevilha que vivia no Brasil desde

1571, e da paulista Maria Pires. Filho de espanhóis, irmão e pai de brasileiros predadores de índios.[2]

Essa genealogia tinha seu peso na decisão porque a iniciativa de fazê-lo rei era da espanholada de São Paulo. A vila, no caminho que levava ao Rio da Prata, ao Paraguai e ao Peru, tinha intenso intercâmbio com os domínios espanhóis. Moradores castelhanos estavam presentes desde o início e o número deles aumentara durante a União Ibérica. Houve ainda o reforço de famílias espanholas vindas de Assunção, provavelmente cristãos-novos escapando da Inquisição paraguaia. Estavam, naturalmente, preocupados com as consequências da restauração portuguesa.

O projeto de autonomia não era absurdo nas circunstâncias da primeira metade do século XVII. São Vicente era a mais próspera das "capitanias de baixo". A monarquia portuguesa era frágil e precisava concentrar recursos na guerra com a Espanha, que só terminou em 1648. E, afinal de contas, Dom João IV era um soberano a quem ninguém na colônia havia jurado lealdade.

O ambiente estava tenso com a expulsão dos jesuítas da capitania em 1640. O pivô da chamada "botada dos padres fora" havia sido a divergência sobre se os índios podiam ou não ser escravizados. Os padres achavam que não. O apoio dado aos jesuítas pelo governador no Rio levou os paulistas a montar bloqueios no caminho e a impedir o acesso ao planalto. Se os paulistas se desligassem de Portugal, a capitania de São Vicente e "quase todo o sertão brasílico" poderiam ficar sob o controle da Espanha.[3]

Quem melhor para liderar a secessão que um paulista com raízes espanholas e dono de centenas de índios escravizados?

O principal relato da aclamação de Amador Bueno é de frei Gaspar da Madre de Deus (1715-1800), que nasceu em São

Vicente e foi abade no Rio. Em *Memórias para a História da Capitania de São Vicente*, publicado em 1797, Frei Gaspar sustenta que os castelhanos convenceram "paulistas e europeus poucos instruídos" a escolher Amador Bueno para rei.

Uma multidão dirigiu-se para a Rua São Bento, onde morava o escolhido, embalada pelos brados de "viva Amador Bueno, nosso rei". Chegou mais gente, o clima de exaltação entrou num crescente. Amador Bueno saiu à porta e, com cuidado, recusou a honraria. O ânimo da turba então mudou e ele passou a ser hostilizado. Como não queria a coroa, corria o risco de ser linchado pela multidão indignada.

Amador Bueno tratou de escapulir pelo quintal da casa em direção ao Mosteiro de São Bento. Foi perseguido pela multidão, agora tomada pela fúria. Levava a espada na mão e gritava a plenos pulmões "Viva o senhor D. João IV, nosso rei e senhor, pelo qual darei a vida!". Conseguiu refugiar-se no mosteiro, onde os padres o ajudaram a dispersar a multidão. Na madrugada seguinte, Amador Bueno foi embora para Santos. Só voltou depois de terem os ânimos serenados.

Tudo o que existe para comprovar a bravura de Amador Bueno está em meia de linhas escritas sessenta anos depois pelo governador do Rio, ao conceder a patente de capitão a Manuel Bueno da Fonseca, neto de Amador. A patente foi confirmada pelo rei Pedro II de Portugal: "por ser neto de Amador Bueno que, sendo chamado pelo povo para o aclamarem Rei, obrando como leal e verdadeiro vassalo com evidente perigo de vida exclamou dizendo que vivesse El-Rei Dom João o quarto, seu Rei e Senhor."[4]

É uma bela história. Se alguém quiser filmá-la, o roteiro cinematográfico está praticamente pronto. Pena que pode nunca ter acontecido. Desde o século XIX muitos historiadores duvidam da veracidade do relato. A maioria deles concorda que Amador Bueno ajudou a convencer os espanhóis de São Paulo a aceitar Dom João IV.

Já a correria na rua, espada na mão, os gritos de lealdade ao rei...

## Referências


1 Roberto Pompeu de Toledo, *A Capital da Solidão*, Objetiva, 2003.

2 Luiz Felipe de Alencastro *O Trato dos Viventes*. Companhia das Letras, 2000. p.397-398.

3 A versão para leitura online de *Memórias para a História da Capitania de São Vicente* pode ser encontrada na http://www.bibliotecavirtual.sp.gov.br.

4 Rodrigo Bentes Monteiro, *O rei de São Paulo*, Revista de História da Biblioteca Nacional, 1/11/2006.

ESTA PASSAGEM ESTÁ GUARDADA PELO MEU PEITO E NÃO PASSAREIS SENÃO POR CIMA DO CADÁVER DE UMA MULHER!

Madre Joana Angélica

Se comparada com a de outros países da América, a independência do Brasil foi modesta em heróis e mártires.

Uma hipótese é que a relativa escassez decorre da ausência de uma grande guerra.

Nos Estados Unidos, a luta entre americanos e ingleses durou sete anos e o saldo de mortos e feridos ultrapassou 100 mil pessoas. No México, a expulsão dos espanhóis levou onze anos e, na Argentina, oito. Por aí se vê que esses países tiveram mais tempo para produzir mitos heroicos.

No Brasil, o rompimento com a metrópole portuguesa foi basicamente uma crise dinástica e política. Muita gente morreu na luta pela independência, mas os confrontos foram localizados e rápidos. O mais demorado e sangrento deles ocorreu na Bahia, onde a independência chegou quase dez meses depois do Grito do Ipiranga. É por isso que os baianos dão menor atenção ao Sete de Setembro e comemoram, com o entusiasmo de um carnaval fora de época, a independência em Dois de Julho, data da retirada das tropas portuguesas em 1823.

O confronto na Bahia deixou como legado a única mártir da independência, madre Joana Angélica.[1]

O martírio da freira baiana ocorreu em 20 de janeiro de 1823. Cinco dias antes chegara a Salvador o navio *Leopoldina*, trazendo de Lisboa a ordem de promoção do coronel Inácio Luís Madeira de Melo a general-brigadeiro e sua nomeação para comandante das armas da Bahia. Parte da força de Madeira de Melo era de soldados da tropa lusitana expulsa do Rio de Janeiro por Dom Pedro. Mais tarde, durante a guerra, recebeu reforços enviados de Portugal. Nomear governadores que respondessem diretamente a Lisboa era a estratégia de Portugal para devolver as províncias brasileiras à condição de colônia. Se o Sul fosse perdido para Dom Pedro, Portugal esperava usar a Bahia como base para manter o controle do Nordeste.

A junta que governava a Bahia recusou-se a entregar a província ao general-brigadeiro. Um impasse. A tensão crescia. Muitos civis, temendo o pior, deixaram a capital baiana. Por fim, chegaram a uma solução negociada, com a formação de uma junta militar, sob o comando de Madeira de Melo. Tarde demais para evitar o confronto entre as duas facções. No dia 18, pela manhã, começou a fuzilaria.

As tropas portuguesas, engrossadas por marujos de navios atracados na Baía de Todos os Santos, superavam em número as forças brasileiras. Na manhã do dia 19, Madeira de Melo já tinha a cidade nas mãos. Começou a baderna. A soldadesca andava em bandos pela cidade a beber, a saquear, a quebrar vidraças e a espancar quem encontrava pela frente. As instalações do *Diário Constitucional*, jornal que defendia a independência, foram depredadas pela gente de Madeira de Melo.

O clima entre os civis era de pânico no dia 20 de janeiro, quando um grupo de soldados chegou à porta do Convento da Lapa, das freiras franciscanas. Havia a suspeita de que militares brasileiros estavam escondidos lá dentro e os portugueses queriam revistar o prédio. Sóror Joana Angélica não permitiu a entrada da tropa. Tiveram que arrombar a porta.

O último obstáculo era a madre superiora. Na porta da clausura, onde se refugiavam as freiras, ela barrou-lhes a passagem:

"Para trás bárbaros! Respeitai a casa do Senhor! Aquelas portas caíram aos vaivéns de vossas alavancas, aos golpes de vossos machados. Esta passagem está guardada por meu peito não passareis senão por sobre o cadáver de uma mulher!"[2]

Um dos soldados trespassou-lhe o peito com um golpe de baioneta. Agonizante, ela foi deitada em um sofá de palhinha, hoje exibido como relíquia, morrendo pouco depois. Chocados com a própria brutalidade, os soldados permitiram que as freiras fossem levadas, ilesas, para um convento próximo.[3]

O crime converteu Joana Angélica em símbolo da luta pela independência.

Perdida a cidade de Salvador, a rebelião brasileira alastrou-se pelas vilas do Recôncavo Baiano. Desde outubro de 1822, estava na Bahia um destacamento do Exército Pacificador, sob o comando do general Pierre Labatut.[4] Nos municípios, os caciques políticos organizavam voluntários em batalhões patrióticos. Uma flotilha brasileira chegou para bloquear a entrada da Baia de Todos os Santos, impedindo o abastecimento pelo mar.

O general Madeira de Melo ficou confinado a Salvador, onde a comida se tornou escassa. Ele tentou várias vezes romper o cerco, sem sucesso, até perder as esperanças.[5] Quando o sol levantou em Dois de julho de 1823, Salvador percebeu, espantada, o sumiço dos militares portugueses. Para evitar a humilhação da rendição, Madeira de Melo havia embarcado durante a noite com suas tropas e civis que preferiram partir e os navios já estavam em mar alto, a caminho de Portugal.

O Império do Brasil havia nascido com a aclamação de Dom Pedro como imperador, em 12 de outubro de 1822. Faltava ainda cada província o aceitar como soberano. Isso foi feito aos poucos, e não sem relutância. Entre 1821 e 1823, foi grande o risco de o Brasil se fragmentar em dois ou três países menores, como ocorreu na América Espanhola.

Rio de Janeiro, São Paulo, Minas Gerais, Santa Catarina e o Rio Grande do Sul aderiram de imediato ao imperador. Em outubro, foi a vez do Ceará. Pernambuco, uma das províncias mais ricas, hesitou até dezembro. Em seguida, vieram o Rio Grande do Norte, Alagoas e Sergipe. As províncias de Goiás e Mato Grosso só prestaram o juramento de fidelidade ao Império em janeiro do ano seguinte. No início de 1823, o que Dom Pedro I tinha na mão era apenas meio Brasil.

O problema maior estava nos pontos mais distantes do Norte. Maranhão, Pará e Piauí permaneciam fiéis a Portugal. Os governantes dessas províncias viam a independência como traição ao rei de Portugal. Chegaram a firmar um pacto de ajuda mútua e a lançar um manifesto aconselhando o povo a não se deixar seduzir com a independência, pois não tinham nenhuma relação com o Sul. Deviam lembrar que tinham parentes em Portugal e que, devido à posição geográfica, as comunicações e o comércio eram mais fáceis com a Europa do que com o Rio de Janeiro.

Os governantes pró-Portugal controlavam as capitais enquanto no interior crescia o movimento pela independência. Em 13 de março de 1823, os brasileiros foram massacrados pelos portugueses na Batalha de Jenipapo, riacho localizado na periferia da atual Teresina, no Piauí.[6] Talvez tenha sido a pior entre várias derrotas, mas não alterou o rumo da guerra. No final de julho, os portugueses se renderam no Piauí. São Luís, capital do Maranhão, estava cercada por tropas brasileiras, mas não havia jeito de se render. Foi preciso o almirante Thomas Cochrane bloquear e ameaçar bombardear São Luís para o Maranhão ceder, em 27 de julho.[7] Belém também capitulou à vista dos canhões da marinha brasileira, em agosto de 1823.[8] O território brasileiro, enfim, estava completo.

A exceção era a província Cisplatina, anexada em 1821. Tropas brasileiras mantiveram sitio à guarnição portuguesa em Montevidéu por mais de um ano. No final das contas, o Brasil não ficou com ela. Os hispano-americanos aproveitaram-se da confusão para criar a República do Uruguai, em 1828.

## Referências

1 Sóror Joana Angélica foi a única mártir da independência brasileira. O legado de mitos e heroísmo da guerra na Bahia, por outro lado, é amplo. Há uma heroína real, Maria Quitéria, que lutou como soldado e foi condecorada por Dom Pedro I. Um herói cuja existência é colocada em dúvida pelos historiadores foi o corneteiro Luís Lopes, a quem a lenda atribui a vitória brasileira na Batalha de Pirajá. Tendo recebido ordem de tocar a retirada, o corneteiro tocou "cavalaria avançar e degolar". Assustados, os portugueses fugiram. Já na seara do misticismo, constam a intervenção de Santo Antônio para facilitar a retirada das tropas brasileiras de Salvador e a presença da Senhora Santana ao lado do Brasil na Batalha do Rio Vermelho.

2 Teria Joana Angélica dito "Para trás, bandidos"? Ou seria "Detende-vos, bárbaros"? Termos exatos são problemáticos quando historiadores posteriores tentam recriar frases notáveis que ninguém anotou no momento em que foram pronunciadas. A tradição em torno do martírio de Sóror Joana Angélica insiste, de qualquer forma, no uso do verbo na formalíssima terceira pessoa do plural.

3 Outra vítima na porta da clausura do convento da Lapa foi o velho capelão Daniel Nunes da Silva Lisboa, irmão do futuro Visconde de Cairu, barbaramente espancado e morto.

4 O francês Pierre Labatut, mais tarde Pedro Labatut (1776-1849), havia lutado nas guerras peninsulares, na Colômbia ao lado de Simon Bolívar (com quem se desentendeu), nas Antilhas e na Guiana Francesa. Em julho de

1822, foi contratado por Dom Pedro para o recém-formado exército brasileiro, com o posto de brigadeiro. Labatut organizou o chamado Exército Pacificador e lutou contra os portugueses na Bahia. Mais tarde, combateu pelas forças imperiais na Revolução Farroupilha. Deixou o exército em 1842 com o posto de Marechal de Campo. Morreu em Salvador. Seu bisneto, o almirante Alexandrino Faria de Alencar, foi senador e ministro da marinha.

5 Em junho de 1823, em uma das mais notáveis tentativas de romper o certo a Salvador, uma escuma portuguesa subiu o rio Paraguaçu e se pôs a metralhar a vila de Cachoeira, cuja câmara municipal votara pela independência. Uma bala ricocheteou num poste e matou um soldado que tocava tambor numa manifestação patriótica. De suas casas, alguns moradores portugueses disparavam contra quem passava na rua. Os baianos contra-atacaram com uma "velha peça de ferro", um canhão obsoleto que decorava a praça, e armas de caça. Uma flotilha de canoas e de pequenos barcos de pesca cercou a escuna. Ainda que improvisada, a resistência serviu para a ocasião. Ao entardecer do terceiro dia, os portugueses levantaram a bandeira branca. Renderam-se o capitão e 26 marujos.

6 O coronel João José da Cunha Fidié comandava 1 600 soldados profissionais, bem armados. As forças brasileiras, estimadas em 6 mil, quase todos milicianos, estavam armadas com o que puderam encontrar – espingardas de caça, espadas e chuços, dois canhões velhos. Morreram na Batalha de Jenipapo entre 200 e 400 brasileiros. Fidié rendeu-se na localidade de Caxias, em 29 de julho, e voltou a Portugal, onde escreveu um livro louvando a própria bravura e habilidade profissional durante a guerra no Brasil. Desde 2005, a data da Batalha de Jenipapo consta da bandeira do Piauí.

7 O escocês Thomas Cochrane (1775-1860) dispunha de um único navio, o *Dom Pedro I*, mas fez os maranhenses imaginarem que estavam enfrentando uma frota. Lord Cochrane, 10º Conde de Dundonald e almirante da Marinha Real Britânica, foi contratado por Dom Pedro I em 1823 para comandar e organizar a marinha de guerra do Brasil.Uma lenda ainda em vida, Lord Cochrane lutou contra Napoleão e nas guerras de independência do Peru, Chile, Brasil e Grécia.

8 Com a mesma estratégia adotada por Cochrane em São Luís, o almirante John Pascoe Grenfell (1800-1869) tomou São Luís com um pequeno brigue, *Dom Miguel*, e a ameaça de que a esquadra brasileira estava próxima, para intervir caso fosse necessário. O inglês Grenfell lutou pelo Brasil na guerra com a Argentina e perdeu um braço em batalha na Cisplatina. No final da vida foi cônsul-geral do Brasil em Liverpool, na Inglaterra.

O BRASIL ESPERA QUE CADA UM CUMPRA O SEU DEVER!

Almirante Barroso

A célebre exortação do almirante Francisco Manuel Barroso da Silva às embarcações brasileiras na Batalha do Riachuelo é muitas vezes acusada de plágio. Quem faz isso comete uma injustiça com o almirante Barroso. A frase original, "A Inglaterra espera que cada um cumpra o seu dever", foi de fato formulada para constar da ordem do dia do almirante Horácio Nelson na Batalha de Trafalgar, em 1805.[1] Em meados do século XIX, contudo, a expressão havia sido incorporada ao código de sinais por bandeira de muitas marinhas de guerra, inclusive a brasileira. O almirante Barroso podia usá-la, portanto, sem se envergonhar.

Olhando em perspectiva, o almirante brasileiro foi presciente ao içar o sinal parafraseando Nelson. Apesar da diferença na ordem de grandeza, ambas foram batalhas decisivas. Em Trafalgar, a Inglaterra destroçou o poder naval da França. Dali em diante, Napoleão só pode combater em terra. No Riachuelo, o Brasil acabou com a frota fluvial de Francisco Solano Lopez, o Napoleãozinho paraguaio.

Depois da batalha travada nas águas do rio Paraná em 11 de junho de 1865, o Paraguai mergulhou em longa agonia até a derrota total, em 1870.

O Paraguai havia invadido o Mato do Grosso às vésperas do Natal de 1864. Em julho do ano seguinte, foi a vez do Rio Grande do Sul e do norte da Argentina. O exército de Solano López manteve a ofensiva até setembro de 1865. A maré virou exatamente em Riachuelo. A batalha não apenas afastou a ameaça da marinha inimiga como também fez um bem danado ao moral brasileiro.

Em outubro, o Brasil iniciou a contraofensiva em direção a Humaitá, a fortaleza às margens do rio Paraguai que bloqueava o acesso a Assunção, 430 quilômetros adiante, e que só cairia em agosto de 1868.

A batalha naval foi travada num trecho de seis quilômetros de comprimento por dois de largura no rio Paraná, diante da embocadura de um de seus afluentes do lado argentino, o arroio Riachuelo. O plano de Solano López era capturar intactos os navios brasileiros, com sua artilharia e munição. Se tivesse sucesso, as embarcações seriam incorporadas à marinha guarani, que não era lá grande coisa. País sem litoral, o Paraguai só dispunha de vapores comerciais adaptados para uso militar e de barcaças com canhões, invenção local que precisava ser rebocada até o local da batalha.

O sucesso do plano dependia de surpreender o inimigo durante a noite. A Força Naval brasileira no rio Paraná era formada por nove embarcações a vapor. À noite a tripulação apagava as caldeiras, imobilizando os navios. Entre acender o fogo e voltar a produzir vapor demorava uns 20 minutos. Era dessa janela de tempo que os paraguaios dispunham para escalar os costados e dominar a guarnição a golpes de espadas e machadadas, como estava previsto.

A flotilha atacante saiu da fortaleza de Humaitá com o tempo cronometrado para alcançar inimigos brasileiros no início da madrugada. Uma avaria em um dos navios, no entanto, atrasou o avanço. As duas esquadras só se avistaram às 9 horas da manhã, com o sol alto. Às 9h25, já com as chaminés fumegantes, os navios brasileiros assumiram formação de batalha. Ao final do dia, a esquadra paraguaia estava no fundo do rio.

Apesar da vitória, a esquadra brasileira não pode avançar para Assunção. O acesso continuou a ser impedido pelas fortalezas às margens do rio Paraguai, criando um impasse que perdurou até 1868. Por outro lado, depois de Riachuelo foi possível bloquear o acesso do Paraguai aos outros países. O fluxo de armamentos e mercadorias que vinha pelo Rio da Prata foi totalmente interrompido, sem poder receber suprimentos. A coluna paraguaia que avançava pelo norte da Argentina precisou dar marcha a ré.

A questão em aberto é: se o fator surpresa era essencial, por que o comandante paraguaio não adiou o ataque para a noite seguinte? O mais provável é que, como ocorria com todos os militares paraguaios, ele não ousava contrariar Solano López, que havia ordenado um ataque aquele dia.

"O chefe de Estado paraguaio infundia terror nos seus subordinados, não lhes dava autoridade e lhes anulava a iniciativa própria, que teria sido útil à causa paraguaia em diferentes momentos da guerra", explicou o historiador Francisco Doratioto, em seu brilhante *A Maldita Guerra.*[2]

Foi a megalomania do autocrata guarani que motivou a guerra insensata contra o mais poderoso de seus vizinhos. Nas últimas três décadas do século passado, historiadores de inspiração populista, os chamados revisionistas, andaram a reconfigurar esse personagem trágico para criar o mito do grande chefe militar e –absurdo! – do líder anti-imperialista.[3] Nada mais forçado. Na definição de Doratioto, "Solano Lopez foi um ditador quase caricato de um país agrícola e atrasado, responsável por erros militares que custaram a vida de milhares de seus soldados".

Solano Lopez era herdeiro de uma sucessão de autocratas bizarros. O primeiro deles foi o ditador-perpétuo José Gaspar Rodriguez de Francia, *El Supremo.*[4] Entre 1814 e 1840, Francia manteve o Paraguai praticamente isolado de contatos com o mundo exterior.[5] Depois da morte de Francia, o congresso escolheu um novo ditador, Carlos Antônio López. Cheio de novas ideias, López iniciou um próspero comércio exportador e chamou os ingleses para modernizar o exército e a economia. Seu primogênito, Francisco Solano López, promovido a general aos 18 anos, foi estudar numa academia militar francesa. Em Paris, ele conheceu Elisa Alicia Lynch, uma cortesã irlandesa que seria sua companheira pelo resto da vida e mãe de seus seis filhos.

Naturalmente, ele herdou a presidência com a morte do pai. Ao contrário dos ditadores anteriores, Solano López queria transformar o Paraguai numa força poderosa no tumultuado jogo político do Cone Sul. Ele costurou uma aliança com caudilhos argentinos e, no Uruguai, passou a patrocinar a facção *colorada* em guerra com a *blanca*, apoiada pelo Brasil. O ditador advertiu o Brasil de que uma intervenção militar naquele país seria considerada como *casus belli* em Assunção.

O Brasil não levou a sério a ameaça. Em setembro de 1864, tropas brasileiras entraram no Uruguai. Em novembro, uma canhoneira paraguaia aprisionou no Rio Paraguai um navio brasileiro, o Marquês de Olinda, seguido do rompimento de relações diplomáticas. Às vésperas do Natal, de surpresa, o Paraguai invadiu o Mato Grosso.

O ditador planejara cuidadosamente sua estratégica napoleônica. Comprou armas, infiltrou espiões no Mato Grosso e, realmente, pegou o Brasil de surpresa. Seria uma guerra relâmpago, uma vitória fácil no desguarnecido Mato Grosso, que levaria o Brasil a negociar em posição de inferioridade. Solano López estava certo de contar com o apoio dos caudilhos do norte da Argentina e do Uruguai. Talvez até pensasse em promover a união dos três países num superestado capaz de se contrapor ao poder brasileiro na Bacia do Rio da Prata.

O castelo construído nas nuvens se desfez com os primeiros tiros. Argentina, Uruguai e Brasil se uniram na Tríplice Aliança, formando uma força com recursos muito superiores aos do Paraguai. O país iniciara uma guerra que jamais teve qualquer chance de vencer.

Numa coisa, Solano López estava certo: o Brasil estava despreparado para um conflito no extremo oeste. Viajar por terra do Rio de Janeiro para o Mato Grosso era difícil, até mesmo impossível, se a carga fosse pesada. Feita por navios que davam a volta pelo Rio da Prata, a viagem demorava mais de um mês. No início da guerra, com o bloqueio do rio Paraguai, a província ficou praticamente isolada. A notícia da invasão, às vésperas do Natal de 1864, demorou seis semanas para chegar ao Rio de Janeiro. As primeiras instruções enviadas pelo Estado Maior brasileiro só foram recebidas em Cuiabá, a capital da província, em fevereiro.

Do ponto de vista estratégico, o Império do Brasil se imaginava uma ilha, com as fronteiras protegidas por um deserto verde. A exceção era o Sul, onde a guarda nacional do Rio Grande do Sul era considerada suficiente para conter qualquer aventura argentina. Mas o exército nacional carecia de efetivos, de armamentos e de uma cadeia de comando confiável. O total de soldados mal chegava a 18 mil, enquanto o exército paraguaio contava com 64 mil no início do conflito.

A situação era melhor na Marinha de Guerra. Essa força fora crucial para expulsar as tropas portuguesas depois da independência e reprimir as revoltas regionais e também fizera bom trabalho ao proteger o país das pressões inglesas contra o tráfico negreiro. Seu defeito era o de ser uma armada de navios pesados, com costado alto, apropriada para operar no oceano, enquanto a guerra do Paraguai foi travada em rios e riachos.

Não surpreende que, no início da guerra, as tropas paraguaias tenham vencido com facilidade escassa guarnição brasileira no Mato Grosso. Cidades, vilas e fazendas foram impiedosamente saqueadas e centenas de brasileiros, civis e militares, viram-se arrastados para Assunção como prisioneiros de guerra. Solano López pode usufruir da glória efêmera de anexar dois distritos, Miranda e Corumbá, com o nome de província Mbotetey. Quando os reforços brasileiros finalmente chegaram ao Mato Grosso, os paraguaios se retiraram da área ocupada, com a exceção de Corumbá, onde permaneceram entrincheirados até 1868.

O Mato Grosso, de qualquer maneira, foi cenário secundário do conflito. A luta foi quase toda travada em território paraguaio, que ficou totalmente arruinado. Há grande divergência nas estatísticas sobre os mortos no Paraguai. Costuma-se dizer que a população foi reduzida à metade – mas ninguém sabe ao certo o número de habitantes do Paraguai no início do conflito. A estimativa mais otimista aponta para 450 mil pessoas. Outros cálculos não ultrapassam 250 mil. É possível que muitos dos desaparecidos tenham deixado o Paraguai para escapar da miséria que se seguiu ao conflito.

A herança do sonho de grandeza de Solano López, morto por soldados brasileiros em seu último acampamento, em Cero Corá em 1º de março de 1870 foi trágica: um país despovoado e condenado a ser a periferia da periferia.

O preço em vidas pago pelos outros beligerantes foi igualmente pesado. O Brasil, que colocou 139 mil homens no campo de batalha, teve 50 mil baixas. A maioria delas causada por doenças e pelas péssimas condições de vida. O Uruguai enviou

5.500 soldados, dos quais sobreviveram 500. A Argentina, que participou com 30 mil soldados, perdeu em torno de 18 mil.

Depois da guerra, por uns poucos anos, o Brasil sentiu o gostinho de ser, aos olhos dos vizinhos, a potência hegemônica no continente. Já as repercussões internas foram mais permanentes e paradoxais: a vitória militar sinaliza o início do declínio da monarquia. Os cinco anos de guerra haviam exaurido o tesouro nacional e o país se endividou com a Inglaterra. Quando a monarquia caiu, em 1889, a dívida externa e o desequilíbrio orçamentário ainda eram um enorme problema. O maior resultado do conflito foi mesmo a afirmação do exército como uma instituição com fisionomia e objetivos próprios.[6]

Os militares haviam percebido o poder político de seus canhões.

## Referências

1 A primeira versão da ordem do dia de 21 de outubro de 1805 foi redigida nos seguintes termos: 'Nelson confia que cada um cumprirá o seu dever'. Logo, um oficial sugeriu que a frase ganharia maior grandeza se a conclamação fosse feita em nome da pátria, opinião rapidamente acatada pelo almirante Nelson. A opção pelo verbo 'espera' foi por razão prática: a palavra 'confia' não constava do código de sinais e precisaria ser sinalizada letra por letra, perdendo-se muito tempo. De Silvio Ferraz de Arruda, *Frases Célebres Notáveis*, Editora Nobel.

2 Francisco Doratioto, *Maldita Guerra*, Companhia das Letras, 2002.

3 O mentor dessa abordagem ideológica, sem pé na pesquisa histórica, foi o argentino Léon Pomer, marxista com precoce filiação ao Partido Comunista aos 14 anos (em 1942), cujo primeiro livro sobre o assunto foi publicado em 1968. A versão da história formulada por Pomer, que viveu vários anos no Brasil, encontrou caixa de ressonância na esquerda brasileira e chegou a ser impositiva em muitas escolas brasileiras.

4 Daí saiu o título *Yo El Supremo*, de Augusto Roas Bastos, a mais aclamada obra literária paraguaia, publicada em 1974. O texto pretende ser a recriação das anotações pessoais do ditador-perpétuo José Gaspar Rodriguez de

Francia, que governou o Paraguai por 26 anos no século XIX. Mas a tirania descrita no livro cabia perfeitamente no estilo de Alfredo Stroessner, ditador entre 1954 e 1989. Roas Bastos, que viveu a maior parte da vida em exílio na Argentina e na Europa, morreu em Assunção em 2005.

5 Advogado e professor de Filosofia, José Gaspar Rodriguez de Francia pretendeu criar um estado baseado nas ideias de Jean-Jacques Rosseau e no terror jacobino da Revolução Francesa. Como é de se esperar das utopias políticas, o resultado foi um estado policial – e de eficiência sem paralelo na América do Sul. O fascínio de Francia pela herança clássica pode ser aferido por seus títulos. Ele foi incialmente membro de um triunvirato, depois cônsul e, por fim, ditador-perpétuo. Francia matou ou encarcerou os oposicionistas, reais ou imaginários, expulsou os estrangeiros, confiscou as terras agrícolas e estabeleceu o monopólio do Estado sobre a erva-mate, madeira e tabaco, principais riquezas do país. As terras confiscadas foram convertidas em *haciendas* estatais, nas quais trabalhavam presos e escravos. Talvez venha daí a fantasia de um Paraguai sem desigualdade social cultivada pelos historiadores revisionistas.

6 Boris Fausto, *História Concisa do Brasil*, Imprensa Oficial, 2001.

O SERTANEJO É, ANTES DE TUDO, UM FORTE.

Euclides da Cunha

Se houvesse uma eleição do autor da frase mais citada da literatura brasileira, seria difícil bater a definição de sertanejo feita por Euclides da Cunha. Com frequência, quem a cita, especialmente políticos em campanha eleitoral, substitui o sujeito original por "nordestino". Soa como elogio, todo mundo fica feliz. Lida por inteiro, como Euclides da Cunha a escreveu em *Os Sertões*, o significado é menos dignificante: "O sertanejo é, antes de tudo, um forte. Não tem o raquitismo exaustivo dos mestiços neurastênicos do litoral".

Euclides viu a Guerra de Canudos – tema do livro – como o choque entre dois processos de mestiçagem, a litorânea e a sertaneja. No seu entender, o mestiço do sertão, devido ao isolamento histórico e à ausência de componentes africanos levaria vantagem na evolução racial e cultural.[1] O jornalista especulava —e essa é a questão em discussão naquele trecho do livro — se esse nordestino rústico não seria uma excelente matéria-prima para a moldagem da nação brasileira que, em sua opinião, permanecia incompleta.

A nauseabunda mistura de ciência e preconceito racial que orienta a definição euclidiana do sertanejo estava em voga entre os intelectuais brasileiros em 1902, quando *Os Sertões* foi publicado. Daí o "forte" ser qualidade de uma gente, que de modo geral, teria sido descrita como "racialmente degenerada". Seria fácil aplicar o sarrafo politicamente correto no lombo de Euclides. Seria também – como é próprio do politicamente correto – enorme injustiça para com um escritor mais perspicaz e tolerante que a maioria de seus contemporâneos.

*Os Sertões* teve um enorme impacto no início do século XX. Era um esforço para entender o país por inteiro. Os brasileiros que o leram se viam convidados a refletir sobre a existência de dois brasis – e no que poderia resultardessa dualidade. Um deles, o afastado do litoral, era atrasado, pobre e místico além da conta. O outro, no litoral, que se supunha esclarecido e civilizado, empenhara-se numa guerra de extermínio contra os próprios patrícios num grotão nordestino. Euclides deu em *Os Sertões* o testemunho da trágica falta de sentido daquela matança. Ele não escondia a admiração pelos sertanejos, capazes de aplicar surras homéricas no exército republicano. Havia "insanidade" no comportamento dos "incivilizados". Mas as forças da modernidade não se mostraram igualmente irracionais?

Em 1902, quando o livro chegou às livrarias, ainda estavam acesas as emoções despertadas pelo conflito. A Guerra de Canudos estendeu-se por quase um ano, de novembro de 1896 até outubro de 1897. As quatro expedições militares enviadas para combater os sertanejos representaram a maior mobilização bélica desde a Guerra do Paraguai. Morreram mais de 5.000 soldados. De Canudos, com 25.000 habitantes, a segunda cidade mais populosa da Bahia, só restaram escombros.

A propaganda republicana inflou a figura de Antônio Conselheiro até convertê-lo em líder de uma contrarrevolução monarquista. A República estava em perigo, ameaçada pelos jagunços monarquistas do distante sertão baiano.[2] O próprio Euclides deixou-se impressionar com a interpretação oficial, a ponto de declarar: "Canudos é a nossa Vendeia". A rebelião monarquista na Vendeia (1793-1796), a mais feroz resistência enfrentada pela Revolução Francesa, começou como um levante camponês. Daí a tênue relação entre os dois acontecimentos.

Terá alguma vez Antônio Conselheiro ouvido falar na Vendeia? Antônio Vicente Mendes Maciel nasceu em 1828, no interior do Ceará, filho de um comerciante. Aprendeu a ler, a escrever e até um pouco de latim. Isso fazia dele um homem letrado para o padrão sertanejo. Herdou um armazém, mas faliu. Casou-se e teve dois filhos, mas a mulher fugiu com um soldado. Por volta de 1870, já chamado de Antônio Conselheiro, ele perambulava pelo norte da Bahia vestido com um camisolão azul, uma corda amarrada na cintura, à moda dos frades franciscanos. Pregava a volta iminente de Cristo e organizava mutirões para reformar igrejas e cemitérios. O povo o chamava de beato. Significa, na linguagem do sertão, um missionário.

O interior do Nordeste pululava de beatos. A maioria deles adotava o figurino que se vê nas fotos do beato de Canudos: barba nazarena, batina até os tornozelos, cordão de São Francisco a cintura. Alguns até arrastavam pesadas cruzes pelas estradas. Se há seca, doença ou fome o povo recorre às bençóes, orações e conselhos dos beatos. Antônio Conselheiro era o mais popular entre eles. Era acompanhado em sua peregrinação por um grupo de seguidores. Os coronéis do Sertão não gostavam dele por perturbar a ordem estabelecida naquele grotão de latifúndios e miséria. A Igreja Católica o via como concorrente a ser combatido. Em 1882, o arcebispo da Bahia orientou os vigários do Interior a denunciar o beato à polícia, caso ele aparecesse na paróquia. Em 1887, por pressão da Igreja, o governo da Bahia prendeu Antônio Conselheiro e pediu sua internação no Asilo dos Alienados, no Rio de Janeiro. Mas não havia vaga e ele acabou libertado. Não sabiam o que fazer com ele. Em *Os Sertões*, Euclides da Cunha escreveu que poderia tanto ir para a História como para o hospício. Foi para História – e aquela guerra no fim do mundo hoje envergonha o Brasil.

Antônio Conselheiro estava na estrada havia vinte anos quando, em 1893, decidiu fundar uma cidade. Escolheu um povoado abandonado, Santo Antônio dos Canudos, à beira do rio Vaza-Barris, no nordeste da Bahia. Região de caatinga, solo pedregoso e acesso difícil. O beato deu-lhe o nome de Arraial do Belo Monte. Os demais preferiam Canudos, o nome antigo. O lugar atraiu migrantes de todas as partes e não demorou a se tornar uma cidade. Canudos era como qualquer outra cidade do sertão, exceto pela peculiaridade de que ali não circulava dinheiro. As notas eram entregues a um encarregado, que as substituía por vales escritos em pedaços de papel. Com a atenção absorvida pela construção da igreja, Antônio Conselheiro delegou a outros a administração do lugar.

O beato realmente não gostava do novo regime, que denunciava como a personificação do anticristo. O incomodava a separação entre Igreja e Estado. Ele se mantinha fiel, a bem da verdade, à linha oficial da Igreja Católica: criticava o casamento civil e o registro de mortes e nascimentos introduzido pela Constituição de 1891. De Canudos a Salvador são 480 quilômetros. Da capital baiana ao Rio de Janeiro são outros 1.600. Notícias sobre o beato lunático de Canudos dificilmente teriam perturbado a capital federal não fosse um incidente banal: o atraso na entrega de uma carga de madeira comprada em Juazeiro, cidade baiana às margens do rio São Francisco, para a obra da nova igreja de Canudos.

Os 300 quilômetros de caatinga entre as duas cidades eram penosamente percorridos em lombo de burro ou carro de boi. Não se sabe como surgiu o rumor de que, por causa da desavença comercial, Juazeiro seria atacada e saqueada pelos jagunços de Antônio Conselheiro. Assustado, o juiz da comarca pediu socorro ao governo da Bahia. Em 1896, o governador enviou um batalhão de 104 homens sob o comando de um tenente. Em lugar de esperar na cidade para ver o que iria acontecer, o tenente decidiu atacar Canudos. A tropa estava acampada no povoado de Uauá, nas proximidades do arraial, quando viu chegar uma estranha procissão. Uma fila de homens, mulheres, crianças, velhos, entoando cânticos religiosos, tendo à frente uma grande cruz e o estandarte do Divino. Vinham armados com o que tinham à mão – trabucos enferrujados, espingardas de caça, foices, facões, pedras e paus. Depois de quatro horas de combate, apesar de sofrerem grandes perdas, os sertanejos puseram a tropa a correr, desmoralizada. Foi o que se chamaria de a primeira expedição.

A guerra começara por um boato, um equívoco. Depois dos primeiros tiros ninguém tentou parar a escalada militar. A segunda expedição, com 600 soldados, três canhões Krupp e o comando de um major, chegou a seis quilômetros do arraial. Emboscada pelos sertanejos, a tropa fugiu. Outra humilhação. O "fanatismo" sertanejo, como era apresentado, começava a virar uma questão nacional. A República já enfrentara os desafios da Revolta da Armada e da Revolução Federalista. Não podia correr o risco de deixar crescer o que poderia ser um foco monarquista. Mesmo se localizado num canto obscuro do interior nordestino. A terceira expedição era formada por 1.200 homens, levava quatro canhões e tinha um coronel no comando. E não um coronel qualquer. Um herói republicano de reconhecida bravura.

O coronel Antônio Moreira César, comandante da expedição, era conhecido como "corta-cabeças" por ter ordenado a execução de mais de cem pessoas na repressão à Revolução Federalista de Santa Catarina. O problema é que era também impulsivo. Ordenou que os soldados avançassem para uma batalha de baioneta. Eles acabaram perdidos nas ruelas de Canudos, presa fácil de seus defensores. Moreira Sales decidiu então abandonar o posto de comando e liderar uma carga de cavalaria. Não foi longe. Atingido por um balaço, morreu naquela noite.

O coronel Pedro Nunes Tamarindo, o segundo no comando, avaliou a situação e a resumiu numa frase que se tornou clássica para definir o momento de cair fora de uma situação difícil:

É tempo de murici, cada um cuide de si.

O próprio coronel foi abatido horas mais tarde. O pior desastre ocorreu na retirada. Acossada pelos sertanejos, a soldadesca entrou em pânico e o que deveria ser uma marcha organizada descambou no salve-se quem puder previsto por Tamarindo. Na fuga abandonaram armas, munição e os corpos dos oficiais mortos. Recolhidos pelos sertanejos, alguns foram pendurados em árvores, macabros espantalhos para assombrar novas expedições que viessem ameaçar o arraial. Foi, de longe, a maior derrota sofrida pelas forças do governo na Guerra de Canudos.

O fiasco militar e a morte do cultuado coronel Moreira César, causaram comoção nacional. Para o Exército, que poucos anos antes tinha deposto o imperador e ensaiado um arremedo de regime militar, era a humilhação. A opinião pública indignou-se. A imprensa governista pedia sangue e republicanos exaltados saíram às escondidas para atacar oposicionistas, a quem acusavam de incentivar e enviar armas para Antônio Conselheiro. Os jornais monarquistas *Gazeta da Tarde* e *Gazeta da Liberdade*, foram empastelados no Rio de Janeiro, e seu proprietário, o coronel Gentil de Castro, assassinado numa estação de trem.

Iniciou-se uma grande mobilização nacional para a quarta expedição. Reuniram-se batalhões do Rio Grande do Sul ao Amazonas. Mais de 6.000 homens sob o comando de um general. Iam junto repórteres e fotógrafos de uma dúzia de jornais. Entre eles estava Euclides da Cunha, engenheiro de formação, enviado pelo jornal O Estado de S. Paulo. Canudos foi, entre outras coisas, um fenômeno de imprensa. A instalação das linhas telegráficas permitiu que a campanha fosse a primeira cobertura ao vivo de uma guerra no Brasil.

Os primeiros confrontos ocorreram em 25 de junho de 1897. Apesar da resistência tenaz, os sertanejos não tiveram chance. Em 22 de setembro, dia da morte de Antônio Conselheiro por disenteria ou, segundo outra versão, por complicações de um ferimento leve, o fogo de artilharia já reduzira o arraial a escombros. Nove dias mais tarde travou-se o último combate. Euclides da Cunha o descreveu:

> Canudos não se rendeu. Exemplo único em toda a História, resistiu até o esgotamento completo. Expugnado palmo a palmo, na precisão integral do termo, caiu no dia 5, ao entardecer, quando caíram os seus últimos defensores, que todos morreram. Eram quatro apenas: um velho, dois homens feitos e uma criança, na frente dos quais rugiam raivosamente 5.000 soldados.

Um prisioneiro, interrogado sobre a motivação para a resistência inútil, explicou: "Nós não tínhamos para onde ir. Estávamos em nossas casas e vocês vieram nos matar."[4]

A queda de Canudos não foi o ponto final. Seguiu-se uma página sombria da história. Prisioneiros foram massacrados, degolados a maioria; o corpo do beato e sua cabeça enviada para exame forense em Salvador. O legista Nina Rodrigues[5], pioneiro da antropologia forense no Brasil, concluiu que, aparte a "degeneração" própria da mestiçagem, o crânio de Antônio Conselheiro era normal. Órfãos capturados foram distribuídos entre a soldadesca. Alguns foram vendidos, meninas foram estupradas e forçadas a se prostituir. O próprio escritor levou um órfão para São Paulo. A *Gazeta de Notícias* de 22 de outubro de 1897 noticiou a volta de Euclides da Cunha, que na estação do Norte se fazia acompanhar de "um jaguncinho de sete anos". Menino de sorte. Adotado por uma família paulista, estudou e foi diretor de uma escola estadual em Bebedouro, no interior do estado.[6]

A denúncia do horror, da tragédia e da barbárie da guerra– e não a pseudociência social embutida na afirmação de que o "sertanejo é, antes de tudo, um forte" – é o legado de *Os Sertões*.

## Referências

1 Roberto Ventura. "Canudos como cidade iletrada: Euclides da Cunha na urbs monstruosa", Revista de Antropologia volume 40, nº 1, São Paulo 1997.

2 Marco Antonio Villa. *Canudos, O campo em chamas*. São Paulo: Editora Brasiliense, Coleção Tudo é História, 1992.

3 Candice Vital e Souza. *O enigma de Os sertões*. Rio de Janeiro: Rocco/ Funarte, 1998.

4 Marco Antônio Villa, obra citada.

5 Raimundo Nina Rodrigues (1862 – 1906), pioneiro da medicina legal e da antropologia no Brasil, dedicava-se à busca da comprovação científica da inferioridade mental e racial dos negros. Num ensaio de 1894, chegou

a propor a códigos penais diferentes para cada raça, visto que acreditava existir uma natural tendência para o crime entre os – diríamos hoje – afrodescendentes. É homenageado no nome da cidade em que nasceu, no Maranhão, e no do Instituto Médico Legal de Salvador.

6 Vanessa Sattamini Varão Monteiro. "Pistas de um Enigma". Revista de História da Biblioteca Nacional, Novembro de 2007.

**FOI TALVEZ UMA FELICIDADE QUE ESSE CRISTO NÃO DEIXASSE NA TERRA UM SUDÁRIO. CADA ARTISTA LHE TEM DADO DIFERENTE FEIÇÃO.**

Ubaldino do Amaral Fontoura

De que material se fazem os heróis?

Nos autos da devassa da Sociedade Literária do Rio de Janeiro, realizada apenas dois anos depois da execução de Tiradentes, se pode ler que um dos depoentes tenta responder a essa questão diante de um juiz[1] que insistia em buscar indícios de que a cidade fora "contaminada" pela subversão da Inconfidência Mineira:

"Os réus da Conjuração de Minas foram tratados como rebeldes porque não conseguiram o seu fim. Mas se o conseguissem seriam uns heróis", declarou o rábula José Bernardo da Silveira Frade.[2]

Silveira Frade não serviu para o papel de herói. Ao contrário, passou à história como o vilão cujas "intrigas" levaram dez inocentes a prisão, em 1794. O bom-senso o levava a acreditar que a história da conspiração em Minas Gerais seria escrita pelos vencedores – e naquele momento o placar favorecia o poder colonial português.

O jogo mudou, como se sabe, e com ele também o papel histórico reservado aos inconfidentes. Joaquim José da Silva Xavier, o Tiradentes, foi elevado à figura central no panteão dos heróis nacionais. Logo ele, de quem se sabe tão pouco, e talvez por isso mesmo, revelou-se um herói adequado a todos os gostos.

"Ao final do império até mesmo os monarquistas começaram a reivindicar para si a herança de Tiradentes", observou o historiador José Murilo de Carvalho. "Escrevendo após a proclamação (1889), o visconde de Taunay reclamava contra o monopólio que os republicanos, especialmente os jacobinos, queriam manter sobre a memória do herói. Ao libertar o país, o Império, alegava, realizou o sonho de Tiradentes. Por essa razão, 'também ele nos pertence'."[3]

Heróis são símbolos poderosos, encarnações de ideais e aspirações, instrumentos eficazes para atingir a cabeça e o coração dos cidadãos a serviço da legitimação de regimes políticos[3]. Em alguns casos, os heróis surgem espontaneamente nas lutas que procedem a nova ordem social. Em outros, é preciso que sejam criados. No caso de Tiradentes, o apoio vindo de todos os lados reforça a ambiguidade que cerca o herói.

A esquerda pôde descrevê-lo como um rebelde contra os poderosos. Para os militares foi um patriota fardado. Os republicanos, aos quais se costuma atribuir sua definitiva elevação ao pelotão dos pais da pátria, o consideravam o fundador da causa.

Pouco se sabe da vida de Joaquim José anterior ao movimento mineiro de 1789. A biografia de Tiradentes começou a ser construída quase cem anos depois, quando foram descobertos os Autos da Devassa e os documentos paralelos. Muito do ensinado a seu respeito nos livros escolares é totalmente ficcional. Não se tem pista sobre sua aparência. A figura de camisolão e barba, a representação mais comum, é criação artística sem base factual.

O rosto desconhecido, no final das contas, ajudava na formação do mito, admitiu Ubaldino do Amaral Fontoura, orador oficial das celebrações do Clube Tiradentes, em 1894: "Foi talvez uma felicidade que esse Cristo não deixasse na Terra um sudário. Cada artista lhe tem dado diferente feição."[4]

A imagem de Tiradentes foi esquartejada ao interesse de cada um. O estilo nazareno pode ser visto no monumento que a República Velha ergueu no centro do Rio, em 1926. Nos anos 40, os integralistas, capitaneados pelo historiador Gustavo Barroso, o pintaram de queixo raspado, vestido com o uniforme militar. O pintor Cândido Portinari o recolocou na cena do Calvário com o painel *Os Despojos de Tiradentes no Caminho Novo de Minas.* O Regime Militar mandou pendurar seu retrato nas repartições públicas.

Filho de um português, órfão aos nove anos, Tiradentes foi tropeiro, mascate e dentista (daí o apelido). Tentou sem sucesso a mineração, empreitada da qual saiu endividado e com os bens penhorados. Alistou-se como alferes (um tenente, em patente moderna) no Regimento de Cavalaria Regular de Minas Gerais (também conhecido como Companhia do Regimento dos Dragões) em 1715, sem abandonar o ofício de Tiradentes. Frei Raimundo Penaforte, confessor dos inconfidentes, assegurou que ele "tirava, com efeito, dentes com a mais sutil ligeireza e armava a boca de novos dentes, feitos por ele mesmo, que pareciam naturais".[5]

As provas contra o alferes reunidas no processo eram devastadoras. Tiradentes fora ativo na conspiração, se fazia presente nas reuniões e, com imprudência, alardeava aos quatro ventos os planos de rebelião. Foi o único a ser preso com arma na mão, um mosquete carregado que não chegou a disparar. Era réu confesso. Falou abertamente nos interrogatórios, reivindicando para si uma liderança talvez distante da realidade. O que chama a atenção era Tiradentes ser um homem sem posses numa conspiração da plutocracia mineira.[6]

O alferes foi condenado à morte com outros dez réus. Cláudio Manuel da Costa, que morrera na prisão, foi declarado infame até a segunda geração. Todas as penas de morte foram comutadas em desterro na África por uma Carta Régia preparada de antemão – exceto a de Tiradentes. O historiador Kenneth Maxwell, ao se debruçar sobre por que o modesto Tiradentes foi transformado em bode expiatório, diz que, em boa parte, ele mesmo lavrara sua sentença de morte.

"Quem era ele?", tinha perguntado o desembargador José Pedro Machado Coelho Torres em seu primeiro interrogatório – "Não é pessoa que tenha figura, nem valimento, nem riqueza".

O réu não era influente, não tinha ligações importantes de família, era um solteirão[7] que passara a maior parte da vida à sombra de protetores mais ricos e bem-sucedidos. É provável que nunca tenha sido informado plenamente dos planos e objetivos mais amplos do movimento. Nos interrogatórios, o réu falou mais de questões locais e do desgosto de ver outros, "de menor valor, serem promovidos, talvez por serem mais bonitos ou por terem padrinho", enquanto ele fora preterido quatro vezes.

Por fim, o réu fez questão se assumir inteira responsabilidade pela inconfidência.

Tiradentes foi enforcado em 21 de abril de 1792. Tinha 41 anos. Seu corpo foi esquartejado e os pedaços espalhados pelo caminho que ligava Minas ao Rio. A cabeça foi exposta em Vila Rica. Deixou como herança o material do qual se esculpem os heróis.

## Referências


1 O juiz do processo era Luiz Antônio Diniz da Cruz e Silva, que atura na devassa da Inconfidência Mineira.

2 *In: Devassa da Sociedade Literária*. Biblioteca Nacional- Volume 61, folha 264.

3 José Murilo de Carvalho, *Mito Universal*, Revista de História da Biblioteca Nacional, 2/9/2007.

4 José Murilo de Carvalho, *A Formação das Almas*, Companhia das Letras, 1990.

5 Kenneth Maxwell, *A Devassa da Devassa*, Paz e Terra, 1995.

6 João da Silva, depoente na devassa da sociedade literária, afirmou que "a conjuração de Minas fora uma trama urdida para lhes tomarem os bens, pois as pessoas condenadas eram ricas e que padeceram inocentes". (Depoimento de Manuel Pereira Martins, in Devassa da Sociedade Literária, Biblioteca Nacional, Volume 61, pag. 273)

7 Solteirão, mas não solitário. Em 1789, a moradora de Vila Rica Antônia Maria do Espírito Santo entrou com um processo reivindicando a posse da escrava Maria, da Nação Angola, e seus dois filhos pequenos, que fora sequestrada com os demais bens de Tiradentes após sua prisão. Antônia alegava que a escrava lhe havia sido doada pelo alferes, de quem era amásia e tinha uma filha, Joaquina.

SE A LAGOSTA É PEIXE PORQUE SE SE DESLOCA DANDO SALTOS, ENTÃO POR ANALOGIA O CANGURU QUANDO PULA É UMA AVE, ALMIRANTE.

Paulo de Castro Moreira da Silva

O *Correio da Manhã* era um jornal sério, com grande influência política. Nem por isso escapou de ser contagiado pelo clima emocional que tomava conta do país no carnaval de 1963. A manchete de 17 de fevereiro – "Navios franceses atacam no Nordeste jangadeiros que pescam lagosta" – era puro sensacionalismo. Não havia um pingo de verdade ali, mas refletia bem o *frisson* patriótico que percorria o Brasil. Um grupo de exaltados chegou a ir ao prédio da Maison de France, no Rio, e emporcalhou a fachada com piche. Com brios exaltados, os jornais, as rádios e as autoridades desciam às trincheiras.

No dia 22, o ministro da Marinha, almirante Pedro Paulo de Araújo Suzano, reuniu a imprensa e solenemente anunciou que o serviço secreto da Armada obtivera informação segura de que o porta-aviões *Clemenceau*, a embarcação mais poderosa da Marinha de guerra francesa, escoltado por dois cruzadores e uma fragata, navegava para o Brasil. O país não iria ser pego despreparado. Suzano, notório pelo pavio curto, mandou a esquadra sair ao mar "pronta para o que der e vier".

O alarde não deu em nada e da França não veio nada. O *Clemenceau* navegava na costa da África Ocidental, e de lá não arredou o casco.[1] A Guerra da Lagosta foi patacoada. Não houve bombardeios, mortos ou feridos. Sequer deixou ressentimentos ou desejo de revanche entre os beligerantes.

As lembranças mais vivas são algumas músicas de ingênuo patriotismo ou pura ironia. A marchinha *Cachaça não é água*, sucesso do carnaval de 1953, ganhou na folia de 1963 o refrão "você pensa que lagosta é peixe?". No samba *Guerra da lagosta*, Moreira da Silva advertia aos franceses que a costa brasileira não "é casa da mãe Joana" e os aconselhava a cair fora, não quisessem "virar peneira". Tudo isso, ironizou o menestrel Juca Chaves, causado por um "simples crustáceo besta".

O surto de patriotada, de toda maneira, serviu para convencer o circunspecto Charles de Gaulle que o Brasil estava longe de ser um país sério.

Como pôde tudo isso acontecer? A gênese do conflito, explicava na televisão o humorista Ary Toledo com entonação afrancesada, era que era que "lagosta, lá na França, todo mundo gosta". Nos anos 50, depois de esgotar os estoques do crustáceo no litoral europeu, os franceses foram pescá-lo na costa da África. Não tardou para o pescado escassear também por lá. Em 1961, o embaixador francês Jacques Baeyens obteve do presidente João Goulart licença para navios franceses pesquisarem as reservas lagosteiras no Nordeste. Da pesquisa à pesca foi um passo, na surdina. A lagosta capturada na costa brasileira era transportada até Dacar, na África, e dali expedida por avião para Paris.

Só então a indústria pesqueira nordestina percebeu o valor do crustáceo. Políticos e empresários correram a Brasília a reclamar da concorrência francesa. Com a mesma ligeireza que concedera a licença, João Goulart a revogou. A Marinha ficou encarregada de fazer valer a decisão. Em janeiro de 1962, por ordem do almirante Suzano, a corveta Ipiranga apreendeu um pesqueiro francês em águas nordestinas. O barco foi logo liberado, mas se havia criado o contencioso.

A França propôs levar o assunto à arbitragem de uma corte internacional. O Brasil entendeu que isso equivalia a reconhecer o direito francês de pescar no litoral alheio. Por fim, representantes dos dois países sentaram para conversar. A convenção de Genebra, assinada em 1958, estabelecia que os países costeiros tivessem assegurados os recursos naturais da plataforma continental até a profundidade de 200 metros. Como a lagosta se arrasta pela plataforma, era tão nossa quanto o petróleo submarino. Os franceses viam a questão por outro ângulo: a lagosta devia ser considerada peixe. Não era capturada enquanto andava no brasileiríssimo assoalho oceânico e, sim, ao nadar em águas internacionais.

É célebre na Marinha a irônica resposta do almirante Paulo Moreira da Silva, conceituado oceanógrafo que assessorava a delegação brasileira: se fosse aceita a tese francesa de que ao dar saltos a lagosta deveria ser considerada peixe, por analogia canguru quando pula viraria ave.

Apesar da bizarrice dos argumentos, a solução negociada manteve-se no horizonte até o governo brasileiro decidir chutar o balde. Em 18 de fevereiro de 1963, a França foi surpreendida por um ultimato enviado por Brasília. A partir daquela data, todo navio pesqueiro de bandeira estrangeira que estivesse operando em águas territoriais brasileiras seria apresado e sua tripulação processada por pirataria.

Em alvoroço, deputados bretões foram bater à porta do primeiro-ministro Georges Pompidou. Os lagosteiros eram da Bretanha, a região mais pobre e subdesenvolvida da França. Eles tinham se cotizado para comprar barcos modernos, que ainda não haviam sido pagos, e ficariam na miséria se não pudessem pescar na costa brasileira. Os pobres bretões até cogitaram iniciar um boicote ao Brasil, deixando de tomar café, mas desistiram. Então, *à La guerre*.

O presidente Charles de Gaulle enviou o contratorpedeiro *Tartu*, de 2.700 toneladas, para proteger os pesqueiros. Era uma embarcação grande e com canhões demais para a tarefa de escolta. Soube-se mais tarde que a escolha nada tinha a ver com propósitos bélicos. Aconteceu de ser a única embarcação veloz da Marinha francesa disponível no Atlântico Sul e por essa razão foi despachada para a costa brasileira.

O Brasil soube do *Tartu* na quinta-feira, 21. Na sexta, o almirante Suzano enviou para Recife uma força-tarefa formada pelo cruzador *Barroso*, capitânia da Armada, e quatro contratorpedeiros. No sábado, o Conselho de Segurança Nacional reuniu-se em Brasília para avaliar os acontecimentos e debater a melhor forma de comunicar aos brasileiros que se estava na iminência de uma guerra. Decidiram manter a boca fechada e esperar os desdobramentos.

O único indiferente à excitação geral era o presidente da República. Confiante de que a crise iria se resolver com uma boa conversa entre representantes dos dois países, João Goulart subiu num avião e foi desfrutar o Carnaval em São Borja, no Rio Grande do Sul, sua cidade natal.

Do outro lado do Atlântico, o humor do presidente francês era o oposto. Charles de Gaulle estava particularmente irritado – conta o embaixador Jacques Baixem sem suas memórias[2] – pelas críticas da imprensa brasileira a ele próprio e à França, o que, na cabeça do general, eram praticamente a mesma coisa. O presidente francês via "uma mão dos americanos, desejosos de se vingar da atitude tomada pela França noutros setores".

Os americanos, ao contrário do que pensava De Gaulle, estavam em pânico. Na madrugada de sábado, o adido naval americano no Rio de Janeiro apareceu esbaforido no Estado-Maior da Armada para avisar que os navios enviados ao Nordeste eram arrendados aos Estados Unidos. Por contrato, não podiam ser usados contra um país aliado de Washington. Foi corrido de lá com um recado atrevido do Estado-Maior da Armada: o Brasil apoiara os Estados Unidos depois do ataque japonês a Pearl Harbor e agora esperava, como retribuição, o apoio militar americano na luta contra a França.

Era Carnaval. Em meio à batucada, as rádios dedicaram um tempo enorme à eletrizante caçada ao *Tartu*. Apesar de ninguém saber com precisão o que ocorria no oceano, os locutores se esgoelavam nos comunicados urgentes. Dizia-se que o navio francês fora localizado pela FAB perto do Atol das Rocas, a 150 quilômetros da costa do Rio Grande do Norte, e para lá rumavam, a toda velocidade, nossos contratorpedeiros. No dia seguinte, o motivo do alarme já era outro: o Brasil reforçara as forças navais em alto-mar e se dava como iminente a troca de canhonaços.

Como Itararé, foi uma batalha que não houve. Sorte nossa. Ai da Marinha brasileira se tivesse entrado em combate. A mobilização fora rápida, mas havia "grandes restrições materiais de nossos navios, principalmente no aspecto logístico, na manutenção precária e na necessidade de muitos reparos. As restrições de munição e torpedos eram tão críticas que não permitiriam aos navios manter um engajamento por mais de trinta minutos", escreveu o especialista Cláudio da Costa Braga.[3]

No domingo, 3 de março, a crise evaporou como fumaça. Atuando nos bastidores, os diplomatas combinaram baixar o tom e buscar uma solução pacífica. Não se ouvia qualquer palavra belicista vinda de militares ou autoridades. "A guerra da lagosta terminou por falta de combatentes", comentou bem-humorado o jornal parisiense *France Soir*. Outras preocupações entraram na ordem do dia.

"Nos corredores do Itamaraty línguas maliciosas dizem que é grande a correria dos empistolados para cavar uma vaguinha na delegação brasileira que assinará a paz das lagostas em Versalhes", publicou o *Correio da Manhã*.

Em junho, ouviu-se um derradeiro rufar de tambores. Pesqueiros franceses entraram no porto de Natal para reabastecer. O comandante do distrito naval mandou o capitão dos portos negar-lhes permissão de saída, enquanto solicitava instruções da Armada. Recebeu ordens para deixar de chatear os franceses.

Não houve, no final das contas, acordo entre países. Empresas dos dois lados do Atlântico se acertaram sozinhas. Barcos franceses foram arrendados por companhias de pesca brasileiras e as lagostas, em lugar de serem simplesmente enviadas, passaram a ser exportadas para a França. Em março de 1964, Charles de Gaulle veio ao Brasil para sanar as feridas. Encontrou um país mudado. Jango havia sido deposto e exilado. O nome do almirante Suzano constou da primeira lista de militares cassados pelos golpistas. De Gaulle foi recebido por Humberto de Alencar Castello Branco, o primeiro presidente do regime militar. Um ano antes, o general Castello Branco era comandante do IV Exército, com sede em Recife, e estivera de prontidão durante a Guerra da Lagosta.

## Referências


1 *O Estado de S. Paulo*, 23 de outubro de 1963.

2 Jacques Baeyens, *Au bout du quai*. Paris: Fayard, 1975.

3 Cláudio da costa Braga, *As lagostas da discórdia*, Revista História da Biblioteca Nacional, 23 de março de 2009.

# De reis, príncipes e imperadores

PEDRO, EM TAL CASO, PÕE A COROA SOBRE A TUA CABEÇA, ANTES QUE ALGUM AVENTUREIRO LANCE MÃO DELA!

Dom João VI

Deveríamos agradecer a Napoleão. Não fosse a irrefreável ambição do terrível corso, o Brasil não seria o que é hoje. Talvez, sequer houvesse uma nação chamada Brasil. Para que o país tomasse a forma atual foi preciso Dom João e a corte portuguesa atravessarem o Atlântico para fugir das tropas napoleônicas, em 1808.

Napoleão estava no auge de seu poder e glória em 1807. O único obstáculo em seu caminho era a Inglaterra, protegida pela geografia e pela força de sua Marinha de Guerra. Dois anos antes, a frota francesa fora trucidada pelo almirante Horatio Nelson na batalha de Trafalgar. A França ficou sem meios para enfrentar os ingleses nos mares ou invadir a ilha inimiga. Só restou a Napoleão tentar asfixiar o inimigo com um Bloqueio Continental, decretado em 1806.

Todos os países litorâneos da Europa foram intimados a fechar seus portos ao inimigo da França. Portugal era governado por Dom João desde 1792, em decorrência da insanidade da mãe, Maria I, a Louca. De temperamento pacífico e tímido, ele era o pior governante que o país poderia ter numa situação de vida ou morte. O príncipe regente não fora educado para governar. Essa era a missão do irmão mais velho, Dom José, que morreu em 1788, deixando a responsabilidade em suas mãos.

Portugal estava entre o martelo e a bigorna. Dom João tentou ganhar tempo, aparentar neutralidade – o que só tornou mais evidente a vulnerabilidade de seu reino diante das superpotências de sua época. Napoleão dominava o continente. A Inglaterra o mar. Opor-se à França significava a invasão de Portugal por tropas napoleônicas e, quase com certeza, a absorção de Portugal pela Espanha, aliada de Napoleão.[1] Se Dom João ficasse contra a Inglaterra, a esquadra britânica poderia bloquear os portos, cortando a ligação com o Brasil, o bem mais precioso da coroa lusitana.[2]

Diante do inexorável, formam-se na Corte portuguesa dois partidos, o pró-França e o pró-Inglaterra, ambos entreguistas. A quem o pequenino Portugal deveria se render? Em 1807, Napoleão enviou um ultimato, dando o prazo de 1º de setembro para Lisboa declarar guerra à Inglaterra, país do qual o reino português era formalmente aliado desde a assinatura de um tratado em 1373. Logo ficou evidente que se tratava de uma ratoeira: Portugal estava perdido.

Os franceses sequer se davam ao incômodo de disfarçar. Em 11 de novembro, o *MoniteurUniversel*, jornal oficial do governo francês, publicou que Paris e Madri já tinha combinado a divisão de Portugal em três partes e a extinção da dinastia dos Bragança. Uma semana depois, as tropas francesas e espanholas, comandadas pelo general Jean-Andoche Junot,realmente cruzaram a fronteira, iniciando a conquista de Portugal.

O príncipe regente então tomou a decisão que iria mudar para sempre a história brasileira: preferiu entregar Portugal a perder o Brasil. A corte iria de mudança para a colônia sul-americana, com escolta da esquadra inglesa. Escaparam por pouco. A família real embarcou ao entardecer do dia 27 de novembro, mas, por falta de ventos, os navios só zarparam no dia 29. No dia seguinte, em marcha acelerada, as tropas de Junot entraram em Lisboa.

A ideia de transferir a corte para o Brasil não era nova. Em 1640, quando a monarquia portuguesa foi restaurada depois de 60 anos de jugo espanhol, o padre Antônio Vieira sugeriu ir embora para a América do Sul, onde se estaria a salvo dos vizinhos encrenqueiros. Durante a Guerra das Laranjas, em 1801, na qual Portugal foi surrado pelos espanhóis, não faltaram a Dom João conselhos de partir para o Brasil. Do outro lado do mundo, os portugueses poderiam dar o troco, tomar as colônias espanholas e criar um enormemaior império.

Não é preciso muita análise para perceber que fugir foi a melhor opção. Entre todas as pequenas nações destroçadas pelas guerras napoleônicas, Portugal foi a única a preservar a soberania, ainda que exercida do outro lado do Atlântico.Apesar de os franceses ocuparem Portugal, o governo de Dom João continuava a existir em terras portuguesas.

Era um novo império, de cabeça para baixo, no qual se incorporava a antiga metrópole.[3] Em 1808, Napoleão depôs a realeza castelhana e a Espanha se viu ocupado pelas tropas do antigo aliado. Foi o início da Guerra Peninsular, que se estendeu até 1814. No vácuo de autoridade criado pela dissolução do Estado espanhol, a América Hispânica se atomizou numa multidão de países, alguns deles totalmente inviáveis.

Se o Estado português não se tivesse transferido para o lado de cá do Atlântico, o Brasil poderia ter destino parecido. A América portuguesa era um conjunto frouxo de dezoito capitanias. Apesar da presença de um governador-geral no Rio de Janeiro, cada capitania podia tratar diretamente com Lisboa, e seus habitantes viam-se ao mesmo tempo portugueses do Brasil e pernambucanos, mineiros, cearenses.[4] O atraso material brasileiro era brutal se comparado às colônias espanholas.Na descrição da historiadora Isabel Lustosa, em *Nascimento da Imprensa no Brasil*, "imprensa, universidades, fábricas – nada disso nos convinha, na opinião do colonizador".[5]

A partida da corte em 1807 foi uma memorável baderna. Era o Estado que migrava, às pressas. As instituições e os tesouros portugueses vieram para o Brasil aos pedaços, desmontados, do jeito possível, nos porões dos navios. "Ricos móveis e carros de elevado custo embarcaram sem as devidas cautelas ou tiveram de ser abandonados nas praias".[6] O Estado lusitano iria se reorganizar nos trópicos do jeito que fora na Europa, absolutista e centralizador. Para a colônia, que deixava de ser periferia para se tornar o centro de um império que se estendia por quatro continentes, representava uma oportunidade espetacular.

Com a família real veio boa parte da nobreza, da magistratura, do clero e dos generais. Até hoje não se sabe quantos eram os imigrantes. As estimativas vão de 5 mil a 15 mil. O Brasil, que nunca tivera uma universidade, uma impressora ou uma biblioteca, recebia de supetão a classe dirigente portuguesa. Fala-se mal da mentalidade cartorial que veio nas naus lusitanas. Mas o fato é que, pela primeira vez, o Brasil podia contar com uma burocracia funcional e administradores competentes.

O Rio de Janeiro, que tinha 60 mil habitantes quando a Corte se instalou na cidade em março de 1808, dobrou sua população nos vinte anos seguintes. O entusiasmo dos cariocas com a chegada da família real arrefeceu quando ficou evidente que havia um preço a pagar. Nos primeiros meses, o governo mandou requisitar as melhores casas para abrigar os recém-chegados. O procedimento era simples e não admitia apelação: os funcionários portugueses pintavam ou riscavam a giz na fachada do imóvel desapropriado as iniciais "PR", de príncipe regente – que o povo traduziu imediatamente para "ponha-se na rua" ou "prédio roubado". O proprietário tinha 72 horas para deixar a casa, deixando para trás sua mobília, utensílios domésticos e escravos.

Em pouco tempo desapareceram os motivos para queixas. A cidade e o país prosperaram com a presença da Corte. Mudanças extraordinárias começaram já em Salvador, onde a família real desembarcou em 28 de janeiro de 1808. Ali mesmo, o príncipe regente abriu os portos brasileiros às nações amigas. Quebrou-se na penada um dos pilares do colonialismo lusitano, o monopólio do comércio exterior exercido pela metrópole. Em setembro, começou a circular o primeiro jornal editado e impresso no Brasil. Abriram-se teatros, bibliotecas, academias literárias e científicas. Logo surgiram as primeiras fábricas de ferro, pólvora e vidro, que não podiam mais ser importados de Portugal.

O centro do poder português se deslocara de Lisboa para o Rio de Janeiro. Estava aberto o caminho para a independência do Brasil, catorze anos depois.

A questão é porque Dom João não voltava para Lisboa e restabelecia a antiga hierarquia colonial. A ocupação francesa do solo lusitano foi breve. Em agosto de 1808, as tropas de Junot foram expulsas pelos ingleses, que passaram a governar Portugalem nome do rei ausente. Espanhóis e portugueses lutavam então do mesmo lado, contra os franceses. Em 1814, os invasores foram varridos da península Ibérica e, no ano seguinte, o poder de Napoleão foi aniquilado na batalha de Waterloo.

Em lugar de embarcar para a Europa, Dom João fez o contrário do que desejavam seus súditos portugueses. O Brasil foi elevado a Reino Unido de Portugal e Algarves. Não havia mais colônia e metrópole, mas regiões com iguais direitos e deveres. Reforçada pela imensidão e pela riqueza do Brasil, Portugal pode comparecer como uma potência robusta no Congresso de Viena, que redefiniu a Europa pós-Napoleão.

Dona Maria I, a Louca, morreu em 1816, criando uma crise de protocolo. Onde o novo rei deveria receber sua coroa? Se a cerimônia fosse realizada na América, poderia ser vista como a confirmação da mudança da sede do Império Português. Se em Portugal – bem, o rei não queria ir para Portugal. Criou-se um impasse que atrasou por dois anos a aclamação de Dom João VI, que, no final das contas, foi realizada no Rio.

Os reis portugueses não eram coroados, como os ingleses ou franceses, mas aclamados. A origem desse costume estava na lenda de que Dom Sebastião, o rei adolescente morto em batalha na África, em 1580, subira ao céu de coroa e tudo. Nas pinturas formais, a coroa é sempre representada ao lado ou no colo de Dom João VI. Nunca na cabeça.

Durante a permanência da Corte, o Rio se tornou uma versão tropical de capital europeia. Foi embelezada por artistas e arquitetos. Em março de 1816, chegou à cidade uma missão cultural e artística francesa. Um de seus integrantes era o pintor Jean-Baptista Debret, autor das mais conhecidas gravuras representando o cotidiano brasileiro daquele tempo. Foram criadas instituições de Estado, as capitanias deram lugar às províncias, a economia floresceu, ainda que o mais próspero negócio da terra continuasse a ser o tráfico negreiro. Até a censura prévia dos originais foi abolida em 1821. O resultado foi o surgimento de uma imprensa dinâmica, sem papas na língua.

D. João, que fugira de uma guerra na Europa, declarou uma assim que chegou ao Brasil: a "guerra justa" contra os índios botocudos de Minas Gerais.[7] Ele também mandou atacar a Guiana Francesa e a Banda Oriental, futura Cisplatina, como represália a seus inimigos na guerra peninsular.

Todos sabiam que o rei gostava de morar no Brasil. Ele era visto passear pelas margens da Lagoa Rodrigo de Freitas, com os bolsos cheios de pedaços de frango assado, que ia comendo pelo caminho. Em Portugal, crescia o ressentimento em relação àquele soberano que preferia viver a 10 mil quilômetros de distância. A partir de 1816, mandou em Portugal o general inglês William Baresford, a quem Dom João VI promoveu a marechal e entregou o comando das Forças Armadas. Baresford era herói das guerras napoleônicas, mas todos sabiam onde estava sua lealdade. Ele era um aristocrata inglês, a serviço dos interesses britânicos.

Com rancor, os súditos europeus chamavam a administração no Brasil de "governo tupinambá". Esse governo, pelo menos no que dizia respeito ao rei, chegou ao fim em 20 de agosto de 1820, com a irrupção da revolução liberal no Porto. No ano seguinte, já despojado dos antigos poderes autocráticos, Dom João VI não podia mais adiar o retorno a Portugal. Ou voltava ou abria mão do trono que a família Bragança ocupava desde 1640.

As Cortes portuguesas não queriam apenas seu rei de volta. Pretendiam dar marcha-a-ré na história e reconduzir o Brasil à condição de colônia. Dom João VI tinha consciência da dificuldade de conservar seu trono. Sabia também que o Brasil, depois de ter hospedado a Corte e sido o coração de um reino unido, não se conformaria em voltar à condição de colônia.

Às vésperas do embarque, chamou Dom Pedro, que ficava aqui no papel de príncipe-regente, e falou de seu temor de que as pressões das Cortes portuguesas fossem o estopim de uma rebelião emancipadora no Brasil.O seu conselho a Dom Pedro foi o melhor que um rei poderia dar ao herdeiro naquelas circunstâncias:

"Pedro, em tal caso, põe a coroa sobre a tua cabeça, antes que algum aventureiro lance mão dela!"[8]

Dom Pedro seguiu o conselho ao pé da letra.

# Referências

1 Em 1801, Napoleão e a Espanha, haviam apresentado um ultimato a Portugal, exigindo o rompimento com a Inglaterra. As tropas espanholas sequer esperaram a resposta de Lisboa antes de invadir o país vizinho. A Guerra das Laranjas[1] durou apenas 18 dias e terminou mal para Portugal. O príncipe regente foi coagido a assinar um acordo de paz – o Tratado de Badajoz – com sabor amargo de rendição. Pagou pesadas indenizações, cedeu um naco de território português à Espanha (que até hoje não o devolveu) e entregou à França metade do território do Amapá, passando o Rio Araguari a ser a fronteira com a Guiana Francesa. O conflito é conhecido como Guerra das Laranjas numa referência às laranjas que o comandante das tropas espanholas, general Manuel de Godoy, colheu na cidade de Elvas, a 230 quilômetros de Lisboa, e enviou à rainha da Espanha afirmando terem sido apanhadas na capital portuguesa.

2 Às vésperas da fuga para o Brasil, os lisboetas temiam que a marinha inglesa bombardeasse Lisboa em represália ao sequestro dos bens e aprisão de súditos britânicos residentes em Portugal. Dom João adotara essa medida extrema numa tentativa inútil de contentar Napoleão enquanto, em segredo, negociava com o governo de Londres. O exemplo do que os ingleses podiam fazer era a Dinamarca. Pressionado por Napoleão, o país escandinavo havia bloqueado o acesso dos barcos ingleses ao Mar Báltico. Os britânicos reagiram com uma curta guerra, em que destruíram a frota dinamarquesa e bombardearam Estocolmo, em setembro de 1807.

3 Lúcia Maria Bastos Pereira das Neves e Guilherme Pereira das Nevas, *Alegrias e Infortúnios dos Súditos Luso-Europeus e Americanos, a transferência da corte portuguesa para o Brasil em 1807.* (A ScientificElectronic Library Online – SciELO, 2007).

4 Alberto da Costa e Silva, *As Marcas do Período, Crise Colonial e Independência, 1808-1830,* Objetiva, 2010.

5 Isabel Lustosa, *Nascimento da Imprensa no Brasi*l, Zahar, 2003.

6 Emílio Joaquim da Silva Maia. *Estudos históricos sobre Portugal e Brasil,* IHGB.

7 O governo de Dom João emitiu uma declaração de guerra aos índios, redigida na linguagem formal da burocracia portuguesa. O jornalista Hipólito da Costa, fundador do *Correio Braziliense*, o primeiro jornal brasileiro, e que vivia exilado em Londres, leu o documento e anunciou aos amigos que iria pedir uma trégua. E explicou: "É para dar tempo aos índios de aprenderem a ler, a fim de apreciarem as razões aqui alegadas". (Moreira de Azevedo, *Mosaico Brasileiro*, Editora B.L. Garnier, Rio de Janeiro).

8 Como é de praxe com os pronunciamentos informais feitos por autoridades, sempre aparece alguém para transcrevê-losem linguagem formal, supostamente mais digna de um dignatário Há várias versões empoladas do conselho de Dom João XVI ao filho. Em muitos livros escolares o rei diz o seguinte: "Pedro, se o Brasil tiver que se separar, antes seja para ti, que me hás de respeitar, do que para qualquer um desses aventureiros". É de se imaginar que o rei português empregasse um tom coloquial ao falar com o próprio filho.

**INDEPENDÊNCIA OU MORTE!**

Dom Pedro I

Qual a melhor frase para simbolizar a independência do Brasil? "Independência ou morte" parece a escolha óbvia, inevitável até, para encapsular a determinação e o heroísmo dos fundadores de uma nação. Está lá, no primeiro verso do hino nacional, como causa e efeito. O brado retumbante ouvido às margens plácidas do Ipiranga foi responsável por algo notável: "o sol da liberdade brilhou no céu da pátria nesse instante". Ou, pelo menos, é o que foi dito mais tarde. A letra do hino é a de um poema publicado em 1909[1] e oficializada em 1922. Naquele "instante", Sete de Setembro de 1822, a repercussão do Grito do Ipiranga foi zero. "Nem as margens ouviram", na expressão feliz da historiadora Lúcia Bastos Pereira das Neves, especialista naquele período histórico.[2]

Nos 53 jornais brasileiros em circulação em setembro de 1822 não se encontra menção, ainda que especulativa, à relevância dos acontecimentos às margens plácidas do riacho Ipiranga.[3] A imprensa também não percebeu a existência de um "brado retumbante". Só o jornal governista *O Espelho*, na edição de 20 de setembro, festejou a divisa Independência ou Morte como o "grito acorde de todos os brasileiros", sem insistir, contudo, em seu potencial revolucionário.

O próprio Dom Pedro demorou para associar o Ipiranga ao Rubicão de seu reinado. Em carta enviada ao pai, o rei de Portugal, a 22 de setembro, o futuro imperador sequer menciona os acontecimentos de duas semanas antes em São Paulo.

A independência do Brasil não estava inteiramente consumada em setembro de 1822. Dependia ainda de negociações políticas. Tropas portuguesas permaneciam no país e havia províncias relutantes em se desligar de Portugal, como o Grã-Pará, que precisaram ser convencidas a tiro de canhão. Não é à-toa que a data a ser festejada como marco fundador da nação permaneceu em aberto nos três primeiros anos.

Poderia ter sido escolhida a aclamação de Dom Pedro como imperador, em 12 de outubro de 1822. Ou sua coroação em 10 de dezembro. O jornal *Correio Braziliense* propôs a data de primeiro de agosto. Naquele dia o príncipe se declarou desobrigado de obedecer às Cortes de Lisboa e determinou que qualquer tropa portuguesa que desembarcasse no Rio de Janeiro sem sua autorização fosse considerada inimiga. E porque não o Dia do Fico, 9 de janeiro, festejado pela população nas ruas como se fora a proclamação da independência?

A proposta de considerar o Sete de Setembro como o "aniversário da independência" surgiu na Assembleia Constituinte de 1824. A iniciativa era dos constituintes de São Paulo, província cujo governo desejava destacar sua participação na independência. A oficialização da data deveria ser acompanhada da construção de um monumento em homenagem ao ocorrido no "lugar denominado Piranga (sic)". Apesar de a assembleia ter sido dissolvida pelo imperador, o Sete de Setembro entrou no ano seguinte para o calendário das festividades nacionais. O fato decisivo para a escolha fora a publicação do testemunho do padre Belchior Pinheiro de Oliveira, um dos acompanhantes do príncipe na viagem histórica.

O conceito do "Grito do Ipiranga" havia inflamado a imaginação popular e o imperador viu ali a oportunidade de legitimar seu trono. "O Grito do Ipiranga mostrava Dom Pedro I não apenas como o herdeiro legítimo da coroa dos Bragança, o elo que permitia a continuidade na mudança, mas também como o herói capaz de tomar o destino do país em suas mãos", nas palavras da historiadora Cecília Helena de Salles Oliveira.[4]

O que se sabe dos acontecimentos de Sete de Setembro é, em boa medida, a versão do padre Belchior. Na década de 1860, vieram a público as recordações de outros dois integrantes da comitiva, o coronel Manuel Marcondes de Oliveira Melo, agraciado com o título de barão de Pindamonhangaba em 1825, e o alferes Francisco de Castro Canto e Mello. Pouco diferem das lembranças do padre.[5] O alferes Canto e Mello era irmão de Domitila, a Marquesa de Santos.Ela e Dom Pedro se conheceram naquela viagem e protagonizam o mais célebre caso de amor e adultério da monarquia brasileira.

Pedro de Alcântara, o quatro filho de Dom João e dona Carlota Joaquina, tinha nove anos quando a família real chegou ao Brasil, fugindo das tropas de Napoleão, em 1808. Nos treze anos em que o rei português permaneceu no país, o Brasil passou por transformações notáveis. Deixou de ser colônia para se tornar membro, com iguais direitos, de um Reino Unido. Terminada a guerra na península Ibérica, em 1814, Dom João VI não queria voltar. Os portugueses, conscientes da fragilidade e pobreza da parcela europeia do Reino Unido, temiam que a metrópole provisória acabasse por ser definitiva.[6]

O impasse persistiu até 1820, quando o panorama político mudou inteiramente com a vitória da revolução liberal na cidade do Porto. Os revolucionários convocaram as Cortes Gerais, reunidas pela primeira vez desde 1696, e deram um ultimato ao rei. Sem alternativa para preservar a coroa, Dom João VI jurou fidelidade à nova constituição, que revogava os poderes absolutistas da monarquia. Em 25 de abril de 1821, ele finalmente embarcou para Lisboa. Deixou o Brasil nas mãos do filho, Pedro, no papel de príncipe regente.

Poucos falavam em independência até a partida do monarca. Os brasileiros só queriam preservar a autonomia e os benefícios econômicos conquistados nos últimos anos.[7] A ruptura foi precipitada pela pressão das Cortes de Lisboa, que pretendiam que tudo voltasse a ser como antes. Cada tentativa do governo lisboeta de fazer a história andar para trás fomentava novos antagonismos e o ressentimentos. No dia 29 de setembro de 1822, decretos das Cortes exigiram a volta de Dom Pedro, a pretexto de completar sua educação na Europa. As Cortes também ordenaram que os governos das províncias passassem a se reportar diretamente a Lisboa, e não ao príncipe no Rio de Janeiro.

Se Dom Pedro tivesse acatado a ordem, tudo poderia ter acontecido com o Brasil. Pode-se imaginar um cenário em que as províncias seguiriam cada uma o seu próprio rumo, numa fragmentação ao estilo da ocorrida na América de língua espanhola. “Para felicidade geral do povo”, o príncipe recusou-se a partir. Com medo de ser embarcado à força pelos soldados portugueses, ele tratou de expulsá-los do Rio. Lisboa então declarou Dom Pedro e seus correligionários oficialmente “rebeldes”. Os laços estavam praticamente rompidos.

Havia revolta em São Paulo, a mais importante das províncias a favor de Dom Pedro e terra de José Bonifácio, o patriarca da Independência. Em agosto de 1822, o príncipe decidiu ir para lá, acalmar pessoalmente os ânimos. A viagem para São Paulo foi feita por terra, com uma pequena comitiva. Havia os doiscriados pessoais, João Carvalho e João Carlota, o fiel amigo, secretário, menino de recados e o alcoviteiro Francisco Gomes da Silva, o Chalaça. Os outros companheiros de viagem eram Luís de Saldanha da Gama, secretário itinerante e futuro Marquês de Taubaté, o coronel Marcondes, o alferes Melo e Canto e o padre Belchior, que era sobrinho de José Bonifácio.

O príncipe deixara ordens para ser informado imediatamente de qualquer novidade trazida pelo navio-correio, cuja chegada ao Rio estava prevista para o final do mês. Vieram más notícias: novos decretos o destituíam do papel de príncipe regente e o reduziam a mero delegado das autoridades lisboetas. Elas foram levadas ao príncipe por dois mensageiros esbaforidos, que consumiram doze cavalos cada um para fazer a viagem de mais de 400 quilômetros do Rio a São Paulo em apenas cinco dias. Junto às ordens das Cortes, vinham cartas de José Bonifácio e de Leopoldina, sua mulher, ambos aconselhando-o a não cumpri-las.

Dom Pedro tinha 23 anos e estava a caminho da cidade de São Paulo, vindo de Santos, onde estivera a inspecionar fortalezas. Com ele estava o grupo que viera do Rio. Uma guarda de honra, organizada às pressas, sob o comando do tenente-coronel Joaquim Aranha Barreto de Camargo, futuro governador de Santos, o acompanhava nessa fase da jornada.

Alguma coisa que comera no litoral caíra mal. Durante a subida da Serra do Mar, o príncipe precisou correr várias vezes para o matagal. No alto da Colina do Ipiranga, para garantir privacidade nesses momentos de apuro, o príncipe mandou a guarda esperá-lo mais adiante, onde havia uma venda.

O alferes Canto e Mello, que estivera em São Paulo em busca de notícias, alcançou a comitiva no alto da Colina do Ipiranga, minutos antes da chegada dos mensageiros enviados por José Bonifácio. O príncipe voltava precisamente de uma visita ao matagal. O padre contou em depoimento posterior ter sido encarregado por ele da leitura das cartas, em voz alta. Depois de ouvi-las, Dom Pedro arrancou os papéis de sua mão, amarrotou-os e os pisoteou, tremendo de raiva.

"E agora, padre Belchior?", perguntou. O padre diz ter respondido que não lhe restavam opções. "Se não se faz rei do Brasil será prisioneiro das Cortes e, talvez, deserdado por elas."

Foi o momento da decisão, expressos nas palavras registradas por Belchior:

"As Cortes me perseguem, chamam-me com desprezo de rapazinho e de brasileiro. Pois verão agora o que vale o rapazinho. De hoje em diante estão quebradas as nossas relações. Nada mais quero com o governo português e proclamo o Brasil, para sempre, separado de Portugal."

Não foi ali, na Colina do Ipiranga, o brado de "independência ou morte".

A visão idealizada do Sete de Setembro é consagrada no quadro que Pedro Américo pintou sessenta anos mais tarde. Na vida real, o príncipe montava uma mula baia, animal mais apropriado para as dificuldades da subida da serra do que o garboso cavalo castanho da pintura. Ele não viajava nos trajes de gala saídos da imaginação do pintor. A guarda que o acompanhava fora reunida de improviso na Baixada Santista. Era de milicianos, sem traje padronizado. O figurino dos Dragões da Independência, mostradono quadro e copiado na vestimenta dos soldados nas solenidades em Brasília, ainda estava por ser inventado. A Imperial Guarda de Honra, a origem histórica dos atuais Dragões, foi criada por Dom Pedro I em 1º de dezembro de 1822.[8]

O príncipe partiu a galope para se encontrar com a guarda. Chegou tão rápido que muitos soldados não tiveram tempo de montar para a formação de honra. Ali, distante uns quatrocentos metros do riacho Ipiranga e ao lado de uma venda de beira de estrada (a Casa do Grito),Dom Pedro arrancou do chapéu o laço azul e branco, que as Cortes determinavam como símbolo da nação portuguesa. Puxou da espada, gesto acompanhado pelos militares (os civis tiraram o chapéu) e todos deram vivas à independência.

No relato do coronel Marcondes foi o momento do brado retumbante: "Será nossa divisa de agora em diante Independência ou Morte." O Grito do Ipiranga foi repetido por todos, com "o mais vivo entusiasmo". Na versão do padre Belchior, o pronunciamento é um pouco mais elaborado: "Brasileiros, a nossa divisa de hoje em diante será Independência ou Morte. E as nossas cores, verde e amarelo, em substituição às das cortes." As cores da nova nação, portanto, haviam sido escolhidas com antecedência. O verde era dos Bragança e o amarelo dos Habsburgo, a família de primeira mulher de Dom Pedro, a austríaca Leopoldina.

À noite, em São Paulo, Dom Pedro foi ao teatro. Foi aclamado pela plateia entusiasmada com a declaração de independência. Testemunhas registraram a palavra de ordem daquela ocasião: "Viva o primeiro rei brasileiro!"

A hesitação inicial sobre a data magna – e a respeito da divisa que a simboliza –contém um ensinamento: a independência do Brasil não se deu em um único dia, nem foi conquistada no grito.

## Referências

1 A letra do hino nacional é o ponto de destaque na medíocre produção poética de Joaquim Osório Duque-Estrada (1870 – 1927). Poeta, crítico literário, professor e ensaísta, ele foi membro da Academia Brasileira de Letras.

2 Lucia Bastos Pereira das Neves, "*Nem as margens ouviram*", http://www.revistadehistoria.com.br, 16/09/2009.

3 Isabel Lustosa, *Insultos Impressos—A guerra dos Jornalistas na Independência1821-1823*, Companhia das Letras, 2000.

4 Cecília Helena Salles Oliveira, *7 de Setembro de 1822 – A Independência do Brasil,* Companhia Editora Nacional, 2005.

5 As divergências mais significativas dizem respeito a sequência dos acontecimentos durante a viagem entre o Rio e São Paulo e à identidade e a quantidade de pessoas presentes à Proclamação da independência. Como os depoimentos foram colhidos quatro décadas depois dos acontecimentos, é natural que houvesse falhas de memória. Ao prestar seu depoimento, Melo e Canto, que morreu em 1869, era ainda sessentão. Já o coronel Marcondes estava com 83 anos e morreria pouco depois.

Ao dar seu depoimento, o coronel Marcondes estava com 83 anos e restava-lhe pouco tempo de vida.

6 Oliveira Lima, *O Movimento da Independência (1821-1822)*, Editora da Universidade de São Paulo, 1989.

7 Laurentino Gomes, 1822, Editora Nova Fronteira, 2010.

8 A partir de janeiro de 1822, uma guarda de honra formada por voluntários, civis e militares, passou a proteger Dom Pedro da ameaça de ser embarcado à força para Portugal pela soldadesca portuguesa. A Imperial Guarda de Honra, criada pelo imperador em 1º de dezembro de 1822 e dissolvida em 1832, homenageava, no nome, os milicianos do passado. Os voluntários paulistas da Guarda de Honra anterior à independência vestiam uniforme branco paramentado de vermelho, as cores usadas pelos soldados no quadro de Pedro Américo. Sobre o capacete usado por qualquer uma das guardas de honra só há especulações. Os Dragões da Independência vestem um modelo baseado em exemplares posteriores, preservados em museus, e em gravuras feitas por Jean-Baptiste Debret por ocasião do segundo casamento de Dom Pedro I, em dezembro de 1826. A proposta de recuperar para uso cerimonial o uniforme da Imperial Guarda de Honra foi apresentada pelo deputado e historiador Gustavo Barroso em 1917 e aprovada pelo Senado Federal dez anos mais tarde. O livro clássico sobre o assunto é do próprio Gustavo Barroso: *Uniformes do Exército Brasileiro – 1730-1922*, editado pela A. Ferroud-F. Ferroud, de Paris, em 1922. Pode ser lido na internet (http://pt.scribd.com/doc/35370887/Uniformes-do-Exercito-Brasileiro-1730-1922).

SE NÃO FOSSE IMPERADOR, DESEJARIA SER PROFESSOR. NÃO CONHEÇO MISSÃO MAIOR E MAIS NOBRE QUE A DE DIRIGIR AS INTELIGÊNCIAS JOVENS E PREPARAR OS HOMENS DO FUTURO.

Dom Pedro II

Ao chegar a Lisboa, exilado, a 30 de novembro de 1889, Ouro-Preto foi visitar a bordo do *Alagoas* o imperador deposto. Encontrou- o calmo, conformado.

– Em suma, estou satisfeito – declarou-lhe Pedro II.

E, referindo-se à sua deposição.

– É a minha carta de alforria... Agora, posso ir onde quero.

O diálogo entre o soberano e o último chefe de gabinete do Império – que se supõe relatado pelo próprio visconde de Ouro-Preto ao historiador Tobias Monteiro[1] – ajuda a entender o fatalismo e inércia de Pedro II nos estertores de seu reinado.

"O imperador estava enfadado com o poder", resumiu a historiadora Lilia Moritz Shwarcz, autora de *As Barbas do Imperador*, uma das mais completas biografias do monarca tropical.[2]

Em 15 de novembro de 1889, dia da proclamação da República, Pedro II governava havia 49 anos, três meses e 22 dias.[3] Aos 65 anos estava envelhecido e doente. A tristeza do exílio iria consumir a energia que lhe restava. Morreu em Paris, em 5 de dezembro de 1891, um ano e dez dias depois de perder a coroa.

A saúde do imperador começou a deteriorar no início de 1880, devido a diabetes. Em 1887, ele passou mal no teatro e o médico do Paço Imperial, Cláudio Velho da Mota Maria, diagnosticou malária e complicações hepáticas. O país se agitou. Estaria em condições de governar? No ano seguinte, Pedro II esteve à beira da morte, com pleurite seca. Chegou a receber os últimos sacramentos num hospital de Milão, em 22 de maio. Acabou por melhorar e só então, em junho, estava em condições de ser informado da abolição da escravidão.

Pedro Augusto, o neto mais velho, que o acompanhava na viagem pela Europa, contou que, com os olhos cheios de lágrimas, ao saber da abolição, o imperador exclamou: "Grande povo, grande povo." Em termos políticos, não havia nada para ele comemorar. Junto com a escravidão, evaporava-se um último esteio da Monarquia, o dos fazendeiros e proprietários de escravos.[4]

Dom Pedro II foi se recuperar em Aix-les-Bains e em Cannes. Na Riviera Francesa, conversando com alguns brasileiros, confidenciou acreditar que sua vocação nunca fora o poder, mas o mundo das ciências e do estudo: "Se não fosse imperador, desejaria ser professor. Não conheço missão maior e mais nobre que a de dirigir as inteligências jovens e preparar os homens do futuro."[5]

A recepção popular a seu retorno ao Brasil foi entusiástica. Uma multidão povo seguiu sua carruagem do porto ao palácio, em clima de carnaval. A alegria nas ruas não escondia a crise da monarquia. Os últimos quinze anos do reinado de Dom Pedro II foram marcados pelo aparecimento dos militares na arena política (de onde não sairiam pelos cem anos seguintes) e pelo crescimento da campanha republicana – a conjunção de interesses que iria tirá-lo do trono.

Dom Pedro II já não tinha condições físicas de governar, mas rejeitou a sugestão de abdicar. As paixões dele estavam em outros lugares e atividades que os afazeres de governo o impediam que se dedicassem. A medida que envelhecia e perdia a saúde, fora também perdendo o interesse pelo trono e pela dinastia.[6] Quem poderia sucedê-lo? A princesa Isabel, a primeira na linha de sucessão, era impopular. A abolição da escravatura dera a ela algum fôlego e o título de "a redentora", cunhado pelo abolicionista José do Patrocínio.[7] Não fora o bastante, contudo, para conquistar o coração do povo.

A imprensa criticava a carolice extremada da princesa e a tratava de ignorante, inábil para assuntos de Estado. Gostava ainda menos do marido, o francês Gastão de Orleans, conde D'Eu. Não havia jeito de um estrangeiro – mesmo que na condição de consorte – ser aceito pacificamente no trono brasileiro. D'Eu era depreciado por tudo: o sotaque atroz, o cavanhaque pontudo, a elegância do vestuário e por investir no fedorento negócio de aluguel de cortiços.

Dizia-se que o imperador preferia entregar a coroa a Pedro Augusto – o problema era o neto favorito ser o terceiro na linha de sucessão, depois da tia Isabel e do primo Pedro. Desde a morte da mãe, a princesa Leopoldina, em 1871, Pedro Augusto morava com os avós. A família real garantia que ele era o primeiro príncipe em todo o mundo a se formar em engenharia civil e a escrever tratados de mineralogia.

Até a proclamação da República, Pedro Augusto sonhou mudar as regras constitucionais e passar a perna na tia e no primo. O pretendente chegou a contar com um círculo de partidários de sua ascensão ao trono e, por isso, a imprensa inclemente o apelidou de "príncipe conspirador". Mas tinha esquisitices desde criança. A bordo do *Alagoas*, o navio que levou a família real para o exílio, Pedro Augusto enlouqueceu de vez. Morreu num hospício na Áustria, em 1934.[8]

O imperador não seria leviano num assunto como a sucessão. Não era, aliás, leviano com coisa alguma. O dever era para

Pedro II um ato de fé. Num continente onde a letra da lei já nascia morta na mão dos caudilhos, só o imperador do Brasil podia ser levado à sério ao escrever numa carta: "Jurei a Constituição, mas ainda que não a jurasse, seria ela para mim uma segunda religião."

Um homem enorme, com 1,90 metro, cabelos loiros e barba de profeta – tipo físico que o destacava no país de negros e mulatos – pertenceu ao Estado praticamente desde o berço. Pedro II nasceu em 1825, três anos depois do país. Perdeu a mãe, Leopoldina, com um ano e nove dias. Aos cinco anos, o pai, Pedro I, foi embora para Portugal, deixando o trono em suas costas. Em 7 de abril de 1831, o menino precisou ser arrastado aos prantos para ser aclamado imperador.

Tornou-se o "órfão da nação", criado por tutores. Convocada a cuidar da criança, a portuguesa Mariana Carlota de Verna Magalhães Coutinho, condessa de Belmonte, viúva de um cortesão que viera com Dom João IV, terminou por ser a mãe que o príncipe nunca teve. A criança a chamava de Dadama.

Os sete anos de regência levaram o país à exaustão. Revoltas explodiam em sequência nas províncias – a Balaiada no Maranhão, a Cabanagem no Pará e no Rio Grande do Sul, que se declarara república independente. A solução era antecipar a maioridade e entregar logo a coroa a quem de direito.

A campanha pela maioridade ganhou as ruas, puxada por versinhos que se liam em cartazes colados em paredes e muros do Rio de Janeiro:

*Queremos Pedro Segundo*
*Embora não tenha idade.*
*A nação dispensa a lei,*
*E viva a maioridade*

A coroação ocorreu em 23 de julho de 1841. Nove dias de celebrações e um baile para 1.200 convidados no Paço Imperial. Notaram os presentes que o imperador-adolescente não dançou. No diário, reclamou do peso das roupas cerimoniais e do maçante que eram as solenidades. Pedro II foi, por toda a vida, avesso as festas e aos rapapés normalmente associados à realeza.

O Brasil se assentou com a coroação. Pedro II governou por quase meio século sem que fosse feita tentativa de derrubá-lo. Aqui uma avaliação de seu reinado, feita pelo historiador José Murilo de Carvalho:

"O prestígio da monarquia, por ele representado, ajudara a manter a unidade do país. Sua obsessão pelo cumprimento das obrigações constitucionais e seu senso de justiça e equilíbrio permitira que o Brasil se transformasse em exemplo de estabilidade institucional, de regularidade de eleições, de liberdade de imprensa e de tranquilidade política em vivo contraste com o que se passava nos países de origem hispânica."[9]

Quando Pedro II completou 17 anos, o Paço Imperial iniciou a busca por uma noiva. Não foi fácil. A aristocracia europeia receava enviar as filhas para os novos países americanos, muito instáveis. Mesmo as princesas de menor categoria hesitavam em atravessar o Atlântico. Em Viena, cidade natal de sua mãe, a solteirice do monarca brasileiro virou motivo de chacota.[10] Um rei nos trópicos e, como não bastasse, um rei pobretão.

A busca demorou mais de um ano até, finalmente, encontrarem uma princesa napolitana escassa de atrativos físicos e também de dinheiro. Teresa Cristina das Duas Sicílias, três anos mais velha que o noivo. O casamento foi realizado por procuração e Pedro II só conhecia a noiva por retratos. Quando ela desembarcou no Rio de Janeiro, o imperador caiu em depressão. Teresa Cristina era baixa, gorda, coxa e feia. No dia em que encontrou pessoalmente a esposa pela primeira vez, Pedro II chorou no regaço de Dadama.

Pedro II e Teresa Cristina estiveram casados por 46 anos. A imperatriz morreu num hotel da cidade do Porto apenas um mês depois da queda da monarquia – uma dor a mais para a família amargurada pelo exílio. No dia seguinte ao interesso, o imperador deposto escreveu em seu diário que a imperatriz havia sido "quem verdadeiramente mais amei". Passado o susto inicial, os dois tinham desenvolvimento uma relação de afeto e companheirismo. O dinheiro para pagar o enterro de Teresa Cristina a família precisou pedir emprestado a um rico comerciante da cidade.

Os tutores tinham por objetivo criar Pedro II para ser diferente de Pedro I, cujo comportamento truculento ameaçara o futuro do país. O primeiro imperador tinha pouco estudo, era grosseiro no trato pessoal, mulherengo e guiado pelas emoções. O segundo imperador era letrado, tratava a todos com cortesia e ponderava nas decisões. Nas questões do coração, contudo, saíra-se ao pai. Pedro II foi um marido infiel. Teve várias amantes e uma grande paixão, a condessa de Barral, que se prolongou pela vida toda.[11] Era "era cauto, não casto", segundo um crítico contemporâneo.

Os momentos mais felizes do imperador eram as viagens. Apresentava-se na Europa como Pedro d'Alcântara e tinha a oportunidade de visitar museus, assistir espetáculos teatrais e musicais, conversar com intelectuais, cientistas e artistas. Foi o único chefe de Estado presente às comemorações do centenário da independência dos Estados Unidos, em 1876. Na exposição comemorativa, na Filadélfia, Graham Bell o convidou a experimentar sua invenção, o telefone. A 150 metros de distância, o inventor declamou um trecho de Hamlet, de William Shekespeare: "*To be or not to be.*"

Do outro lado da linha, Pedro II espantou-se: "*My God, it speaks!*"

Vitoriosos, os republicanos traçaram um retrato ridículo do imperador e de seu reinado. Nada mais injusto. O imperador, que simpatizava com o conceito de república, via a monarquia como uma etapa no amadurecimento político de um país. Pedro II foi um rei-cidadão, ao estilo sóbrio dos atuais monarcas escandinavos. Ao contrário da imagem de luxo que pode passar o Baile da Ilha Fiscal, o último do Império, o imperador vivia num palácio mal conservado, cortava gastos, detestava ostentação e se vestia com simplicidade.

Teria sido um erro?

Lilia Moritz Schwarcz vê na falta de elegância e pompa de nosso monarca um dos fatores de dissolução do prestígio do regime. "Dom Pedro se descuidou do teatro da política, tornando mais evidente a fragilidade da monarquia", escreveu em *As Barbas do Imperador*.

A liberdade de imprensa existente no Segundo Reinado raras vezes se repetiria na República. O imperador era alvo de caricaturas avassaladoras. Muitas vezes ele era desenhado como Pedro Caju, nome decorrente do formato alongado que a barba dava a seu rosto. Em determinado momento a crítica evoluiu para Pedro Banana, muito mais ofensivo. A Revolta do Vintém, em janeiro de 1880, com certeza, ajudou a consolidar a imagem do ancião que dormitava em público e se deixava conduzir como marionete na mão de políticos.

No final de 1879, o governo aumentara em 20 réis (um vintém) o preço da passagem de bonde no Rio de Janeiro. Incitada por republicanos, a multidão indignada com o aumento começou a queimar bondes, a arrancar trilhos, a espancar motorneiros. A polícia reagiu, matando a tiros várias pessoas. Depois de três dias de distúrbios, o aumento foi revogado. Pedro II ficou profundamente abalado pelos acontecimentos, sobretudo pelo uso da força contra os manifestantes. Sempre tivera boas relações com o povo e não podia conceber tanta violência.

A Revolta do Vintém fora contra o ministério, mas a imprensa republicana deu ao movimento um tom antimonárquico. Nos nove anos seguintes, ele foi Pedro Banana. Melhor que entregasse a coroa.

O cidadão Pedro d'Alcântara viveu seu e exilio em melancólica peregrinação por estações de águas, casas de amigos e hotéis de segunda categoria. Recusou-se a morar com a filha Isabel e o Conde D'Eu. Passou curtas temporadas no castelo da Condessa de Barral. O que mais doía era o sentimento de ter sido abandonado. Não apenas pelos antigos monarquistas que aderiram a república e agora o evitavam, mas pelo país ao qual se dedicara por toda a vida.

Um bom epitáfio para o governo de Pedro II foi dado pelo presidente da Venezuela, Rojas Paul, ao saber da proclamação da República. Em conversa relatada pelo consul-geral do Brasil em Caracas, Múcio Teixeira, o venezuelano disse:

"Se há acabado la única Republica que existia em America: el Imperio del Brasil!"[12]

## Referências


1 Tobias Monteiro (1866-1952), em *Pesquisas e Depoimentos*, (Francisco Alves, 1913). O diálogo aparece na forma aqui publicada no livro *Brasil Anedótico*, do acadêmico Humberto de Campos (1886-1934), publicado originalmente em 1923.

2 Lilia Moritz Schwarcz, *As Barbas do Imperador*, Companhia das Letras, 1998.

3 José Murilo de Carvalho, *D. Pedro II,* Coleção Perfis Brasileiros, Companhia das Letras, 2007.

4 A economia brasileira e a monarquia dependiam da agricultura de exportação. Essa, por sua vez, dependia do trabalho escravo. Em 1887 havia 723.000 escravos no país. Pouco mais de 20% deles estavam nas províncias do norte que exportavam açúcar. Outros 60% estavam nas províncias do Sul, onde predominava a cafeicultura, que já era então o principal produto na pauta de exportações. Os dados estão em José Murilo de Carvalho, *A Construção Nacional, 1830-1889*, Objetiva, 2012.

5 Magalhães de Azevedo, *D. Pedro II* , Livraria Leite Ribeiro, Rio de Janeiro, 1923, citado por Humberto de Campos.

6 José Murilo de Carvalho, obra citada.

7 Depois da abolição, José do Patrocínio foi o idealizado da Guarda Negra, formada por antigos escravos, para defender a princesa Isabel e a monarquia. A violência da Guarda Negra, que atacava comícios republica, foi péssima para a imagem da família real.

8 O segundo na linha de sucessão era o filho de Isabel, Pedro de Alcântara, Príncipe do Grã-Pará. Em 1908, para casar com uma nobre sem linhagem real, ele renunciou a seu direito ao trono. Seria um detalhe curioso na história da família real não tivessem os brasileiras, por força de uma bizarrice da Constituição de 1988, sido convocados a participar de num plebiscito 3 para decidir se o país deveria ter um regime republicano ou monarquista, em 1993. Soube-se então da existência de duas facções a disputar a coroa brasileira: Ramo de Petrópolis formado pelos descendentes de Pedro de Alcântara, e o Ramo de Vassouras, originário do segundo filho de Isabel, Luís Felipe. Derrotada a monarquia, a questão voltou a ser irrelevante.

9 José Murilo de Carvalho, A *Construção Nacional, 1830-1889*, Objetiva, 2012.

10 A austríaca Leopoldina, mãe de Pedro II, pertencia a família Habsburgo--Loraine, tradicional fornecedora de consortes para casamentos dinásticos. O último Habsburgo-Loraine a se aventurar no Novo Mundo foi Maximiliano, o irmão mais jovem de Francisco José, imperador da Áustria, e primo-irmão do imperador brsileiro, Maximiliano aceitou a coroa do México oferecida pelo francês Napoleão III e acabou fuzilado pelos mexicanos em 1867.

11 Luísa Maragarida de Barros Portugal (1816-1891), nascida na Bahia, casou com um nobre francês, Eugene de Barral. Pelo casamento, tornou-se Condessa de Barral e Marquesa de Montferrat. Na corte francesa ela fez amizade com Francisca, irmã de Dom Pedro II, que a convidou para voltar ao Brasil como preceptora das princesas Isabel e Leopoldina. O relacionamento

amoroso com o imperador se prolongou por toda a vida e muito da correspondência trocada entre os dois foi recuperada e publicada. Em seu último ano de vida, Dom Pedro visitou a Condessa de Barral em sua residência na França.

12 O episódio contado por Múcio Teixeira em O Imperador visto de Perto (Editora Leite Ribeiro & Maurillo, 1917) começa com o presidente venezuelano dizendo: "Señor Consul Geral de Brasil, pida a Dios que su Patria, que há sido governada durante médio siglo por um sábio, no sea de hoy por delante llevada pelo el tacón del primero tirannelo que el ejercito lo presente."

# De místicos e visionários

> O MELHOR PROGRAMA ECONÔMICO DE GOVERNO É NÃO ATRAPALHAR AQUELES QUE PRODUZEM, INVESTEM, POUPAM, EMPREGAM, TRABALHAM E CONSOMEM.

Barão de Mauá

A primeira estrada de ferro ligando o Rio a Petrópolis, as primeiras indústrias – um estaleiro que produziu 72 navios a vapor e uma fundição em Niterói –, o primeiro banco a operar em larga escala no Brasil, além da ligação com a Europa por telégrafo submarino. Todas essas iniciativas pioneiras levavam a assinatura de Irineu Evangelista de Souza, o barão e depois visconde de Mauá. Um surpreendente empresário moderno surgido no improvável ambiente de uma economia modorrenta e avessa à inovação. Na primeira metade do século XIX, quando Mauá começou a pensar grande, o país exportava açúcar e café, mas o negócio que mais atraía investidores ainda era o tráfico negreiro, só abolido em 1850.

Mauá foi aquilo que os americanos chamam de *self-made man*. Nasceu na vila de Arroio Grande, no Rio Grande do Sul, e perdeu o pai, um fazendeiro, aos oito anos. A mãe, que casou novamente, entregou o menino e a irmã à guarda de um tio, capitão da marinha mercante. O tio arranjou o casamento da sobrinha, aos 10 anos, e internou o sobrinho num colégio em São Paulo. Em 1823, aos onze anos, Irineu deixou a escola e foi trabalhar de caixeiro numa loja no Rio de Janeiro. Era um negócio tradicional, cujo dono, um português, fizera fortuna no tráfico de escravos.

O menino trabalhava das 7 da manhã às 10 da noite. Estudava depois do expediente, aprendendo os rudimentos da contabilidade na prática e com a ajuda de algum cliente. Era ele quem administrava o negócio, visto que o patrão e a maioria de seus colegas eram praticamente analfabetos. Ele tinha 16 anos quando o patrão faliu e negócio foi absorvido por um credor, a empresa inglesa Carruthers & Co. Irineu foi junto com o estoque e os imóveis. A carreira do futuro visconde ganharia uma pitada decisiva de tempero inglês. Foi o primeiro grande salto de sua vida.

O novo patrão, o inglês Richard Carruthers foi o verdadeiro pai de Irineu. Ensinou-lhe inglês fluente e a contabilidade britânica – mais complexa e eficiente que a brasileira – e deu-lhe a oportunidade aprender a arte do comércio. Leu com avidez os clássicos do pensamento liberal, como Adam Smith, David Ricardo e John Stuart Mill. Dessas leituras ele entendeu que o trabalho servil era um obstáculo para o desenvolvimento do país. E também tirou o ensinamento que ainda tem serventia nos dias de hoje:

> O melhor programa econômico de governo é não atrapalhar aqueles que produzem, investem, poupam, empregam, trabalham e consomem

Aos 23 anos, o jovem tornou-se sócio-gerente da empresa que trabalhava com a importação de produtos de consumo e a exportação de produtos agrícolas. Mais adiante, Richard Carruthers decidiu retornar à Inglaterra e Irineu assumiu inteiramente os negócios. Aos 27 anos, já milionário, ele decidiu cruzar o Atlântico para conhecer a Inglaterra. Por quase um ano, visitou fábricas, conheceu o maquinário moderno e os métodos de administração que faziam da Inglaterra a principal potência comercial e industrial daquele tempo. A viagem abriu seus olhos para o atraso do Império Brasileiro.

Ao retornar ao Brasil, era outro. No plano pessoal, casou-se com a sobrinha, Maria Joaquina, de 16 anos. O arranjo parecia confuso – a esposa precisava conviver sob o mesmo teto com a mãe, que também era sua cunhada, e com a avó, que também era a sogra – mas foi feliz. Irineu e Maria Joaquina permaneceram juntos por toda a vida e tiveram 18 filhos.

A grande virada no plano profissional ocorreu na década seguinte. Ele encerrou as atividades da Casa Carruthers e deu início à memorável trajetória como industrial. A decisão foi precipitada por algumas circunstâncias. Em 1844, o governo brasileiro decidiu adotar medidas protecionistas, com um grande aumento dos impostos sobre as mercadorias importadas. Outro estímulo para o jovem comerciante trocar de ramo foi o fim do tráfico negreiro, que movimentava grandes recursos. O dinheiro ficou disponível para investimentos – e ali Irineu se apresentou para aceitá-lo em seus novos negócios.

A imensidão do império particular de Irineu em seu apogeu, nos anos 1860, é descrita neste trecho da completíssima biografia escrita pelo historiador Jorge Caldeira:[1]

"Dezessete empresas instaladas em seis países, uma rede complexa de sócios, no qual despontavam milionários ingleses, nobres franceses, especuladores americanos, comerciantes do Pará, fazendeiros do Rio Grande do Sul. Por meio de correspondência, o barão gerenciava bancos no Brasil, no Uruguai, Argentina, Estados Unidos, Inglaterra e França, três estradas de ferro no interior do Brasil, a maior fábrica do país, uma fundição que ocupava 700 operários, uma grande companhia de navegação, empresas de comércio exterior, mineradoras, usinas de gás, fazendas de criação de gado, fábricas variadas. Só ele sabia o valor do conjunto de suas empresas."

Era tal o seu prestígio, que Mr. Foggs, personagem do romance *A volta ao mundo em oitenta dias*, do escritor francês Jules Verne, tinha uma conta no Banco Mauá.[2] Ele também ajudou a fundar o segundo Branco do Brasil, pois o primeiro com este nome, criado por Dom João VI, havia falido em 1829.

Irineu Evangelista de Souza ganhou o título de Barão ao concluir em 1854 os primeiros trilhos brasileiros, entre a Praia da Estrela e a raiz da Serra de Petrópolis, no Rio de Janeiro. A promoção para visconde veio como recompensa pelo telégrafo submarino, em 1874. O imperador Dom Pedro II despachou telegramas para o papa Pio IX, para a rainha Vitória, na Inglaterra, e para o imperador Guilherme I, da Prússia. Um dia depois, para admiração geral, recebeu as respostas.

Como esse império pode naufragar? Um rombo no casco foi causado pelo Banco Mauá. Um caudilho uruguaio tomou a filial em Montevidéu, causando um enorme prejuízo, dando início a uma sequência de desastres que culminou no pedido de moratória, em 1875. Na década anterior, de uma hora para outra, o Brasil liberou as importações. Para um país agrícola, era uma opção de acesso a bens industrializados. Para quem, como Mauá, investira na industrialização, uma desgraça.

A bancarrota deixou o país boquiaberto. O Visconde de Mauá fez algo raro entre os empreendedores arruinados: vendeu o que tinha para saldar as dívidas.

Com o dinheiro que restou, iniciou um negócio de corretagem de café. Continuou rico, mas nunca mais voltou a ser um magnata. Foi morar em Petrópolis, numa casa alugada. Lá morreu aos 81 anos, 21 dias antes da proclamação da República.

A coincidência dos desenlaces é praticamente um simbolismo.

Se o período de maior otimismo e progresso da Monarquia pudesse ser sintetizado num rosto, este seria o de Mauá.

## Referências


1 Jorge Caldeira, *Mauá, Empresário do Império,* Companhia das Letras, 2001.

2 *Veja*, *Retrato de uma época*, 20 de novembro de 1989.

MEUS AMIGUINHOS, QUEM MATOU NÃO MATE MAIS! QUEM ROUBOU NÃO ROUBE MAIS! QUEM PECOU NÃO PEQUE MAIS! OS AMANCEBADOS SE CASEM!

Padre Cícero

Os caminhos de personagens espantosas se cruzaram no Vale do Cariri, em 1926. Padre Cícero, o *Padim Ciço* no patuá dos romeiros, com mais de 80 anos e senhor inconteste de Juazeiro do Norte, o coronel dos coronéis, um santo vivo. Floro Bartolomeu da Costa, médico e deputado federal, braço armado do padre. Virgulino Ferreira da Silva, vulgo Lampião, chefe do cangaço e devoto do Padre Cícero. Estranho ao sertão havia o capitão Luiz Carlos Prestes, gaúcho, e a tropa rebelada a percorrer o Brasil numa longa marcha de cavalariços.

O padre Cícero Romão Batista tinha 28 anos quando em 1872 se instalou em Juazeiro do Norte, no Ceará, então um arraial com duas ruas e trinta casas de taipa. Ele mandou no Vale do Cariri até morrer, em 1934. Os sertanejos contavam a seu respeito histórias dignas da vida de um santo – a maioria espalhada pelo próprio padre. O voto de castidade fora feito aos 12 anos, inspirado por São Francisco de Sales. Jesus Cristo aparecera pessoalmente em sonhos e tinha encarregado o padre de cuidar dos pobres do sertão. Sua capacidade de curar – ou, pelo menos, de interceder junto aos céus em benefício do doente – era reafirmada de boca em boca.

A hierarquia católica sentia cheiro de charlatanismo e o acusava de incentivar o fanatismo. Encastelado em seu feudo sertanejo, o padre não dava ouvidos. Nas disputas políticas, muitas vezes se colocava do lado contrário àquele apoiado pela Igreja. A gota d'água que entornou o caldo foi um anúncio de um milagre, em 1889. Padre Cícero afirmava que, no momento em que dava a comunhão, a hóstia convertera-se em sangue na boca de uma beata. E não tinha sido uma só vez, pois o fato sobrenatural se repetia. O bispado de Fortaleza mandou uma comissão investigar, a discussão sobre o milagre no sertão cearense chegou a ser levada à Santa Sé. Terminou com Cícero banido do sacerdócio. Não pôde mais oficiar missa, casamento ou batizado. Para desgosto da Igreja, a punição em nada reduziu a devoção sertaneja ao padre.

Juazeiro já era uma a cidade de médio porte em 1926. As ruas viviam repletas de romeiros, vendedores ambulantes e beatos de olhar febril e camisolão franciscano. Foguetes e bombinhas estouravam o tempo todo. Crianças seminuas, doentes em redes, penitentes arrastando pesadas cruzes, todos esperavam pela bênção pública diária do padrinho. Não havia hora certa para isso acontecer. A voz reduzida a um fiapo podia surgir da porta entreaberta de sua casa, outras vezes soar entre as grades de uma janela lateral. Só não mudava a mensagem: "Meus amiguinhos, quem matou não mate mais! Quem roubou não roube mais! Quem pecou não peque mais! Os amancebados se casem!"[1]

Em sua busca infrutífera por uma revolução, a Coluna Prestes aproximava-se do Nordeste. O presidente Arthur Bernardes conclamou os coronéis nordestinos a colocar a jagunçada a serviço do Governo Federal. No Piauí, Goiás e Bahia, as tocaias das milícias causaram mais baixas aos destacamentos rebeldes que as operações do Exército. A mobilização do Batalhão Patriótico de Juazeiro foi confiada ao deputado Floro Bartolomeu. Ele era amigo pessoal do presidente Bernardes e veterano da guerra na caatinga. Em 1908, Floro resolvera à bala uma disputa envolvendo terras do Padre Cícero, ricas em cobre, selando a parceria entre os dois por toda a vida.

Cinco anos mais tarde, o governador Franco Rabelo[2], nomeado por Hermes da Fonseca, resolvera acabar com os inimigos cearenses do presidente. O mais poderoso deles era precisamente o Padre Cícero. Coube a Floro comandar a resistência. O governador enviou uma força de 650 soldados e civis, que atacou Juazeiro às vésperas do Natal. Depois de seis horas de tiroteio, os atacantes, que sofreram 84 baixas, fugiram da cidade. Floro foi atrás com um exército improvisado de romeiros, jagunços e cangaceiros. Em 20 de abril, entrou em Fortaleza, depondo Rabelo. Padre Cícero, que já era prefeito de Juazeiro, assumiu também como vice-governador do Ceará.

Na década seguinte, quando a Coluna Prestes chegou ao Sertão, Floro foi o homem escolhido para enfrentá-la. Nomeado general honorário do Exército Brasileiro, ele formou o núcleo do Batalhão Patriótico de Juazeiro com os próprios jagunços e outros cedidos pelos coronéis do Cariri. Romeiros também se apresentaram para defender o querido Padim Ciço. As armas enviadas pelo Governo Federal eram principalmente fuzis Mauser modelo 1908, os mais modernos do arsenal do Exército. Apesar de dispor de mais de mil homens, Floro estava incerto sobre a força necessária para enfrentar as tropas profissionais da Coluna Prestes. Então convocou Virgulino Ferreira, o Lampião. O bandoleiro mais conhecido do país dispunha de mais de cem cabras, divididos em três bandos. Seu poder de fogo, aliado à reputação de valentia e crueldade, atemorizava a polícia, que praticamente desistira de combatê-lo.

Lampião apresentou-se em Juazeiro com metade de seu bando. Os bandoleiros tinham vestido as melhores roupas. Até as montarias haviam sido escolhidas entre as melhores para causar boa impressão entre os moradores. Durante os dias que permaneceuna cidade, Lampião deu entrevistas a jornais de Fortaleza e compareceu a festas. Não pôde ser recebido por Floro, que viajara para o Rio (onde morreu de angina, aos 50 anos e ainda solteiro). Mas teve seu encontro com Padre Cícero, que o aconselhou a deixar o cangaço. O bandoleiro deixou Juazeiro com a patente de capitão honorário do Exército Brasileiro e boa quantidade de fuzis e munição oriunda do arsenal das Forças Armadas. Dali em diante, até sua morte num confronto com a polícia em 1938, ele insistiu em ser tratado por Capitão Virgulino.

A patente militar concedida ao bandido mais famoso do Brasil tornou-se nova fonte de aborrecimento para o Padre Cícero. Até hoje o assunto é discutido com paixão no Nordeste. Seus defensores insistem que o padre nada teve a ver com a "promoção". Para que fosse revestida de mínima aparência legal, a concessão da patente honorária fora lavrada por Pedro de Albuquerque Uchoa, modesto funcionário do Ministério da Agricultura e o único servidor federal residente em Juazeiro. Em entrevista ao *Diário da Tarde*, de Aracaju, em 1933, Uchoa contou que dormia na casa de um contraparente e foi acordado, no meio da noite, por dois cangaceiros. Eles o levaram a casa do Padre Cícero. Lá, o padre passou instruções a ele:

> Aqui está o capitão Virgulino Ferreira. Ele não é mais bandido. Veio com cinquenta e dois homens para combater os revoltosos e vai ser promovido a capitão. Olhe, o senhor vai fazer a patente de capitão do sr. Virgulino Ferreira e a de tenente do seu irmão.[3]

O documento que Uchoa assinou foi improvisado ali mesmo, com ajuda de Benjamin Abrahão, secretário do padre. Abrahão é famoso pelo filme feito com o bando de Lampião, um registro iconográfico único do cangaço do qual restam apenas fragmentos.

Muito barulho por nada. O Batalhão Patriótico de Juazeiro jamais trocou tiros com a Coluna Prestes. Essa tomou outro rumo e se dissolveu na Bolívia no ano seguinte. A devoção ao Padre Cícero ainda atrai romeiros às ruas de Juazeiro do Norte, hoje o terceiro município mais populoso do Ceará. A cidade homenageia o Padim com uma enorme estátua de 27 metros de altura. Isso é quase dezessete vezes a altura real do Padre Cícero, baixinho enfezado de 1,60 metro.

## Referências:

1 A descrição do ambiente em Juazeiro e da bênção diária do Padre Cícero é do historiador Frederico Pernambuco de Mello, em *Benjamin Abrahão, entre anjos e cangaceiros*. Escrituras: São Paulo, 2012.

2 O cargo era chamado então de presidente do Estado.

3 O diálogo entre o cangaceiro e o padre foi publicado no blog *Tok de Histórias* – Rostand Medeiros, que exibe reprodução parcial da página do Diário da Noite, edição de 29 de setembro de 1933: http://tokdehistoria.wordpress.com/2011/03/10/1933-%E2%80%93-uma-entrevista-do-homem-que--%E2%80%9Cpromoveu%E2%80%9D-lampiao/

BRASIL, PAÍS DO FUTURO.

Stefan Zweig

O título da obra publicada em 1941 tornou-se de imediato o sobrenome da nação: *Brasil, país do futuro*. O livro era um grande retrato do Brasil sob a ótica de um estrangeiro – e não um estrangeiro qualquer. Romancista, poeta, dramaturgo, jornalista e biógrafo, o austríaco *Stefan* Zweig era um dos escritores mais famosos e lidos do mundo. Em agosto de 1940, a simples notícia de que uma celebridade do quilate de Zweig iria escrever sobre o Brasil mereceu manchete em *O Jornal*, carro-chefe dos *Diários Associados* no Rio de Janeiro.[1]

O escritor estivera anteriormente duas vezes no Brasil. A primeira em 1936, a caminho de um encontro literário em Buenos Aires. Partiu impressionado com a paisagem exuberante, a vastidão do território e a cordialidade com que foi recebido. Ao voltar definitivamente em 1940, tudo mudara. O seu próprio país, a Áustria, desaparecera engolido pela Alemanha nazista. Zweig era então um refugiado judeu. A categoria de pessoa à qual, por orientação do Itamaraty, os consulados brasileiros relutavam em conceder o visto imigratório.[2]

Mas, vale lembrar, não era um judeu qualquer. Celebridade mundial, bem relacionada aqui e lá fora, o governo Vargas abriu-lhe às portas.

Com sua segunda mulher, Lotte, Zweig foi viver em Petrópolis, na região serrana do Rio de Janeiro. Lá, numa casinha branca, ele finalizou sua autobiografia (*O mundo que eu vi*), escreveu a novela *O Jogador de Xadrez* e *O Mundo de Ontem*, relato nostálgico de Viena e da Europa anterior a 1914. Ainda encontrou tempo para elaborar o que, na opinião de seu biógrafo, o jornalista Alberto Dines, "é o mais famoso de todos os textos que se escreveram sobre o Brasil".

O livro é um panegírico, hino de louvor e esperança por uma terra que fascinou e emocionou o escritor. Zweig via possibilidades infinitas de o Brasil se desenvolver econômica e socialmente – mas é um texto tolo, desprovido de senso crítico. "Longe de mim querer dar a ilusão de que o Brasil já se acha no estado ideal"[3], acautelou-se logo no início. Ele relata a precariedade da saúde pública ("a tuberculose, que rouba ao país anualmente duzentas mil pessoas"), a escassez de estradas e ferrovias, a existência de trabalhadores pagos abaixo do salário mínimo, novidade recém-chegada ao país.

Para escrever *Brasil, país do futuro*, Zweig pesquisou e viajou intensamente durante cinco meses. Sabia que esse tempo só permitia que arranhasse a superfície de uma realidade complexa. "Uma vida inteira talvez não fosse suficiente para conhecer inteiramente o Brasil, esse mundo tão vasto", ele pondera na introdução.

Mais do que qualquer coisa, o fugitivo de um continente dilacerado por teorias racistas, via o Brasil como "uma espécie inteiramente nova de civilização", em que a cor da pele e a origem étnica são irrelevantes:

> Ao passo que na Europa agora mais do que nunca domina a quimera de quererem criar seres humanos 'puros', quanto à raça, como cavalos de corrida ou cães de exposição, a nação brasileira há séculos assenta

no princípio da mescla livre e sem estorvo, da completa equiparação de preto, branco, vermelho e amarelo.

O tema central do livro – anuncia ele – é a possibilidade de um país se desenvolver sem guerras. É o jeito brasileiro que permite o convívio pacífico de "diferenças de raça, classes, pigmentos, crenças e opiniões" que o exilado europeu deseja compartilhar com o mundo:

> A nenhum país esse problema, por uma constelação particularmente complicada, se apresenta mais perigoso do que ao Brasil, e nenhum o resolveu duma maneira mais feliz e mais exemplar do que a pela qual este o fez (...) O Brasil resolveu-o de uma maneira que, na minha opinião, requer não só a atenção, mas também a admiração do mundo.

Zweig lançara sobre o Brasil um olhar profundo que ultrapassava as mazelas facilmente perceptíveis na superfície. A julgar apenas pelo valor de face, o futuro não parecia tão promissor: um país essencialmente rural, com um único produto, o café, respondendo por um terço do total das exportações. Mais da metade dos poucos mais de 40 milhões de habitantes era de analfabetos.

Na política, dois momentos marcaram 1941; nenhum deles animador. As estrondosas comemorações do quarto aniversário da ditadura do Estado Novo são o primeiro. O segundo foi a implantação do Departamento de Imprensa e Propaganda (DIP) ligado à presidência da República. Com poderes totais de censura e a mais vasta rede de comunicações vista no país, promoveria o culto à personalidade de Getúlio Vargas.

Nesse cenário, não surpreende que *Brasil, país do futuro* tenha sido recebido de má vontade pela crítica literária e pelos círculos intelectuais. Picaretagem, escrito por encomenda para pagar o visto de residência era o que se ouvia à boca pequena. Zombavam do exagero do escritor ao usar a cifra emocional de milhões ("aqui vivem milhões provindos dos negros que nos tempos da escravatura foram trazidos da África, e milhões de estrangeiros, portugueses, italianos, alemães e até japoneses"). Costa Rego, redator-chefe do *Correio da Manhã*, titulou de "Os Milhões de Zweig" o primeiro de uma série de artigos arrasadores contra o escritor.[4] Sugeria, obviamente, que o escritor embolsara milhões para escrever o livro.

O jornalista Alberto Dines, que estudou como ninguém a repercussão negativa da primeira edição, escreveu que, "como jornal algum ousaria criticar o governo por sua desumana política imigratória, atados que estavam pela censura e autocensura, restava o recurso do cochicho denegridor e viscoso".

Em 1942, Zweig escreveu uma carta de despedida e se suicidou com a mulher, tomando uma dose fatal de barbitúricos. O escritor fora um pacifista que via seu universo cultural triturado pela guerra e pelo genocídio. Aos 60 anos, sentia-se sem ânimo para recomeçar a vida como exilado do outro lado.[5] A casa em Petrópolis onde o casal morreu é hoje um centro cultural dedicado à sua vida e obra.

Setenta anos se passaram e os brasileiros continuam apegados ao "sobrenome" criado pelo escritor austríaco. Nos momentos sombrios, fazem blague, dizendo que o Brasil é o país do futuro e assim será para sempre. Na euforia, há sempre quem se lembre de garantir que o futuro chegou. No fundo da alma todos esperam que o país faça por merecer o otimismo de Stefan Zweig.

## Referências

1 "Stefan Zweig vai escrever um livro sobre o Brasil", manchete de *O Jornal* em 22 de agosto de 1940, um dia depois do desembarque do autor no país.

A informação está em Alberto Dines, *Stefan Zweig no País do Futuro – A Biografia de um livro*, ECM Editores, 2009.

2 A primeira norma imigratória com restrições à entrada de "semitas" foi a resolução secreta 1.137, emitida pelo Ministério de Relações Exteriores em 7 de junho de 1937. (Roney Cytrynowicz, Revista Brasileira de História, São Paulo, v.22. nº 44, pp. 393-423, 2002).

3 Todos os trechos citados foram transcritos de Stefan Zweig, *Brasil, país do futuro*. Rio de Janeiro: Editora Guanabara, 1ª Edição,1941. Tradução de Odilon Gallotti.

4 Coluna publicada na página 2 do *Correio da Manhã* em 22 de agosto de 1941. Alberto Dines, op. cit.

5 DECLARAÇÃO

*Antes de deixar a vida por vontade própria e livre, com minha mente lúcida, imponho-me uma última obrigação; dar um carinhoso agradecimento a este maravilhoso país que é o Brasil, que me propiciou, a mim e a meu trabalho, tão gentil e hospitaleira guarida. A cada dia aprendi a amar este país mais e mais e em parte alguma poderia eu reconstruir minha vida, agora que o mundo de minha língua está perdido e o meu lar espiritual, a Europa, autodestruído. Depois de 60 anos são necessárias forças incomuns para começar tudo de novo. Aquelas que possuo foram exauridas nestes longos anos de desamparadas peregrinações. Assim, em boa hora e conduta ereta, achei melhor concluir uma vida na qual o labor intelectual foi a mais pura alegria e a liberdade pessoal o mais precioso bem sobre a Terra. Saúdo todos os meus amigos. Que lhes seja dado ver a aurora desta longa noite.*

*Eu, demasiadamente impaciente, vou-me antes.*

*Stefan Zweig*

# Dos construtores

OU O BRASIL ACABA COM A SAÚVA OU
A SAÚVA ACABA COM O BRASIL.

Auguste de Saint-Hilaire

No período colonial, a voracidade das formigas causava tanto espanto que o inseto ganhou o apelido de "rei do Brasil".[1] O capitão-general Dom Bernardo José Maria de Lorena e Silveira, governador da capitania de São Paulo, considerava que "o inseto era tão voraz que comia mais pasto que toda a pecuária".

O capitão-general foi o construtor da Calçada do Lorena, o primeiro caminho pavimentado com pedras na Serra do Mar, a ligar o litoral ao planalto. Em 1788, ele decidiu transformar o combate aos formigueiros em caso de polícia. Sob a ameaça de multa e prisão, os moradores eram obrigados a exterminar as formigas existentes em seus quintais.

Nem é preciso dizer que Lorena não conseguiu acabar com a saúva.

Em junho de 1816, o francês Auguste de Saint-Hilaire chegou ao Rio de Janeiro. Naturalista, professor de botânica em sua terra, ele veio pesquisar a flora e a fauna tropicais. Nos seis anos seguintes, percorreu o Brasil, o Uruguai, a Argentina e o Paraguai.[2] Coletou mais de 30 mil amostras, sobretudo de plantas, que estão depositadas no Herbário do Muséum Nacionale d'Histoire Naturelle, em Paris.

Passados quase dois séculos de sua volta para a França, em 1822, o cientista-viajante foi praticamente esquecido por aqui, mas a sua célebre frase continua na boca do povo:

"Ou o Brasil acaba com a saúva ou a saúva acaba com o Brasil"

A onipresença das formigas-cortadeiras no país impressionou Saint-Hilaire. Em suas andanças, ele pudera testemunhar o estrago causado pelo inseto em plantações, hortas, pomares e pastos. Daí a conclusão de que a agricultura moderna e a praga não poderiam conviver no mesmo espaço geográfico.

De lá para cá, o fato é que o Brasil não acabou com a saúva nem vice-versa. Mas a frase de Saint-Hilaire tem sido lembrada até como metáfora sobre as mazelas da vida nacional.

O poeta Mário de Andrade, em *Macunaíma*, a clássica novela modernista publicada em 1928, adaptou-a num versinho que repetia ao longo da narrativa:

"Pouca saúde e muita saúva os males do Brasil são."

Mas sempre houve quem considerasse a saúva como um bem. Aliás, como um manjar. Quando Saint-Hilaire chegou a São Paulo, em 1819, com sua coleção de espécimes acondicionada em caixotes sobre o lombo de mulas, surpreendeu-se ao saber que a saúva era uma iguaria culinária apreciada pelos paulistas. O tipo utilizado na cozinha era o de abdômen avantajado, conhecido como tanajura ou içá. O mais comum era fritá-la em óleo, como se faz com amendoim. O prato, oriundo da culinária indígena e tradicional, ainda é popular em algumas regiões.

No século XIX, segundo escreveu Roberto Pompeu de Toledo em *A Capital da Solidão*, os paulistanos ficavam envergonhados de saborear as formigas na frente de visitantes vindos de lugares mais sofisticados.[3] O prato era rústico demais para o gosto dos elegantes da Corte no Rio de Janeiro.

A atração envergonhada pela iguaria persistiu no século seguinte. Em carta escrita em 1903, o escritor Monteiro Lobato, o criador dos clássicos infantis do Sítio do Pica-pau amarelo, confessou:

"Não és capaz, nunca, de adivinhar o que estou comendo. Estou comendo... Tenho vergonha de dizer. Estou comendo um companheiro daquilo que alimentou São João no deserto: içá – a rainha das saúvas – torrado! (...) Está diante de mim uma latinha de içá torrado que me mandam de Taubaté. Nós, taubateanos, somos comedores de içá. Como é bom, Rangel! Prova mais a existência do Bom Deus (...) Só um ser Onipotente e Onisciente poderia criar semelhante petisco."[4]

À parte o paladar de Lobato e muitos outros cidadãos brasileiros, a saúva permanece entre as piores pragas agrícolas do país. Melhor dizendo, as saúvas, no plural, pois esse é o nome dado genericamente a cerca de 40 diferentes espécies de formigas-cortadeiras. Essa categoria de formiga não come as plantas. Ela as picota e as leva para o ninho. O butim serve para formar canteiros de folhas cortadas em que é cultivado um fungo – este, sim, o verdadeiro alimento. Algumas espécies de saúvas são capazes de desfolhar por inteiro um pé de laranja em apenas 24 horas.

O Brasil tem catalogadas mais de 2 mil espécies de formigas. Um formigueiro de formigas-cortadeiras pode ser habitado por 5 milhões de insetos. Em certas áreas rurais, pesquisadores já contaram mais de 60 ninhos por hectare de campo degradado.

Saint-Hilaire esperava demais do engenho brasileiro. A guerra contra a saúva é uma dessas batalhas perdidas de antemão.

## Referências


1 Mary Del Priore, *Mil e uma utilidades*, Revista de História da Biblioteca Nacional, 6/9/2010.

[2] Saint-Hilaire viajou aos atuais estados de Espírito Santo, Rio de Janeiro, Minas Gerais, Goiás, São Paulo, Santa Catarina e Rio Grande do Sul. As plantas coletadas nas viagens estão descritas nos três volumes da *Flora brasiliae meridionalis*, cuja primeira edição é de 1825.

[3] Roberto Pompeo de Toledo, A capital da solidão, Objetiva, 2003.

[4] Nelson Aprobato Filho, *Tem boi na linha,* Revista de História da Biblioteca Nacional, 1/08/2011.

> OS VIZINHOS MAIS PERIGOSOS SÃO OS MAIS ATRASADOS, ENFRAQUECIDOS PELAS DISCÓRDIAS CIVIS OU DESNORTEADOS PELAS AMBIÇÕES QUE A TIRANIA INSPIRA.

Barão do Rio Branco

O título de Barão do Rio Branco deveria ter vida curta. Foi concedido pelo imperador D. Pedro II em 1889 e extinto no mesmo ano pela proclamação da República. Isso não impediu que José Maria da Silva Paranhos Júnior continuasse a ser chamado de barão pelo resto da vida. No seu caso, o título deixou de ser nobiliárquico e se tornou homenagem. Uma reverência prestada em vida ao diplomata mais popular da história brasileira.

O prestígio de Rio Branco decorreu do sucesso dos tratados internacionais por ele negociados, que acrescentaram meio milhão de quilômetros quadrados ao território nacional, dando ao mapa do Brasil os contornos atuais. Os brasileiros do início do século XX não tinham como saber no que iria dar o jogo diplomático conduzido pelo Barão. Desfrutavam então a emoção de cada lance da negociação, cujo resultado final era recebido com entusiasmo popular similar ao que hoje se vê em vitórias na Copa do Mundo.

O historiador Francisco Doratioto acredita que, em seus dez anos no posto de ministro de Relações Exteriores, Rio Branco ascendeu a uma dimensão especial: "Passou a ocupar a posição de figura patriótica paradigmática no imaginário brasileiro que antes fora de Pedro II."[1]

Ministro de quatro presidentes da República – Rodrigues Alves, Afonso Pena, Nilo Peçanha e Hermes da Fonseca –, o Barão era monarquista convicto. Insistia no uso de Rio Branco como assinatura. Dizia ser uma homenagem ao pai, o visconde de Rio Branco, um figurão do II Reinado. "Um estadista do Império", como geralmente é identificado nos resumos biográficos, o José Maria da Silva Paranhos pai foi senador e presidiu o Conselho de Ministros na década de 1870.

Paranhos Júnior nasceu no Rio de Janeiro, em 1840. Na juventude, foi dono de jornal e deputado pela província do Mato Grosso. Entrou para a diplomacia na década de 1870 e foi logo nomeado para um posto invejável, o de cônsul-geral em Liverpool, na Inglaterra. Permaneceu na cidade portuária inglesa por quase duas décadas. Com a proclamação da República, viu-se transferido para outro posto relevante, o de superintendente-geral de Imigração na Europa, em Berlim.

A prioridade da diplomacia imperial havia sido a Bacia do Rio da Prata. O objetivo era o de conter o expansionismo de Buenos Aires. Suspeitavam os diplomatas brasileiros que os portenhos acalentavam o projeto de criar uma só república ocupando todo o território do antigo vice-reinado do Rio da Prata, fragmentado em quatro países – Argentina, Uruguai, Paraguai e Bolívia. O governo republicano virou de cabeça para baixo a orientação monárquica. Embalado por fantasias ideológicas, acreditou estar no limiar de uma era de solidariedade e fraternidade entre as repúblicas da América do Sul.

A tolice romântica levou rapidamente ao desastre. O governo provisório tinha encarregado Quintino Bocaiuva, o primeiro chanceler da República, de negociar a disputa territorial com a Argentina, a chamada Questão Palmas. Sem dar a mínima para o interesse nacional ou para os fatos, Bocaiuva cedeu alegremente metade do território de Santa Catarina e parte do paranaense aos argentinos. Nem o governo de Buenos Aires podia acreditar em tanta sorte. No Brasil, o tratado foi recebido com indignação e rejeitado pela Câmara dos Deputados.

Criado o impasse, as duas chancelarias concordaram em submeter a disputa à arbitragem do presidente Glover Cleveland, dos Estados Unidos.

Em 1893, o Brasil enviou aos Estados Unidos uma delegação sob a chefia de um diplomata experiente, Francisco Xavier da Costa Aguiar de Andrada. Ocorreu então o inesperado que mudou a história. O chefe da missão morreu e o Barão do Rio Branco foi convocado para substituí-lo. Não parecia, à primeira vista, uma escolha sensata. Ele era então mais conhecido como filho do visconde. Foi o prestígio do pai, por sinal, que lhe fez conseguir o posto de cônsul em Liverpool.[2]

Rio Branco foi uma surpresa positiva. Era um estudioso que conhecia a fundo os mapas e tratados históricos da formação do território brasileiro. Chegou a Washington em maio de 1893 e precisou de dois anos para elaborar o magnífico texto justificando o direito brasileiro à área em disputa. Em 1895, o presidente Cleveland reconheceu pertencer ao Brasil todo o território de Palmas. Esses 30.621 quilômetros quadrados foram a primeira vitória de Rio Branco. Ela lhe trouxe popularidade e sua carreira decolou.

Ao assumir a presidência da República, em 1902, o paulista Rodrigues Alves o levou para o governo como chanceler. Rio Branco se instalou na nova a sede do ministério, o palácio do Itamaraty – o prédio cor-de-rosa no centro do Rio de Janeiro do qual deriva o nome pelo qual é conhecido o serviço diplomático brasileiro – e deu início à revolução.

No período em que vivera na Europa, Rio Branco assistira de perto a expansão do imperialismo europeu, a partilha da África e a conquista da Ásia. Sabia que o Brasil, com seu vasto território vazio, não estava a salvo da cobiça estrangeira. A ocupação britânica do arquipélago de Trindade e de um trecho de praia no Espírito Santo, em 1895, era uma lembrança recente de que o risco era real.[3]

Antes mesmo de ser chanceler, Rio Branco já era o encarregado das pendengas fronteiriças. Ao proclamar a independência, em 1822, o Brasil herdara limites relativamente confortáveis, mas juridicamente complexos. A expansão se dera no período colonial e o fato consumado fora posteriormente sacramentado por tratados antigos, sendo o de Santo Ildefonso, de 1777, o principal deles. Seria esperar demais, entretanto, que uma nação com 16 mil quilômetros de fronteira com dez estados diferentes estivesse livre de encrencas territoriais.

> "Os vizinhos mais perigosos são os mais atrasados, enfraquecidos pelas discórdias civis ou desnorteados pelas ambições que a tirania inspira", ensinou o Barão do Rio Branco.

Foi o pai de Rio Branco, o visconde, que definiu em 1859 a política a ser adotada a respeito dos limites: *uti possidetis*. Ou seja, quem ocupa de fato uma área tem direito sobre ela. Fora isso, o Brasil tinha um território tão vasto que não precisava aumentá-lo à custa dos vizinhos.

Como ministro, Rio Branco insistia no que chamava de "intransigência negociada". O Brasil não iria entregar território de mão-beijada, mas estava disposto a sentar e discutir o assunto com seus vizinhos. Divergências não significavam, em princípio, inimizade:

Não há aqui quem alimente invejas contra as nações vizinhas, porque tudo esperamos no futuro; nem ódios, porque nada sofremos delas no passado. Um grande sentimento nos anima: o de progredir rapidamente sem quebra das nossas tradições de liberalismo e sem ofensa dos direitos alheios[4]

Rio Branco estava decidido a acabar com os conflitos de fronteiras que ainda persistiam e a prevenir o surgimento de novos. A estratégia mais ampla incluía aproximar-se dos Estados Unidos – a chamada "aliança não escrita". O diplomata não se iludia sobre o expansionismo americano, mas não o via como ameaça direta. Importava muito mais o veto de Washington à colonização europeia na América, formulada na Doutrina Monroe, de 1823. De fato, dois dos mais sérios litígios tinham sido com potências europeias, ambos no Norte do Brasil.[5]

A França reivindicava metade do Amapá. A disputa foi submetida à arbitragem do governo suíço e o Brasil teve seu direito sobre o território assegurado em 1900. A Inglaterra, por sua vez, queria uma larga área na divisa com a Guiana, sua colônia na América do Sul. O parecer do árbitro, o rei italiano Vitor Emanuele III, dado em 1905 e que se resumia a quatro páginas, foi favorável aos ingleses. Foi o maior revés da diplomacia brasileira na virada do século XX.

Na América do Sul, Rio Branco estabeleceu o princípio da não intervenção nos assuntos internos dos outros países, até hoje paradigma da diplomacia brasileira.

Sob sua batuta, foram resolvidos um a um praticamente todos os litígios de fronteira. O mais tenso envolveu o Acre. Imigrantes brasileiros tinham se rebelado contra o governo boliviano, proclamado a independência do território e solicitado anexação ao Brasil. No Tratado de Petrópolis, em 1903, Rio Branco concordou em pagar uma indenização de 2,5 milhões de libras esterlinas à Bolívia em troca dos 152.581 quilômetros quadrados do Acre. Era um bom dinheiro, visto que o total da dívida externa brasileira era de 42 milhões de libras esterlinas. Com o Peru, uma pendenga em relação a soberania sobre trechos de selva amazônica, foi solucionada em 1909. Houve troca de territórios e o Brasil terminou ganhando 152 mil quilômetros quadrados de florestas virgens.

A lista de sucessos nas negociações diplomáticas parece demonstrar que o período de Rio Branco era um passeio em mar de brigadeiro. Mas não foi bem assim. No duro jogo do poder internacional não basta estar do lado da justiça ou ter direitos legítimos. É preciso garantir o reconhecimento desse direito.

A amizade do Brasil, a maior potência sul-americana, com os Estados Unidos, a maior potência do continente, despertou receios na América de língua espanhola.[6] Em 1905, o governo e boa parte da imprensa argentina estavam convencidos de que o Brasil era uma potência imperialista, com pretensões de dominar a América do Sul. Foi o início de uma corrida armamentista no Cone Sul.

O chanceler brasileiro esforçava-se por desfazer os mal-entendidos com os vizinhos: "Ainda é resíduo ingrato dos tempos passados, em que a lição da história só ensinava o pessimismo, a ideia de que agrupamentos de homens só se fazem contra outros homens."

Nos últimos anos de sua gestão, Rio Branco tentou sem êxito desfazer as desconfianças com um acordo estável entre Argentina, Brasil e Chile. Seria o acordo ABC.[7]

Em 1910, ofereceram-lhe a candidatura à presidência da República. A vitória era provável pois não havia outro homem público que, como ele, fosse aplaudido com unanimidade nacional Rio Branco declinou, preferindo continuar em seu posto no Itamaraty.

O Barão do Rio Branco morreu no Rio de Janeiro em 10 de fevereiro de 1912, aos 66 anos. O governo decretou luto oficial. O país ficou consternado. Os lojistas fecharam espontaneamente as portas e as aulas foram suspensas nas escolas.[8]

O legado do Barão do Rio foi um serviço diplomático de qualidade e um país com limites consolidados, sem litígios de fronteira com os vizinhos. Caso raro no planeta.

## Referências

1 Francisco Doratioto, *Idealismos, Novos Paradigmas e Voluntarismo*, História do Brasil Nação 1808-2010, Volume 3, Objetiva, 2012.

2 Francisco Doratioto, obra citada.

3 Em janeiro de 1895, a tripulação de um cruzador britânico ocupou o arquipélago de Trindade, formação rochosa de 8,3 quilômetros quadrados a 1.200 quilômetros de distância da costa brasileira. Os mesmos militares se apoderaram de uma faixa de 1.140 quilômetros no litoral do Espírito Santo. O Brasil só soube da ocupação em junho, ao ler no jornal londrino *Financial Times* que aqueles territórios, "desocupados e não reivindicados por nenhum país", estavam sendo incorporados ao Império Britânico. A disputa foi submetida à mediação do governo português, que deu ganho de causa ao Brasil.

4 Boletim da Associação dos Diplomatas Brasileiros, Ano XVII nº 71, Outubro-Novembro 2010.

5 A França reivindicava metade do Amapá sob o pretexto malicioso de que o rio Araguari, um afluente do Amazonas, era o rio a demarcar a fronteira entre o Brasil e a Guiana francesa, segundo tratados do século XVII. O Brasil sustentava que esse rio era o Oiapoque, que deságua no mar, detalhe especificado nos documentos antigos. Venceu o argumento lógico de que os rios podem mudar de nome, mas jamais de foz.

6 Amado Luiz Cervo & Clodoaldo Bueno, *História da Política Exterior do Brasil*, Editora Ática, 1992.

7 Boris Fausto, *História Concisa do Brasil*, Edusp, 2001.

8 Como Barão do Rio Branco morreu poucos dias antes do Carnaval, as autoridades tentaram convencer os foliões a adiar a festa para o Sábado de Aleluia. O resultou'foi folia em dobro. Os foliões cantavam nas ruas uma marchinha improvisada: "Com a morte do Barão/tivermos dois carnavá/Aí que bom, aí que gostoso/se morresse o marechá". O marechal era o presidente Hermes da Fonseca.

EU PROPORIA QUE SE SUBSTITUÍSSEM TODOS OS CAPÍTULOS DA CONSTITUIÇÃO POR ARTIGO ÚNICO: TODO BRASILEIRO FICA OBRIGADO A TER VERGONHA NA CARA.

Capistrano de Abreu

O historiador Capistrano de Abreu nasceu sob a vigência da constituição do Império e viu a promulgação da primeira carta magna republicana. Com base na dupla experiência, propôs substituir todo o palavreado constitucional por uma versão sucinta: "Artigo Único: Todo brasileiro fica obrigado a ter vergonha na cara".[1] Passou-se mais de um século e a obrigação de "vergonha na cara" sequer foi considerada nas várias ocasiões em que o texto constitucional foi reescrito.

O Brasil teve sete constituições. Uma no Império (1824) e seis na República (1891, 1934, 1937, 1946, 1967 e 1988). Pode-se acrescentar à lista a Emenda Constitucional nº 1, produzida pela junta militar em 1969, dada a quantidade de alterações efetuadas na Constituição de 1967. A primeira constituição foi a mais duradoura, com 67 anos. A de 1934 foi a de vida mais curta – apenas três anos. A de 1988, chamada de Constituição Cidadã, vem em segundo lugar no ranking da longevidade. Duas delas, a de 1946 e a de 1967, vigoraram por 21 anos. A de 1937 valeu pelos nove anos tirânicos do Estado Novo.

As assembleias constituintes foram cinco, todas convocadas em momentos de ruptura da ordem institucional: em 1823, com a independência. Em 1891, pela proclamação da República. Em

1932, pela Revolução de 30. Em 1946, pelo fim do Estado Novo. Em 1988, pelo colapso da ditadura militar. Uma curiosidade a respeito da primeira constituinte é ter sido convocada pelo príncipe Pedro de Alcântara em junho de 1822, três meses antes da independência. Outra assembleia constituinte reunia-se em Lisboa, com a participação de delegados brasileiros. Mas já se tornara evidente que o Reino Unido de Portugal, Brasil e Algarves tinham os dias contados.

Instalada oito meses depois da convocação, a Constituinte do Império nasceu sob a condição implícita de que deveria fazer as vontades do governante ou iria arcar com as consequências. O imperador não usou meias palavras ao incluir a ameaça no discurso de inauguração: "Com a minha espada defenderei a pátria, a nação e a Constituição, se for digna do Brasil e de mim". Sem se deixar intimidar, os constituintes deliberavam com autonomia. Pedro I não aceitou tamanha indignidade. Em novembro de 1823, a soldadesca cercou o prédio da Assembleia, declarada extinta pelo imperador. Seis constituintes, entre eles os três irmãos Andradas, que haviam rompido com o imperador em julho, foram deportados para a Europa. Ao deixar o prédio, José Bonifácio de Andrada e Silva, o Patriarca da Independência, fez reverência diante de uma peça de artilharia e a saudou com ironia: "Respeito muito o seu poder". Grandes palavras para marcar a primeira das várias vezes em que o parlamento brasileiro foi esmagado pelo arbítrio.

Pedro I entregou o trabalho a dez cidadãos de sua confiança e, em 24 de março de 1824, a Coroa promulgou a Constituição do Império do Brasil. Dez constituintes não constitui o recorde mínimo. A Constituição de 1937 foi preparada por uma única pessoa, o ministro da Justiça Francisco Campos, cujo norte ideológico era a Itália de Benito Mussolini. A Carta de 1967 foi obra de apenas quatro constituintes. A de 1988 bateu o recorde no sentido oposto: 558 deputados e senadores. Findo os trabalhos, a Assembleia Nacional Constituinte se transformou automaticamente em Congresso Nacional.

A primeira Constituição estabeleceu o Império do Brasil. A segunda mudou o nome do país para Estados Unidos do Brasil. Em 1967, Estados Unidos desapareceu do texto constitucional sem que fosse definido com clareza como o país deveria ser chamado. Apenas Brasil? Como o artigo 1º dizia se tratar de uma república federativa, entendeu que assim deveria ser chamado. A Constituição de 1988 manteve o nome de República Federativa do Brasil – e, como tudo ali é prolixo, insistiu nesta denominação nos quatro artigos iniciais por quatro vezes.[2]

A carta de 1824 teve por modelo eleitoral a Constituição de Cádiz, a primeira da Espanha. Apesar de imposta pelo imperador, era bastante liberal para o cenário institucional da primeira metade do século XIX. Dava direito de voto a todos os adultos livres ou libertos com mais de 25 anos. Esse direito não se estendia às mulheres, impedidas de votar. Exigia do eleitor uma renda mínima de 100 mil réis, valor alterado em 1846 para 200 réis. Não era muito dinheiro. De acordo com o historiador José Murilo de Carvalho, uma cozinheira assalariada ganhava mais do que isso no Rio de Janeiro na década de 1870.

A Constituição de 1891 universalizou o voto, baixou a idade mínima para 21 anos e eliminou a exigência de renda mínima. Manteve, contudo, o veto ao eleitor analfabeto, existente desde 1881. Sem as mulheres, os analfabetos (estimados em 80% da população adulta) e os jovens até 21 anos, o eleitorado ficava extremamente reduzido. Apenas 2% dos brasileiros estavam aptos a votar nas eleições presidenciais de 1894. O direito de voto para as mulheres só apareceu na Constituição de 1934. O eleitor analfabeto e o jovem a partir dos 16 anos se tornaram eleitores com a Constituição de 1988.

A Constituição de 1937 foi chamada de "polaca" por ser inspirada na carta autoritária da Polônia. O apelido se popularizou porque, pelo menos em São Paulo, "polaca" era sinônimo de prostituta. Só assim, às escondidas, se podia zombar da ditadura sem o risco de desaparecer nos porões do Estado Novo. A Carta de 1937 foi um salto para trás na democracia. Concentrou todo o poder nas mãos do presidente Getúlio Vargas e, supreendentemente, fez coisa parecida com os símbolos nacionais. Foram banidas todas as bandeiras e hinos dos Estados. Brasília, muitas vezes mencionada como a extravagância de Juscelino Kubistchek, é um projeto original dos fundadores da República. A intenção de transferir a capital nacional para um ponto central no interior do Brasil apareceu pela primeira vez na Carta de 1891. Nada de prático resultou da inclusão da determinação no texto constitucional, exceto um relatório de trabalho sobre o assunto entregue nos últimos anos do século XIX. Apesar de não ser uma cláusula pétrea, o tipo de disposição que só pode ser alterada por uma assembleia constituinte, a transferência repetiu-se nas constituições seguintes. A diferença é ter sido levada a sério por Juscelino, nos anos 50.

A constituição, outorgada por Pedro I tinha 179 artigos e 70 disposições transitórias. A de 1988, a mais prolixa, foi promulgada com 250 artigos e mais de 70 disposições transitórias. Neste quesito, a de 1891 foi a mais enxuta: 91 artigos e oito disposições transitórias. Como o nome indica, estas últimas tratam de providências necessárias para o novo regime jurídico, mas que, uma vez resolvidas, não precisam constar do ordenamento constitucional permanente. Na constituição de 1891, uma disposição transitória mandava comprar e transformar em museu a casa de Benjamin Constant. A de 1967 previu um monumento a Duque de Caxias na cidade onde nasceu o patrono do Exército. A de 1988 previa checar em plebiscito, realizado em 1993, se os brasileiros queriam permanecer numa república ou preferiam voltar à monarquia.

O que todas essas constituições têm em comum? No livro no qual analisa a saga constitucional brasileira, o historiador Marco Antônio Villa concluiu que se cada uma teve suas peculiaridades, o conjunto desses textos foi marcado pela dissociação com o Brasil real.[2]

Faltou, diria o mordaz Capistrano, vergonha na cara.

## Referências

1 João Capistrano de Abreu (1853-1927) revolucionou a historiografia brasileira, mas hoje é pouco lido. O historiador é mais lembrado por ter personificado o erudito distraído e pela irônica proposta constitucional, um *best-seller* no ramo das citações brasileiras. O próprio Capistrano repetia a anedota e acabou por formular uma variante: Artigo 1º: "Todo brasileiro deve ter vergonha na cara". Artigo 2º: "Revogam-se as disposições em contrário".

2 Marco Antônio Villa. *História das constituições brasileiras – 200 anos de luta contra o arbítrio*. São Paulo: Editora Leya, 2011.

NEM TÃO DEPRESSA QUE POSSAM PENSAR
QUE ESTOU COM MEDO, NEM TÃO DEVAGAR
QUE POSSA PARECER PROVOCAÇÃO.

Senador Pinheiro Machado

A frase foi tão marcante na memória nacional que Érico Veríssimo a incluiu em *Solo de Clarineta*, sua autobiografia:

> Contava-se que Pinheiro Machado, a eminência parda da República, respondendo certa vez ao chofer que lhe perguntava se devia tocar o automóvel devagar ou depressa por entre a multidão que, segundo se murmurava, esperava sua passagem para vaiá-lo, dissera: "Nem tão depressa que possam pensar que estou com medo, nem tão devagar que possa parecer provocação".[1]

O incidente ocorreu em julho de 1915. A multidão aguardava o político à saída do Palácio Monroe, no Rio de Janeiro, para protestar contra a indicação do marechal Hermes da Fonseca como senador pelo Rio Grande do Sul. Pretendiam vaiá-lo, no mínimo. Havia o risco de linchamento. Pinheiro Machado, senador gaúcho que a imprensa chamava de "condestável da República", fora o responsável pela senadoria concedida ao marechal, cujo mandato na Presidência terminara no ano anterior.

O presidente Hermes da Fonseca fora impopular. Enfrentara tropas amotinadas – a Revolta da Chibata, na Marinha, em

1910, é o caso mais famoso – e sublevações nos Estados. No ocaso de seu mandato, o Tesouro Nacional só fora salvo da bancarrota por empréstimos obtidos no exterior. Entregou ao sucessor, Venceslau Brás, um país endividado com os banqueiros europeus.[2] Quando o povo ouvia falar de Hermes da Fonseca, entendia que se falava de Pinheiro Machado.

Havia mais de uma década, o senador era "a eminência parda", o "fazedor de presidentes", "o presidente de fato". O epônimo variava, mas o sentido permanecia o de ressaltar a imensa, quase sobrenatural, capacidade de articulação política daquele caudilho gaúcho, mandão e esperto. Tema favorito na imprensa, Pinheiro Machado era representado nas charges como galo ("o chefe do terreiro") e raposa ("terror dos galinheiros políticos"). No governo de Hermes da Fonseca, seu poder fora quase absoluto.

No ano de 1915, a maré tinha virado e Pinheiro Machado sentia o peso de ser visto pela oposição e pelo povo como o grande arquiteto dos males nacionais.

Em janeiro, ele fora cercado nas ruas do Rio de Janeiro por outra multidão irada e escapou por um triz de ser agredido, talvez linchado. Os manifestantes eram partidários de Nilo Peçanha, ex-presidente cuja posse no governo do Rio o senador gaúcho tentara impedir.

José Gomes Pinheiro Machado, nascido em 1851, filho de um fazendeiro rico gaúcho, podia ser acusado de qualquer coisa – menos de covarde. Aos quinze anos alistara-se para lutar na Guerra do Paraguai. Em 1893, deixou sua cadeira no Senado para organizar a Divisão do Norte, tropa de "provisórios" para lutar contra a rebelião federalista dos maragatos no Rio Grande do Sul. Estava, portanto, ao lado do governador gaúcho Júlio de Castilhos e do presidente Floriano Peixoto, ambos partidários de uma forma centralizada de governo.

O presidente deu-lhe então o título de general. A Divisão do Norte teve seu batismo de fogo na batalha de Inhanduí, no município de Alegrete, em maio de 1893. A carnificina com arma branca durou seis horas e terminou empatada. Pinheiro Machado emergiu da luta com fama de herói.[3]

Quatro anos depois foi acusado de tramar, com outros políticos, o atentado contra o presidente Prudente de Morais, em que morreu um general. Passou alguns dias na prisão, mas nada foi provado. Em 1905, vice-presidente do Senado, Pinheiro Machado passou a controlar a onipotente Comissão de Verificação de Poderes, cuja função era definir quais dos eleitos deveriam tomar posse. Utilizou-se do cargo para impedir o acesso de adversários ao Parlamento, acumulando inimigos.

O presidente Rodrigues Alves pretendia lançar o paulista Bernardino de Campos como sucessor, em 1906. Pinheiro Machado formou uma coligação com o apoio de vários estados e impôs o mineiro Affonso Penna. Quatro anos depois, seu apoio foi decisivo para eleger Hermes da Fonseca. Naquele ano, 1910, com o apoio de estados descontentes com a política café com leite que concentrava o poder nas mãos de São Paulo e Minas Gerais, Pinheiro Machado criou o Partido Republicano Conservador, PRC, do qual foipresidente.

Ele próprio queria ser o sucessor de Hermes – mas foi impedido pela articulação de seus inimigos. Pinheiro Machado então, graças a conchavos com os estados do Norte e Nordeste, lançou a candidatura vitoriosa do vice-presidente de Hermes da Fonseca, o mineiro Venceslau Brás.

Numa piada publicada em 1913 pela revista *O Gato*, Hermes explicava ao sucessor os mecanismos do poder no Brasil:

> Olha, Venceslau, o Pinheiro é tão bom amigo que chega a governar pela gente.

O senador gaúcho previu a própria morte em entrevista ao jornalista João do Rio: "Morro na luta. Matam-me pelas costas, são uns perna-finas. Pena que não seja no Senado, como César...".

Dois meses antes de ser assassinado, em 8 de setembro de 1915, Pinheiro Machado proferiu palavras premonitórias, que reproduziam o clima de tensão que engolfava o país: "É possível que o braço assassino, impelido pela eloquência das ruas, nos possa atingir."

Foi no Hotel dos Estrangeiros, no Catete, onde tinha encontro marcado com um deputado paulista. Pinheiro Machado chegou acompanhado de vários políticos. O assassino, Francisco Manso de Paiva, deixou-o passar e o atacou pelas costas com uma punhalada. "Ah, canalha!", exclamou o caudilho. "Apunhalaram-me...". Manso Paiva foi agarrado pelos presentes. Pinheiro Machado morreu ali, em segundos. O assassino era um padeiro desempregado e jurou ter agido por iniciativa própria.

O punhal usado no assassinato pertence ao acervo do Museu da República (Palácio do Catete) no Rio de Janeiro, onde pode ser visto.

Os amigos não conseguiram acreditar. O que seria do país sem Pinheiro Machado?

A morte deixou um vazio na vida política da República Velha. O caudilho não deixara herdeiros e, sem ele, o Partido Republicano Conservador rapidamente se desintegrou.

A frase célebre resistiu ao tempo e se integrou à memória coletiva: "Nem tão depressa que possam pensar que estou com medo, nem tão devagar que possa parecer provocação". É citada como lição de sagacidade política e, também, como advertência contra a soberba em situações difíceis.

# Referências

1 Érico Veríssimo, *Solo de Clarineta.* São Paulo: Companhia das Letras, 2005.

2 Entre 1911 e 1912, foram contratados dois empréstimos com o grupo Rothschild e com o Lloyds Bank Limited, no valor total de 6,9 milhões de libras e um terceiro com o Banque Françoise et Italienne pour l'Amerique Du Sud no valor de 60 milhões de francos-ouro. Em 1914, nova dívida de 14,5 milhões de libras esterlinas foi contraída com os Rothschild. Como garantia, o Governo Federal ofereceu a renda da alfândega do Rio de Janeiro, já empenhada desde 1989, e, por fim, de todas as alfândegas do país. *História do Século XX, 1910-1930*, Editora Abril, 1980.

3 Hernâni Donato, *Dicionário das Batalhas Brasileiras.* Editora Ibrasa, 1987.

O BRASIL AINDA É UM IMENSO HOSPITAL.

Miguel Pereira

O médico Miguel Pereira, presidente da Academia Nacional de Medicina, deu início a uma revolução na saúde pública com um célebre diagnóstico:

"O Brasil ainda é um imenso hospital".

O brado de alerta foi proferido em discurso de boas-vindas a Aloysio de Casto, diretor da Faculdade de Medicina do Rio de Janeiro, que retornava de congresso médico em Buenos Aires, em 10 de outubro de 1916. Publicado na íntegra na primeira página do *Jornal do Commercio* no dia seguinte, foi reproduzido por jornais de todo o país e se manteve entre os destaques da imprensa por meses.

Os historiadores apontam o discurso de Miguel Pereira como o marco inicial do movimento pelo saneamento do Brasil. Entre 1916 e 1920, a campanha reuniu médicos, cientistas, intelectuais e políticos em torno de um conceito revolucionário: o de que o atraso do Brasil não era resultado do clima tropical ou da miscigenação racial, como a maioria da elite da época pensava, mas do prejuízo causado à produtividade nacional pelas endemias no meio rural.

A declaração de Miguel Pereira caiu como uma bomba no meio do debate político e intelectual mais amplo sobre a identidade nacional[1]. O momento era de fervor nacionalista. Cinco meses antes, um submarino alemão havia posto a pique um barco brasileiro e aumentava a pressão para o Brasil participar da I Guerra Mundial. Discutia-se como recrutar bons soldados se nossos matutos pareciam tomados por preguiça e desânimo atávicos.

Miguel Pereira ironizou especialmente o discurso do deputado mineiro Carlos Peixoto, que se declarava disposto a convocar pessoalmente os sertanejos para servir ao Exército brasileiro:

"Em chegando a tal extremo de zelo patriótico uma grande decepção acolheria sua generosa e nobre iniciativa. Parte, e parte ponderável, dessa brava gente não se levantaria; inválidos, exangues, esgotados pela ancilostomíase e pela malária; estropiados e arrasados pela moléstia de Chagas; corroídos pela sífilis e pela lepra; [...] Não carrego as cores ao quadro. É isso sem exagero a nossa população do interior. Uma legião de doentes e de imprestáveis".[2]

O Brasil era um vasto hospital e, para piorar, o paciente relutava em aceitar o remédio.

Doze anos antes do discurso de Miguel Pereira, o Rio de Janeiro se revoltara contra a vacinação em massa para combater a varíola. Por sinal, uma vacinação adotada tardiamente, pois esse tipo de imunização já existia desde o final do século XVIII.[3] Ocorre que muitos médicos e políticos brasileiros, fiéis às teorias de "geração espontânea" e aos "miasmas" da medicina antiga, ainda duvidavam da existência de microrganismos causadores de doenças. Muitos atribuíam a causa da febre amarela e da varíola, duas doenças viróticas, a um hipotético bacilo transmitido por alimentos ou pelo solo.[4]

Esses conceitos obscurantistas persistiam no Brasil apesar de o cientista Emílio Ribas ter demonstrado que era possível vencer a febre amarela com uma campanha de vacinação intensiva, como a realizada por ele em São Paulo, em 1890. Com o apoio do presidente Rodrigues Alves, que assumiu em 1902, o sanitarista Oswaldo Cruz estava decidido a fazer o mesmo no Rio de Janeiro.

A meta de Rodrigues Alves era remodelar o Brasil – e o Rio de Janeiro foi o laboratório onde testou seu plano de modernização. A cidade passou por grande reforma urbanística, ganhando ares de cidade moderna. Ruas estreitas, pardieiros e cortiços foram varridos do mapa, abrindo espaço para grandes avenidas e prédios que lembravam os existentes nas capitais europeias. Pelo prisma da saúde pública, contudo, o padrão europeu era só um cenário.

A capital da República era empesteada pela febre amarela, a varíola e outras enfermidades típicas do atraso. Em 1895, ano em que a cidade sofreu pavoroso surto de cólera, a tripulação do navio italiano *Lombardia*, em visita ao Rio de Janeiro, foi acometida de outra grave doença, a febre amarela. Dos 340 homens a bordo, 333 adoeceram e 234 morreram. Não era por outra razão que embarcações estrangeiras evitavam atracar no porto do Rio.[5]

O próprio Rodrigues Alves perdera uma filha para a doença. Em 1903, Oswaldo Cruz foi nomeado diretor-geral da Saúde Pública, com a missão de coordenar as campanhas de erradicação da febre amarela, da varíola e da peste bubônica no Rio de Janeiro, cuja população era de 690 mil habitantes. O combate a cada doença exigia estratégica específica, até porque o contágio se dava por meios diferentes. A varíola e a febre amarela tem origem viral, mas a primeira é exclusivamente humana, sendo transmitida de pessoa a pessoa pela saliva, enquanto na segunda o vetor de contágio é a picada de um tipo de mosquito. Já a peste bubônica, causada por uma bactéria, é uma doença originada em ratos e transmitida aos homens por suas pulgas.

Morreram no Rio 360 pessoas de peste bubônica em 1903, o pior ano da epidemia. Até 1907 foram 2 mil mortes. Contra uma doença para a qual não existia vacina, o diretor-geral de Saúde Pública recorreu à criatividade: colocou a prêmio a cabeça dos ratos transmissores da doença.

A função de ratoeiro foi criada por decreto em setembro de 1903. Esse funcionário recebia 60 mil-réis por uma cota mensal de 150 ratos mortos, dinheiro suficiente para a compra de uma cesta-básica. Cada animal excedente valia 300 réis, excelente estímulo para continuar a caçada. Os ratos recolhidos eram incinerados no Desinfectório Central. Logo, a população andava animadamente a caçar roedores a pauladas. A imprensa até descobriu um sujeito, chamado Amaral, que criava roedores em gaiolas no fundo do quintal com a intenção de vendê-los ao ratoeiro, cuja presença era anunciada pelo pregão "Rato, rato, rato".

O jornalista João do Rio descreveu a nova profissão em uma de suas crônicas:

"O ratoeiro não é um cavador – é um negociante. Passeia pela Gamboa, pelas estalagens da Cidade Nova, pelos cortiços e bibocas da parte velha da urbe, vai até o subúrbio, tocando uma cornetinha com a lata na mão. Quando está muito cansado, senta-se na calçada e espera tranquilamente a freguesia, soprando de espaço a espaço o cornetim".[6]

A campanha foi um sucesso. Tirou de circulação mais de 1,6 milhão de roedores entre 1903 e 1907, diminuindo os casos de peste bubônica.

Contra a febre amarela, Oswaldo Cruz organizou batalhões de mata-mosquitos, encarregados de eliminar os focos de insetos transmissores. O número de casos diminuiu. Dois a zero para a ciência.

Oswaldo Cruz pode então voltar sua atenção à luta contra a varíola. Para funcionar, uma campanha de imunização precisa atingir o maior número possível de pessoas numa determinada área. O médico convenceu o presidente a tornar obrigatória a vacinação. Foi quando começou a confusão. Velhos adversários de Rodrigues Alves aproveitaram a oportunidade para detonar o presidente.

A guerra da vacina, como chegou a ser chamada, era travada pela imprensa. O *Correio da Manhã*, jornal mais influente da República, promovia uma campanha contra "a obrigatoriedade que se choca contra o livre arbítrio".

A lei permitia que brigadas sanitárias, acompanhadas por policiais, entrassem nas casas para aplicar a vacina à força. O *Correio da Manhã* a apelidou de "código de torturas". Nas palavras de Teixeira Mendes, chefe da Igreja Positivista, na época ainda muito influente, tratava-se de "despotismo sanitário".[7] Demagogos de todo o tipo insuflavam a população contra a vacinação obrigatória. Até a Igreja Católica deu seu pitaco, classificando a campanha entre as "iniciativas de Satanás".[8]

Havia também os simplesmente teimosos, como o médico e senador Barata Ribeiro, que declarava a quem quisesse ouvir: "Prefiro morrer a me vacinar". Entre o povo corria o boato de que a vacina era produzida com o sangue de ratos comprados aos ratoeiros. O maior problema, no final das contas, era que a vacina precisava ser aplicada no braço ou na coxa e o puritanismo da sociedade carioca não admitia que enfermeiros desconhecidos desnudassem os braços ou levantassem os vestidos das senhoritas e senhoras.

Oswaldo Cruz tornara-se o sujeito mais odiado do Rio de Janeiro. Os caricaturistas, que já o tinham ridicularizado por "comprar ratos", eram impiedosos no tratamento do "inimigo do povo", como o médico foi chamado nos jornais e em discursos na Câmara e no Senado.

A lei da vacina obrigatória foi aprovada pelo Congresso Nacional em 31 de outubro de 1904. No dia 10 de novembro, a cidade explodiu na Revolta da Vacina.[9] Durante quatro dias reinou o caos. A *Gazeta de Notícias* publicou em 14 de novembro:

> Tiros, gritaria, engarrafamento de trânsito, comércio fechado, transporte público assaltado e queimado, lampiões quebrados às pedradas, destruição de fachadas dos edifícios públicos e privados, árvores derrubadas: o povo do Rio de Janeiro se revolta contra o projeto de vacinação obrigatório proposto pelo sanitarista Oswaldo Cruz.

Um senador, Lauro Sodré, quis aproveitar para depor o presidente e se tornar, ele próprio, ditador. Com o apoio de um general, Silva Travassos, foi à Escola Militar, então instalada na Praia Vermelha, e conseguiu a adesão dos estudantes. Uns 300 cadetes marcharam pela cidade rumo ao Palácio do Catete. Contidos à bala no meio do caminho, não chegaram lá. Ferido por um balaço, o general Travassos teve a perna amputada e morreu pouco depois.

O levante foi finalmente contido pela ação conjunta da polícia, do exército e da marinha. Saldo da Revolta da Vacina: 30 mortos, 110 feridos e 945 presos, entre eles o senador Lauro Sodré, que passou dez meses num navio-prisão. Oswaldo Cruz foi demitido e a vacinação obrigatória suspensa. O desastroso resultado do obscurantismo é que um novo surto de varíola eclodiu em 1908, com 10 mil casos.

Em 1959, quando a Organização Mundial de Saúde lançou uma campanha internacional para erradicar a varíola, a transmissão da doença já desaparecera na Europa e na América do Norte. No final dos anos 1960, em um imenso esforço de vacinação, o Brasil conseguiu imunizar 88% da população. A saúde pública do país, contudo,continuava a ser má notícia. Em 1970, um surto de varíola atingiu o bairro de Olaria, no Rio de Janeiro, com vinte doentes. O último infectado, detectado em 19 de abril, foi também o derradeiro caso de varíola no continente. Em 1980, ela foi declarada extinta em todo o planeta.

Havia então se passado mais de meio século de seu discurso famoso e Miguel Pereira continuava atual: o Brasil ainda era um imenso hospital.

## Referências

1 'Simone Petraglia Kropf; Nísia Trindade Lima, *A doença de Chagas e o movimento sanitarista da década de 1910.* Casa de Oswaldo Cruz, Fiocruz, Expansão, 20040-361, Rio de Janeiro, RJ, Brasil.

2 Miguel Pereira participara da comissão enviada pela Academia Nacional de Medicina a Minas Gerais. O sertão mineiro descobrira legiões "de inválidos, exangues, esgotados, pela ancilostomíase e pela malária; estropiados e arrasados pela moléstia de Chagas; corroídos pela sífilis e pela lepra; devastados pelo alcoolismo, chupados pela fome, ignorantes, abandonados, sem ideal e sem letras" (*Jornal do Commercio*, 11 out. 1916).

3 A primeira vacina, contra a varíola, foi desenvolvida pelo médico inglês Edward Jenner, em 1792. O Brasil não ficou indiferente a esse avanço científico. Um Instituto Vacínico existiu no Rio de Janeiro entre 1846 e 1866. O Instituto Bacteriológico foi fundado em São Paulo em 1892 e, dois anos depois, surgiu o Instituto Vacínico Municipal em Manguinhos, no Rio, depois chamado de Instituto Soroterápico Nacional e hoje Fundação Oswaldo Cruz, nome de seu diretor mais famoso.

4 Uma vítima de ruidosa campanha de descrédito e difamação foi o médico Carlos Chagas, descobridor do protozoário *Trypanosoma cruzi* e da *tripanossomíase americana*, a doença de Chagas. O chefe do chamado grupo anti-Chagas era o médico baiano Afrânio Peixoto, membro da Academia Brasileira de Letras e um dos pais da psiquiatria brasileira. Afrânio pretendia dirigir o recém-criado Departamento de Saúde Pública e jamais aceitou a nomeação de Chagas para o cargo. Em 1922, ele exigiu da Academia Nacional de Medicina a formação de uma comissão para investigar as acusações que fazia ao sanitarista (a de que a doença não tinha relevância epidemiológica e de que Chagas não seria seu descobridor, cabendo o título a Oswaldo Cruz). O relatório final da comissão, apresentado em 6 de dezembro de 1923, foi favorável a Carlos Chagas.

[5] Dilene Raimundo do Nascimento e Matheus Alves Duarte da Silva, Revista de História da Biblioteca Nacional, 8 de abril de 2011.

[6] João do Rio era o pseudônimo do escritor Paulo Barreto (1881-1921). O trecho está no seu livro de crônicas *A Alma Encantada das Ruas*, de 1908, citado por Dilene Raimundo do Nascimento e Matheus Alves Duarte da Silva, Revista de História da Biblioteca Nacional, 8 de abril de 2011.

[7] Moacyr Scliar, *O Rio de Janeiro em Pé de Guerra*, História Viva, Duetto Editorial.

[8] Carlos Chagas, *O Brasil sem retoques 1808-1964*, Editora Record, 2001.

[9] Medidas tomadas pelo governo para modernizar usos e costumes raramente eram aceitas pacificamente. Normas hoje integradas ao dia a dia nacional, como o sistema métrico, o registro civil de nascimento e óbitos e o recrutamento obrigatório, foram recebidas com quebra-quebras e revoltas populares em vários pontos do país.

NÃO ME VENHAM DIZER QUE O ESCRETE É APENAS UM TIME. NÃO SE UMA EQUIPE ENTRA EM CAMPO COM NOME DO BRASIL E TENDO POR FUNDO MUSICAL O HINO PÁTRIO — É COMO SE FOSSE A PÁTRIA EM CALÇÕES E CHUTEIRAS.

Nelson Rodrigues

Domingo, 16 de julho de 1950. Faltavam onze minutos para terminar o jogo que decidia a posse da taça Jules Rimet. O uruguaio Ghiggia desceu pelas costas do lateral-esquerdo Bigode e chutou no canto esquerdo. O goleiro Barbosa caiu, impotente, e a bola entrou. Na memória de quem estava lá, o momento foi marcado por um fenômeno inusitado no maior estádio de futebol do mundo: a ausência de qualquer ruído. "O silêncio que se fez no estádio – um silêncio de 200 mil pessoas – chegou a assustar", escreveu o cronista Geraldo Romualdo da Silva, no *Jornal dos Sports* do dia seguinte. Dentro do campo, Zizinho, o craque da Copa de 50, sentiu a mesma estranheza: "Não houve aplausos, tampouco vaias. O Maracanã simplesmente emudeceu."[1]

A derrota por 2 a 1 na decisão da Copa do Mundo causou comoção nacional de dimensões poucas vezes vistas no país. Alguns cronistas arriscam compará-la com a do suicídio de Getúlio Vargas, quatro anos depois. Há limites na analogia. Em agosto de 1954, havia quem fosse contra, quem fosse a favor do presidente morto. Em 1950 só havia um lado, uma só torcida. Coube a Nelson Rodrigues formular a súmula definitiva da paixão, do sentido profundo do futebol na psique nacional:

Não me venham dizer que o escrete é apenas um time. Não se uma equipe entra em campo com nome do Brasil e tendo por fundo musical o hino pátrio – é como se fosse a pátria em calções e chuteiras.[2]

A ressaca seria menos dolorosa não tivesse sido precedida por otimismo exacerbado na capacidade da seleção. O Brasil se preparara para vencer. Conseguira ser a sede da Copa, construíra o maior estádio do mundo, fizera campanha brilhante, com vitórias esmagadoras, trucidando os suecos (7 a 1) e os espanhóis (6 a 1). O Uruguai, ao contrário, avançou aos trancos, sofrendo para não perder de seleções que o Brasil derrotara com tremenda facilidade. A celeste empatou com os suecos (2 a 2) e passou com dificuldade pelos espanhóis (3 a 2). Os jornais nacionais e também os do exterior davam como certa a vitória brasileira.

Antes do jogo, Obdúlio Varela, *el gran capitán*, forrou o banheiro reservado aos jogadores uruguaios com as páginas das manchetes antecipando a vitória do Brasil. Vários jogadores urinaram sobre a foto da seleção brasileira. Pelo menos é o que conta o folclore em torno daquele dia fatídico. Paulo Perdigão, no livro *Anatomia de uma Derrota*,[3] afirma que Ghiggia e Schiaffino (autor do primeiro gol uruguaio) disseram "não saber" que aquilo que estavam fazendo – "duas simples bolas atiradas a gol" – passaria à História como um capítulo de saga mitológica. Alcides Ghiggia, o carrasco da seleção, era um "gigante" de 1,69 metro, 62 quilos, jogador do Peñarol. Mais tarde, naturalizado, jogou pela seleção da Itália. Boa praça, Ghiggia brincava com as lembranças do *maracanaço*: "Apenas três pessoas, com um único gesto, calaram o Maracanã com 200 mil pessoas: Frank Sinatra, o papa João Paulo II e eu."

A Copa do Mundo de 1950 foi diferente das outras. A II Guerra abrira um hiato entre a terceira e a quarta edição. A reorganização da competição foi tumultuada. A copa deveria ser realizada em 1949, mas foi adiada devido às dificuldades do pós-guerra na Europa. Começou com 26 equipes que disputavam 14 vagas. O Brasil, como anfitrião, e a Itália, campeã de 1938, tinham a presença garantida. A Inglaterra, que relutou em aderir à FIFA, participava pela primeira vez. Só para passar pelo vexame de perder para os Estados Unidos. A Argentina, a melhor seleção dos anos 40, alegou motivos variados para não comparecer. Puro ressentimento pela escolha do Brasil como sede. Os escoceses desistiram de última hora. Convidado a substituí-los, Portugal recusou. A Turquia e a França também desistiram. A Índia abandonou a competição porque seus jogadores queriam jogar descalços e a FIFA, desde 1948, exigia calçados. Restaram 13 seleções. A taça foi decidida num inusitado torneio quadrangular entre Brasil, Uruguai, Espanha e Suécia.

A década de 50 foi um período especialpara o Brasil. Recém-saído de uma ditadura, o país dava os primeiros passos no mundo urbano e industrial. Ainda não era o desenvolvimentismo de Juscelino Kubitschek, mas a realização do torneio entrara no pacote das grandes expectativas. O fiasco nos gramados era mau sinal. O sentimento dominante foi o da perda de uma oportunidade histórica para revelar ao mundo a existência de uma nação destinada à grandeza. Não é à toa que o antropólogo Roberto DaMatta aponta a derrota de 50 como a maior tragédia da história contemporânea do Brasil.

O fracasso do escrete nacional mergulhou o Brasil em depressão profunda, alimentando o complexo de vira-lata diagnosticado pelo mesmo Nelson Rodriguesde *A pátria em chuteiras*. Do fundo negro do poço ressurgiram as ladainhas racistas do Estado Novo. Via-se no resultado de um mero jogo de bola a prova definitiva de que um povo miscigenado carece da garra e da determinação necessárias para a vitória. O tom escuro de pele dos vilões da derrota, o goleiro Barbosa e o zagueiro Bigode, foi exibido como evidência no tribunal da infâmia. Seis décadas de sucesso do futebol brasileiro serviram para enterrar, de vez, a ideologia maligna. Em se tratando de cor, houve outra grande mudança. O Brasil jogou de uniforme branco em 16 de julho de 1950. A cor ficou maldita, associada à derrota. Foi substituída pela camisa amarelo-canário. Deu muito certo.

## Referências

1 A reação inusitada da torcida também impressionou os uruguaios. Nas palavras de Juan Alberto "Pepe" Schiaffino, autor do primeiro gol uruguaio na final de 50: "Embora isto pareça incomum, foi a primeira vez em minha vida que senti algo que não era ruído. Senti o silêncio. Parecia que tudo havia terminado". "'Silêncio de morte'", Max Gehringer, *Especial Placar: A Saga da Jules Rimet* fascículo 4 – 1950 Brasil, dezembro de 2005, Editora Abril, pág. 38

2 "O divino delinquente", crônica publicada em *O Globo* em 18 de novembro de 1963. O parágrafo completo é o seguinte: "Amigos, vocês se lembram da vergonha de 50. Foi uma humilhação pior que a de Canudos. O uruguaio Obdulio Varela ganhou de nosso escrete no grito e no dedo na cara. Não me venham dizer que o escrete é apenas um time. Não se uma equipe entra em campo com nome do Brasil e tendo por fundo musical o hino pátrio – é como se fosse a pátria em calções e chuteiras, a dar botinadas e a receber botinadas."

3 Paulo Perdigão, *Anatomia de uma derrota*. Porto Alegre: L&PM, 1986.

> MARACANÃ É MARACANÃ. UMA VITÓRIA ALI VALE POR DUAS EM QUALQUER OUTRO ESTÁDIO DO MUNDO.

Pelé

O primeiro gol no Maracanã foi marcado por Didi, em 17 de junho de 1950. Faltava uma semana para o início da Copa do Mundo. O jogo inaugural – amistoso entre as seleções do Rio e São Paulo, com vitória paulista por 3 a 2 – teve portões liberados e lotação total. Aos nove minutos do primeiro tempo, Didi tabelou com Silas, seu companheiro no Fluminense, e mandou para as redes um gol de "curvazinha", como se leu nos jornais do dia seguinte. Mais tarde, a bola de efeito que desconcerta o goleiro, marca registrada do elegante meio-campista, tornou-se conhecida por folha seca. O estádio balançou com a explosão de 200 mil pessoas. "Isso ainda vem abaixo", pensou Didi, que não jogou a Copa de 50, mas seria bicampeão do mundo em 58 e 62.

O estádio continuaria a balançar por décadas, mas não veio abaixo. O Brasil podia bater no peito, cheio de orgulho por dispor do "maior estádio do mundo". Já não é assim porque mudaram as regras. As condições de segurança e conforto para o espectador, hoje exigidas, eram inimagináveis quando foi projetado. A pedra fundamental do Estádio Municipal do Maracanã (o nome Mario Filho é dos anos 60, depois da morte do cronista esportivo) foi lançada em janeiro de 1948. Dois anos depois ainda estava em obras, mas foi considerado em condições de receber a final da Copa. Com a derrota no jogo contra o Uruguai, o entusiasmo com a construção esvaneceu e o estádio só ficou realmente pronto em 1965.

Na inauguração havia muita poeira e áreas sem acabamento. Os torcedores encontraram andaimes nas arquibancadas, entulho e muito barro por toda a parte. A tinta azul das cadeiras manchava a roupa dos espectadores, em um tempo em que muita gente comparecia aos jogos de terno e gravata. A torcida pouco ligou para esses detalhes. A combinação Maracanã-Copa do Mundo soava então como se fora a concretização, enfim, das promessas do gigante pela própria natureza.

"E agora o Maracanã é também cartão de visitas da cidade, tão válido quanto o Pão de Açúcar ou o Corcovado. E é obra do homem. Privilégio de nossa geração, mas motivo de júbilo para todos os patrícios, de todas as épocas. No fundo, uma prova da capacidade realizadora do brasileiro, o estádio inaugura uma nova era no futebol deste país", entusiasmou-se Mario Filho, em sua coluna nos *Jornal dos Sports*. Irmão de Nelson Rodrigues, Mario Filho foi ardente defensor da construção do estádio – e ele o queria ali, ao lado do rio Maracanã. A partir de 1947, seus artigos forneciam farta munição para o que foi conhecido como A Batalha do Estádio.

O combate, na forma de debate inflamado, era travado na Câmara de Vereadores. O futuro governador Carlos Lacerda, então vereador, queria erguer o estádio municipal na restinga de Jacarepaguá. Argumentava que assim se levaria desenvolvimento e lazer para um canto remoto do então Distrito Federal. Seu maior opositor, o compositor e locutor esportivo Ary Barroso, vereador pela mesma UDN de Lacerda, defendia a construção no terreno do antigo Derby Club. Com 200 mil metros, ele estava praticamente abandonado no Maracanã desde a fusão do Derby com o Jockey Club nos anos 30. Pesava contra Jacarepaguá a necessidade da construção de um ramal ferroviário para facilitar o acesso e os focos de malária que existiam por lá.

O *Jornal do Sports* fez algo incomum à época: encomendou ao Ibope uma pesquisa de opinião pública. Foram ouvidas mil pessoas, entre a população em geral e torcedores: 79,2% dos entrevistados foram favoráveis à construção do estádio. Destes, 88% preferiam que ele estivesse localizado no Maracanã, mais perto do Centro. A Prefeitura finalmente decidiu pelo terreno do Derby. Na negociação que assentou as divergências entre os vereadores, Ary Barroso obteve do prefeito Mendes de Moraes a garantia da construção de cinco pequenos estádios nos subúrbios, o que nunca aconteceu.

A construção do estádio do Maracanã custou 350 milhões de cruzeiros. Em valores atualizados para julho de 2013 não chega a 300 milhões de reais. Custou três vezes mais a reforma para deixá-lo em condições de receber jogos da Copa de 2014, estimada em mais de 1 bilhão de reais. Com uma área construída de 130 mil metros quadrados, o gigante do Derby, seu apelido durante as obras, ocupou direta ou indiretamente 10 mil operários em sua construção. A quantidade de cimento consumida seria suficiente para erguer dois morros do tamanho do Pão de Açúcar. A forma elíptica (317 metros no eixo maior, 279 no menor e um perímetro de 945 metros) e a marquise interna, sem pilastras, o que permitia uma visão desobstruída ao espectador, eram o que havia de mais moderno e arrojado para um estádio dos anos 40.

A capacidade declarada do Maracanã era de 155.250 espectadores, com 93 mil sentados e 32 mil nas gerais e os restantes distribuídos por cadeiras cativas, camarotes e tribunas de honra. O estádio reformado para a Copa de 2014 só acomoda 78.639 pessoas. Apesar de superar a capacidade oficial do estádio, pode-se acreditar na estimativa de 200 mil torcedores na inauguração e também na final da Copa de 50. A soma inclui os inevitáveis não pagantes e toda a sorte de penetras. O recorde oficial de público foi atingido em um jogo contra o Paraguai, no qual o Brasil carimbou o passaporte para a Copa de 1970: 183.342 pagantes. O pesquisador Ivan Soter, da Enciclopédia da Seleção, dá o recorde para outro Brasil e Paraguai, em 1954: 195.514. Muita gente, em qualquer um dos jogos.

Não há divergências sobre a identidade do maior artilheiro da história do Maraca. Zico, com 333 gols em 435 partidas. Pelé jogou no estádio pela primeira vez em 1957, contra o Flamengo. O Santos perdeu de 4 a 0. O garoto prodígio, então com 17 anos, não jogou nada. Mais tarde, ele confessou a um cronista esportivo: "Aquele gigante de concreto me assustou. Mas, jogo a jogo, fomos nos identificando e nos tornamos um casal que viveu feliz para sempre."[2] E que casal.

Em 1961, num jogo contra o Fluminense, ele recebeu um passe de Mengálvio, driblou seis adversários e tocou por cobertura para dentro do gol. Numa reação surpreendente, a torcida do Fluminense aplaudiu. O gol até mereceu uma placa comemorativa no hall do estádio. Em 1969, foi no Maracanã que Pelé alcançou, em jogo contra o Vasco, a fantástica soma de 1.000 dos 1.284 gols de sua carreira profissional.

É de Pelé, por sinal, a melhor síntese do significado emocional do estádio carioca:

"Maracanã é Maracanã. Uma vitória ali vale por duas em qualquer outro estádio do mundo."

## Referências:

1 Este texto se valeu de informações dos seguintes livros: Renato Sérgio. *Maracanã, 50 anos de glória*. Rio de Janeiro: Ediouro, 2000.
Leonel Katz e João Máximo. *Brasil, um século de futebol, Arte e Magia*. Rio de Janeiro: Editora Aprazível, 2006.
Paulo Perdigão. *Anatomia de uma derrota*, Porto Alegre: L&PM, 1985.

2 Roberto Arruda, revista Argumento, Janeiro/Dezembro 2004.

3 O projeto arquitetônico vencedor da concorrência pública para a construção do Maracanã foi apresentado por uma equipe formada pelos arquitetos Miguel Feldman, Waldir Ramos, Raphael Galvão, Oscar Valdetaro, Orlando Azevedo, Pedro Paulo Bernardes Bastos e Antônio Dias Carneiro.

# Dos pensadores

SOMOS O QUE FAZEMOS. NOS DIAS EM QUE FAZEMOS, REALMENTE EXISTIMOS; NOS OUTROS, APENAS DURAMOS.

Padre Antônio Vieira

Político, diplomata, pregador e escritor seiscentista, o jesuíta Antônio Vieira compôs em seus sermões e cartas algumas das melhores peças da prosa em língua portuguesa. Uma celebridade em dois continentes, ele foi o conselheiro de confiança de Dom João IV, rei de Portugal, onde nasceu em 1608. No Brasil, local de sua juventude, de seu trabalho missionário e de sua morte, em 1692, Vieira é lembrado como o grande erudito do período colonial e pela posição intransigente contra a escravidão indígena.[1]

O fervor patriótico da disputa entre brasileiros e portugueses pela nacionalidade de Vieira tem boas razões. Essa distinção de pátria, na verdade, era inexistente em 1615, quando o menino Antônio Vieira desembarcou na Bahia, onde o pai ocupava o cargo de escrivão e onde, mais tarde, entrou para Companhia de Jesus[2] e despontou como pregador.

Diz a lenda que o menino Antonio enfrentou problemas de aprendizado no primeiro ano de escola em Salvador. Então, orou fervorosamente à Virgem Maria e teve sua graça atendida. Da noite para o dia, tornou-se aluno brilhante. É o chamado "estalo do padre Vieira".

Na sociedade portuguesa do século XVII o critério de valorização do homem era a origem e o sangue. Sangue, nesse contexto, dizia respeito à diferença entre cristão-velho e novo. Vieira nunca gostou de falar de seus ancestrais. Tanto que, muito mais tarde, ao ser interrogado pelo Santo Ofício em razão das teses que defendeu em Portugal, ele declarou desconhecer até o nome de suas avós. Os inquisidores estavam convencidos de que o jesuíta tentava esconder alguma "nódoa de sangue infecto". Tanto procuraram que acabaram por encontrar uma avó paterna mulata, uma ironia da vida para aquele que tanto defendeu a escravidão dos negros. A Inquisição acabou registrando o padre como pessoa "cuja qualidade de sangue não consta ao certo".

André de Barros, autor da primeira biografia de Vieira, a quem apresentou como "glória da nossa nação", fez o que pôde para dar ao biografado ascendência nobre – mas não teve jeito. Seu pai, Cristovão Vieira Ravasco, era funcionário de terceiro escalão da Justiça Régia. A mãe, Maria de Azevedo, padeira no convento franciscano de Lisboa.

Em *Vida do Apostólico Padre Antônio Vieira*, publicado em 1720, André de Barros terminava por colocar a questão das origens de cabeça para baixo: "Para serem contados esses ditosos progenitores entre os da mais elevada graduação, bastavam as qualidades do ilustre filho".

É isso, no final das contas, o que Antônio Vieira ensinou em um de seus magníficos sermões: "*A verdadeira fidalguia é a ação: o que fazeis, isso sois, nada mais*".

A vida de Vieira foi agitada, incansável, do jeito que ele achava que deveria ser vivida: "*Somos o que fazemos. Nos dias em que fazemos, realmente existimos; nos outros, apenas duramos*".

Em 1640, uma revolução restaurou a monarquia portuguesa, entregando a coroa a Dom João IV, o duque de Bragança, depois de 60 anos de submissão à coroa espanhola. No ano seguinte, Vieira foi para Lisboa na delegação baiana enviada para saudar o novo soberano. Depois de 26 anos no Brasil, o jesuíta levou o ligeiro sotaque colonial como parte de seu charme na longa temporada em que viveu na Corte. Em seu primeiro sermão na capela real, Vieira proclamou que Dom João IV era o "rei encoberto" das profecias de Bandarra.[2] Começou ali a sólida amizade entre os dois homens.

O jesuíta foi nomeado o principal pregador da Corte e conselheiro de confiança do rei. Entre 1641 e 1653, ele viveu o apogeu do prestígio e poder.

Vieira foi homem de grandes causas. Em Portugal, a primeira foi a luta pela legitimação de Dom João IV, o duque de Bragança, cujo governo sequer era reconhecido pelos outros monarcas. Boa parte de sua obra profética – que tanta dor de cabeça iria lhe causar no processo movido pelo Santo Ofício – foi escrita em favor do rei que restaurou a soberania portuguesa.[3] A segunda foi a defesa dos cristãos-novos. Vieira foi o primeiro a desafiar abertamente o Santo Ofício. Considerava a divisão em duas categorias de súditos como obstáculo à consolidação do reino.[4]

Queria também o apoio financeiro dos cristãos-novos e dos judeus do exílio para a causa do rei. Foi com a ajuda deles que Vieira criou, em 1649, a Companhia do Comércio do Estado do Brasil, conhecida como "companhia dos judeus".[5] O objetivo era enfrentar os holandeses em seu próprio negócio, o comércio internacional.

Os desafios enfrentados por Dom João IV eram enormes. Muitos fidalgos, e também o Santo Ofício, preferiam permanecer súditos da coroa castelhana. A guerra com a Espanha, que não aceitava a restauração portuguesa, exauria o tesouro real. E havia ainda o conflito com os holandeses, que ocupavam o Nordeste brasileiro e também Angola, na África. Em 1649, Vieira escreveu um parecer recomendando a venda de

Pernambuco à Holanda. Parecia então a única saída. Portugal colocaria dinheiro em caixa e afastaria o risco de um ataque holandês a Lisboa.

A explicação era simples: naquele momento, a prioridade era salvar o trono de Dom João IV.[6] Que reviravolta. No Brasil, ele fora testemunha do fracasso holandês em dominar Salvador (que ele atribuiu a um milagre de Santo Antônio) e dedicara alguns de seus sermões mais vigorosos a exortar seus contemporâneos a expulsar os "hereges estrangeiros" da colônia.

Muitos acontecimentos tomaram rumo diferente do previsto por Vieira. Os holandeses foram expulsos de Angola e se renderam em Pernambuco, em 1654. E havia ainda que lidar com a vingança do Santo Ofício. O contra-ataque tinha começado em 1649, com a prisão e execução de alguns cristãos-novos que colaboravam com Vieira na criação da "companhia dos judeus". O projeto de inserir Portugal na economia mercantilista do século XVII fora água abaixo.

O Santo Ofício era um tribunal religioso com a missão de investigar heresias e desvios doutrinários entre os católicos. Não cabia à instituição perseguir judeus, exceto aqueles batizados católicos e que tivessem retornado à antiga fé. Durante a campanha contra Antonio Vieira, a Inquisição condenou a morrer na fogueira por apostasia em dezembro de 1652 um financista que ajudara o jesuíta na criação da Companhia de Comércio do Estado do Brasil, Manuel Fernandes de Vila Rica. Foi fácil para o Santo Ofício provar que, apesar de batizado católico, Vila Rica vivia abertamente como judeu na França. Foi diferente o caso do jovem Issac de Castro, queimado vivo em Lisboa aos 21 anos, com grande repercussão internacional. Capturado na guerra contra os holandeses em Pernambuco, o réu afirmava ser judeu de nascimento. Foi executado assim mesmo, apesar de os inquisidores não conseguirem provar que ele alguma vez tivesse sido católico.

Portugal já não podia queimar as pessoas em praça pública sem despertar a condenação em outros países. Na Holanda, o protesto veio dos judeus, mas não só deles. Para uma Europa no limiar do iluminismo e da idade da razão, o auto-de-fé era a confirmação do primitivismo português. Em vão, Vieira pregou na Sé de Lisboa, denunciando os "fariseus e vendilhões do templo". O cerco apertava. O Santo Ofício tinha o apoio do papa e a própria Companhia de Jesus viu-se constrangida a expulsar Vieira. Por fim, com a intervenção do rei, houve um acordo: ele iria para o Maranhão como superior das missões jesuítas. O Brasil, naquela fase da vida, significava o desterro.

Vieira ficou pouco tempo por lá. Adversário ferrenho da escravidão dos índios, entrou em atrito com os colonos escravagistas e os jesuítas acabaram expulsos da capitania, em 1661.[7] Duas décadas mais tarde, prestes a retornar definitivamente para o Brasil, Vieira iria obter do rei a proibição da escravidão indígena no Maranhão. Mal recebida pelos maranhenses, a medida serviu de estopim da Revolta de Beckman, em 1684.

A escravidão é outro paradoxo do jesuíta. Aguerrido na luta pela liberdade dos índios, Vieira considerava justa e necessária a servidão dos africanos. É possível ler na coleção de seus sermões como ele explicou isso aos próprios escravos, em 1633.

O sermão foi proferido na capela de um engenho do Recôncavo Baiano. A plateia era uma confraria de escravos devotos de Nossa Senhora do Rosário. Com a habitual lógica retórica, o jesuíta sustentou que a "glória dos pretos" residia na condição de escravos. Eles, mais que quaisquer outros, tinham o privilégio concedido por Nossa Senhora do Rosário de levar uma vida que era a imitação perfeita da paixão de Cristo:

(...) Os ferros, as prisões, os açoites, as chagas, os nomes afrontosos, de tudo isto se compõe a vossa imitação, que, se for acompanhada de paciência, também terá merecimento de martírio.

Dom João IV morreu em 1656, três anos depois do herdeiro, Dom Teodósio. No ano seguinte, ele foi excomungado *post mortem* pelo Santo Ofício. O sucessor, Afonso VI, tinha 14 anos e inteligência de minhoca. Em 1661, Viera voltou a Lisboa para mergulhar na disputa sucessória. Seu candidato era o pretendente ao trono Dom Pedro, filho preferido do falecido rei.

Mas ele não era mais amigo do rei. Ao contrário, foi expulso da corte e desterrado em Coimbra. Era a oportunidade esperada pelo Santo Ofício. Desde 1649, a Inquisição preparava seu processo por heresia. Intimado a depor em 1663, Vieira teve no início permissão de preparar sua defesa em liberdade, mas em outubro de 1665 foi decretada sua prisão.

A acusação por heresia se baseava nas profecias de Vieira, bem documentadas em cartas e sermões. O jesuíta nunca fora discreto em sua visão messiânica, delirante, do advento do "quinto império", a vitória final do Cristianismo com Portugal à frente. Do ponto de vista do Santo Ofício, o mais grave era ele pregar a ressurreição de Dom João IV.

Depois de dois anos na cadeia, Vieira desistiu de enfrentar o Santo Ofício. Passou pela humilhação de reconhecer publicamente seus erros e recebeu punição branda: confinamento domiciliar e a proibição de pregar. Mas não foi isso o que o salvou, e sim o golpe palaciano que colocou Dom Pedro II no trono.

Vieira era novamente amigo do rei. Não apenas sua pena foi revista, acabando com o confinamento, como foi nomeado confessor do soberano. Ainda insatisfeito, ele foi a Roma para tentar anular a sentença da Inquisição. Foi o início de um novo período de glória. Um novo papa, Clemente X, o convidou a pregar diante do Colégio de Cardeais. Também foi encarregado de preparar um relatório sobre a Inquisição portuguesa. Depois de lê-lo, Clemente X puniu o Santo Ofício com dez anos de suspensão de suas atividades e emitiu bula concedendo a Vieira imunidade diante do Santo Ofício.

Vieira voltou para o Brasil em 1671. Estava com 73 anos e passou praticamente recluso os anos seguintes na casa do Largo do Tanque, em Salvador, trabalhando na edição de seus sermões. Em 1691, Dom Pedro II recorreu a seus conselhos numa questão de grande repercussão na história do Brasil.

Tratava-se do Quilombo dos Palmares. O tratado de paz feito com Ganga Zumba fora rasgado por um grupo de revoltosos chefiados por seu sobrinho, Zumbi. Não se podia mais negociar com Ganga Zumba, que fora assassinado por rivais. No Palácio em Lisboa, o jesuíta Manuel Fernandes fazia campanha contra a escravidão. Acusava as autoridades coloniais de reescravizar injustamente os quilombolas alforriados pelo rei no acordo com Ganga Zumba, apesar de eles serem "católicos batizados e crismados".

O rei tinha em mãos a sugestão de enviar os jesuítas diretamente aos quilombos em busca de paz. O que Vieira achava disso?

A resposta foi veemente. Ele não confiava em escravo rebelado. Palmares devia ser destruída o quanto antes:

> Esta mesma liberdade (se concedida) seria a total destruição do Brasil, porque conhecendo os demais negros que por este meio tinham conseguido o ficar livres, cada cidade, cada vila, cada lugar, cada engenho seriam logo outros tantos Palmares, fugindo e passando-se aos matos com todo o seu cabedal, que não é mais que o próprio corpo.

Pedro II escreveu pessoalmente a Vieira concordando com seu ponto de vista, em 1692. Três anos depois, uma expedição comandada pelo paulista Domingos Jorge Velho derrotou os quilombolas e destruiu Palmares.

Antonio Vieira morreu dois anos mais tarde. Estava surdo e meio cego, mas perfeitamente lúcido. Pouco depois de sua morte, chegou a notícia do restabelecimento total de seus direitos plenos na Companhia de Jesus.

O Santo Ofício tinha perdido a batalha.

## Referências

1 Ronaldo Vainfas, *Antônio Vieira*, Companhia das Letras, 2011.

2 Antônio Vieira ingressou como noviço na Companhia de Jesus em 1623, com 15 anos. Três anos mais tarde, foi encarregado de redigir a Carta Ânua, o relatório periódico enviado pelos jesuítas a seus superiores na Europa. O tema da Carta Ânua foi a guerra contra os holandeses, que tinham atacado Salvador em 1624 e ocupado a cidade por um ano.

3 Vieira se referia às profecias de Gonçalo Annes Bandarra (1500-1556) de um rei encoberto e do futuro de Portugal como reino universal. As trovas messiânicas de Bandarra, escritas no século XVI e ligadas ao sebastianismo e ao milenarismo portugueses, estavam no índex das obras proibidas pela Inquisição desde o final do século XVI. Foram reabilitadas por Dom João IV e proibidas novamente em 1665. Não apenas Vieira, mas os jesuítas em geral, eram muito influenciados por Bandarra.

4 Ronaldo Vainfas, obra citada.

5 Vieira convenceu o rei a revogar o confisco dos bens dos cristãos-novos condenados pela inquisição. Argumentava que a punição jogava na miséria a família do condenado e servia de espantalho a afugentar capitais de Portugal. A lei voltou a vigorar em 1657, depois da morte de Dom João IV. A distinção entre cristãos velhos e novos só foi extinta em 25 de maio de 1772, por iniciativa do Marquês de Pombal. Por sua vez, a Inquisição portuguesa foi abolida em 1821.

6 Vieira elaborou muitos planos para salvar o reino de Dom João IV – alguns mirabolantes. Em Roma, ele propôs casar o herdeiro do trono português,

Dom Teodósio, com a infanta espanhola. Realizado o casamento, Dom João IV abdicaria em favor do filho e iria para o exílio nos Açores. A união ibérica entre as duas coroas seria refeita, mas uma das condições apresentadas era Lisboa como capital. Indignado com a proposta, o embaixador espanhol em Roma ameaçou matar o jesuíta, que precisou fugir da cidade em 1650. Vieira então planejou casar o príncipe com a herdeira da França. A Corte Francesa não achou boa ideia aliar-se a um rei que mal se sustentava no trono e ainda ganhar no dote uma guerra com a Espanha. Qualquer um desses matrimônios dinásticos teria resultado em dificuldades para Portugal, pois Dom Teodósio morreu jovem, antes do pai.

7 Na condição de visitador-geral dos jesuítas, Vieira voltou várias vezes ao Maranhão, Grã-Pará e Ceará. Em 1658, indignado com a adoção do calvinismo pelos índios tabajaras, chegou a definir a Serra de Ibiapaba, que divide Ceará e Piauí, como a "Genebra do Sertão".

DOU GRAÇAS A DEUS E ESPERO NUNCA MAIS VISITAR UM PAÍS DE ESCRAVOS.

Charles Darwin

O *HMS Beagle* partiu da Inglaterra em 27 de dezembro de 1831, depois de dois ou três dias à espera de ventos favoráveis. A missão da viagem, que duraria quatro anos e nove meses, era a de mapear a costa da América do Sul. A bordo do veleiro de 27,5 metros de comprimento e 7,5 metros de largura ia Charles Robert Darwin, com 22 anos. A tarefa principal do jovem naturalista era a de servir de acompanhante para o capitão, o aristocrata Robert Fitzroy.

Durante a viagem, que se estendeu por quatro continentes, Darwin observou a natureza e meditou intensamente sobre o que viu. Até voltar para a Inglaterra havia recolhido 1.529 espécimes em frascos com álcool e 3.907 preservados de outras maneiras. As observações permitiram que chegasse à Teoria da Evolução, sem a qual a moderna biologia não faria sentido.

Darwin também escreveu um diário de 770 páginas, no qual relata suas experiências nos lugares por onde passou. No Brasil, ele visitou a Bahia e o Rio de Janeiro. Encantou-se com a exuberância da floresta tropical, impacientou-se com a burocracia e a displicência brasileiras e ficou horrorizado com a escravidão e a maneira como os escravos eram tratados.

A leitura do diário de Darwin abre uma janela sobre um Brasil jovem, recém-independente. O que primeiro se fica sabendo é o fascínio do naturalista com a Mata Atlântica, as orquídeas magníficas e a profusão de insetos nas vizinhanças de Salvador e depois no Rio de Janeiro.

"Deleite" – escreveu em Salvador, em 29 de fevereiro de 1832– "é uma palavra fraca para expressar os sentimentos de um naturalista que, pela primeira vez, esteve perambulando sozinho numa floresta brasileira."O jovem Darwin não poupou adjetivos ao descrever "a exuberância geral da vegetação", "a elegância da grama", "a beleza das flores" ou "o verde lustroso da folhagem".

Na capital baiana, ele se deixou seduzir por outra peculiaridade da terra: "Esse é o primeiro dia do Carnaval, mas Wickham, Sullivan e eu, nada destemidos, estávamos determinados a encarar seus perigos. Esses perigos consistem em ser alvejado sem misericórdia por bolas de cera cheias de água e sair encharcado por grandes seringas de lata. Achamos muito difícil manter a nossa dignidade enquanto caminhávamos nas ruas".

O *Beagle* desceu a costa brasileira, aportando no Rio de Janeiro em abril. Darwin permaneceu na capital do Império até julho, hospedado na Praia de Botafogo. A oportunidade de mergulhar no Brasil profundo surgiu com o convite de um inglês que ia visitar sua propriedade a mais de 150 quilômetros da capital, em direção a Cabo Frio. A excursão começou em 8 de abril, formada por sete pessoas. Durante o primeiro dia, a vista e as cores da paisagem absorveram toda a atenção de Darwin. À noite, acamparam perto da Lagoa Maricá, onde ele ficou sabendo que existira um quilombo.

Este lugar é famoso por ter sido, durante muito tempo, a morada de alguns escravos fugidos que conseguiram tirar sua subsistência do cultivo de um pequeno pedaço de terra perto do topo. Finalmente descobertos, foram todos capturados por um grupo de soldados, com exceção de uma velha que, recusando-se a voltar a ser escrava, preferiu atirar-se do alto da montanha, despedaçando-se contra as pedras da base. Numa matrona romana, isso teria sido chamado de um nobre sentimento de liberdade. Mas, numa pobre negra, é apenas brutal obstinação.

É daqui em diante que o entusiasmo com a natureza começou a dividir as páginas do diário com observações menos agradáveis da realidade brasileira. As casas de pouso que ele encontrava pelo caminho não tinham vidro nas janelas, um problema menor. O que realmente incomodava era o comportamento dos proprietários ("modos indelicados e desagradáveis. Suas casas e suas pessoas eram frequentemente imundas"). Ao chegar a uma dessas pousadas, o grupo perguntava ao dono se era possível comer alguma coisa. O diálogo padrão está descrito no diário:

"– Qualquer coisa que queiram, é a resposta habitual.

Nas primeiras vezes agradeci a providência por ter nos levado a um homem tão bom. À medida que a conversa prosseguia, a situação geralmente se tornava lastimável.

– O senhor pode fazer o favor de nos servir peixe?

– Oh, não, senhor.

– Sopa?

– Não, senhor.

– Pão?

– Oh, não, senhor.

– Um pouco de carne seca?

– Oh, não, senhor.

Se tivéssemos sorte, depois de esperar umas duas horas, conseguíamos aves, arroz e farinha. Frequentemente, tínhamos nós mesmos de matar, a pedradas, as aves domésticas que íamos comer no almoço."

Depois de três dias de viagem chegaram a Sossego, uma fazenda de café onde o proprietário os recebeu com alegria. Darwin comentou que, se a escravidão pudesse ser deixada de lado, havia encanto no estilo de vida simples e patriarcal do lugar. Não era possível, entretanto, deixar a realidade do lado de fora: "Durante as refeições, era tarefa de um homem enxotar da sala vários cães velhos bem como dúzias de criancinhas negras, que se aproveitavam de todas as ocasiões para entrar."

Darwin ficou sabendo que, devido a uma briga e uma ação judicial, o proprietário estava prestes a tirar todas as mulheres e crianças da companhia dos homens e vendê-las separadamente num leilão público no Rio. Feitas as contas, concluiu que não era bom negócio. "De fato, não creio que tivesse sequer ocorrido ao proprietário a ideia da desumanidade de separar trinta famílias que haviam vivido juntas por tantos anos", espantou-se o naturalista.

Um acontecimento em especial o impressionou "mais vivamente que qualquer história de crueldade". Darwin era acompanhado por um escravo numa travessia de balsa. Tentando fazer-se entender, começou a falar alto, a gesticular, e sua mão passou perto do rosto do homem, que lhe parecia bastante burro.

> Ele, suponho, pensou que estava com raiva e ia bater nele, pois, imediatamente, com um olhar amedrontado e os olhos semicerrados, baixou os braços. Nunca esquecerei do meu sentimento de surpresa, desagrado e vergonha, ao ver um homem grande e forte com medo até mesmo de se desviar de um golpe dirigido, como pensou ele, para seu rosto. Esse homem havia sido treinado para suportar uma degradação mais abjeta do que a escravidão de um animal mais indefeso.

Ao deixar Pernambuco, após uma rápida parada, já a caminho da Inglaterra, Charles Darwin colocou no papel seu último comentário sobre o Brasil:

"Dou graças a Deus e espero nunca mais visitar um país de escravos."

## Referências

1 Os trechos do diário foram retirados, quase todos, de Charles Darwin, *O Beagle na América do Sul*. São Paulo: Editora Paz e Terra, 1996, edição de bolso com texto parcial dos diários do naturalista.

2 O trecho sobre o Carnaval na Bahia foi publicado na Revista *Veja*, 11 de Fevereiro de 2009.

> A OPOSIÇÃO SERÁ SEMPRE POPULAR; É O PRATO SERVIDO À MULTIDÃO QUE NÃO LOGRA PARTICIPAR NO BANQUETE.

Joaquim Nabuco

Menino ainda, no engenho pernambucano onde morava, Joaquim Nabuco despertou para a iniquidade e brutalidade da escravidão. Não há quem não se arrepie ao ler o relato daquele momento no seu livro de memórias, *Minha Formação*, publicado em 1900:

"Estava uma tarde sentado no patamar exterior da casa, quando vejo precipitar-se para mim um jovem negro desconhecido, de cerca de dezoito anos, o qual me abraça os pés suplicando-me pelo amor de Deus que o fizesse comprar por minha madrinha para me servir. Ele vinha das vizinhanças, procurando mudar de senhor porque o dele, dizia-me, o castigava e ele tinha fugido com risco de vida... Foi este traço inesperado que me descobriu a natureza da instituição, com a qual eu vivera até então familiarmente, sem suspeitar da dor que ela ocultava."

Nabuco tinha sete anos e no ano seguinte iria mudar para o Rio de Janeiro. Aquela tarde dramática foi a centelha que incendiou a luta apaixonada contra a servidão que ele travaria pela maior parte de sua vida adulta. Homem de muitas facetas,foi parlamentar, monarquista e depois estadista republicano, diplomata, cidadão do mundo e ainda o mais importante, mais eloquente e mais popular dos abolicionistas.[1]

Joaquim Aurélio Barreto Nabuco de Araújo nasceu no Recife numa linhagem de advogados, promotores e juízes. Desde um tio-avô, os homens de sua família tinham assento no Senado do Império. Em 1849, ano de seu nascimento, seu pai, José Thomaz Nabuco de Araújo, foi eleito pela segunda vez deputado pelo Partido Conservador. A eleição significava que a família deveria se mudar mais uma vez para o Rio de Janeiro, onde se reunia a Assembleia Legislativa. Temendo levar o recém-nascido na longa viagem marítima para a Corte, os pais deixaram a criança aos cuidados da madrinha, Ana Rosa Falcão de Carvalho, no engenho Massangana, a uns 30 quilômetros do Recife.

O menino só foi viver com os pais e irmãos aos 8 anos, depois da morte da madrinha.

Nabuco estudou no colégio Pedro II, no Rio, então um centro de excelência. Foi colega de classe de Rodrigues Alves, futuro presidente da República. Mais tarde cursou a Faculdade de Direito em São Paulo. Nas arcadas do Largo São Francisco sentou-se ao lado de Rui Barbosa, quatro vezes candidato à Presidência, e de Afonso Pena, outro futuro presidente.[2]

O último ano ele foi cursar na Faculdade de Direito de Recife, em 1869. Era um arranjo comum naquele tempo. As duas instituições eram a porta de entrada para a elite política e intelectual brasileira. Em posse do diploma, o caminho natural seria deslocar-se rumo à Corte, no Rio de Janeiro, e ocupar funções administrativas e políticas na estrutura do Império.

Em geral, o jovem em ascensão dedicava algum tempo à carreira da qual era bacharel – advocacia no caso de Nabuco. Para ter sucesso, a carreira requeria passagens pelo jornalismo, pela literatura e pela política, muitas vezes de forma simultânea.[3] Aos 25 anos, podia ser eleito para a Câmara pelos partidos Conservador ou Liberal. Depois de 1870, havia também o Republicano.

Mas canudo de advogado fez diferente. Ele foi defender uma causa praticamente perdida, a de um escravo, de nome Thomas, que matara o homem que o açoitava. Os tribunais eram em geral severos com os escravos. Nabuco saiu-se muito bem: em lugar da pena de morte, o réu foi condenado à prisão perpétua.

O julgamento do escravo Thomaz marcou a despedida de Nabuco da advocacia e o início de sua militância abolicionista.

O que fazer em seguida? Ele tinha muito berço, mas pouco dinheiro.

O dilema era tornar-se ou não funcionário público. Na época, a elite empobrecida buscava abrigo em empregos públicos, já que não tinha outro sustento. E, a partir de 1870, com a queda do prestígio da monarquia, o acesso aos cargos se tornou moeda de troca na busca de apoio político. Mas Nabuco se opôs com veemência à maldição do empreguismo. Ele propôs que a administração pública fosse exercida pelo critério do talento intelectual reconhecido pelos pares. Esse conceito moderno, inspirado no liberalismo inglês, jamais foi inteiramente aceito no Brasil.

Ao longo da vida, Nabuco recusou algumas sinecuras, embora tenha aceitado outras, como o posto de adido em Washington.

Na juventude, ele só sonhava com a vida elegante na Europa. Aos 20 anos, Nabuco já era visto como um dândi, termo que no século XIX definia o tipo masculino preocupado com a aparência e sensível aos modismos. Uma celebridade, aclamado, paparicado, adorado pelas damas da Corte, que suspiravam à visão de seu porte elegante, evidenciado pelos 1,83 metro de altura e o bigodão. Quincas, o Belo, o chamavam com ironia e muita inveja.

"O que me impediu de ser republicano na mocidade foi, muito provavelmente, o fato de ter sido sensível à impressão aristocrática da vida", ele escreveu mais tarde, quando a República já o tinha entre seus melhores quadros.

Indeciso sobre o futuro, ele pensou em imigrar para a Austrália ou Nova Zelândia. Seria toda a vida um homem dividido entre o fascínio pela Europa e o forte vínculo afetivo que o prendia às coisas brasileiras.

"De um lado do mar sente-se a ausência do mundo; do outro, a ausência do país. O sentimento em nós é brasileiro, a imaginação europeia", escreveu.

Por influência do pai, foi nomeado adido em Washington. Achou a cidade provinciana. Em 1878, foi transferido para Londres. Na capital inglesa ele se sentia em casa.

Nabuco de Araújo morreu em 1878. O filho retornou para assumir o ofício político da família e foi, no ano seguinte, eleito deputado. Derrotado em 1881, Nabuco, aos 32 anos, optou pelo auto-exílio em Londres. Na capital inglesa, ele foi correspondente do *Jornal do Commercio* e escreveu o livro que se tornaria um clássico brasileiro sobre a escravidão, *O Abolicionista*. Em 1884, Nabuco voltou ao Brasil, recuperou sua cadeira parlamentar e a transformou no coração da campanha contra a escravidão, que nos anos seguintes iria incendiar o país.

"O jovem aristocrata liberal se tornou então publicamente um dos principais combatentes pela libertação dos escravos. Em livros, discursos parlamentares, ensaios e artigos de jornal, o intelectual apaixonado pelo brilho da civilização europeia assumiu no seu país o maior desafio histórico de sua época", escreveu o cientista político Francisco Weffort.[4]

Nabuco foi o primeiro a explicar à sociedade brasileira o regime escravocrata e seus malefícios. Seu raciocínio era que o escravismo era uma instituição que contaminava toda a vida brasileira – a economia, a política, a sociedade, a organização social, a estrutura do estado e do poder político, "o próprio sistema de ideias". O país, como o entendia Nabuco, vivia em estado de sítio permanente para "sustentar uma tirania pérfida, inquisitorial, torturante" necessária para manter o jugo sobre uma enorme massa de seres humanos.

Na década de 1870, quando ele emergiu como um abolicionista de destaque, havia 2 milhões de escravos, representando 20% da população do país. Em 13 de maio de 1888 restavam 750 mil. Depois de assinar a Lei Áurea, a princesa Isabel olhou para Nabuco, que estava a seu lado. "Estamos reconciliados?", perguntou. O abolicionista, elegante como sempre, pegou e beijou a mão de Isabel. A rusga entre eles decorria da pressão que ele exercia sobre Pedro II para que o imperador deixasse de protelar o fim da servidão.

A abolição foi comemorada no Rio de Janeiro em clima de carnaval fora de época. Mas aquele dia foi dele, Nabuco, mais do que de qualquer outro.

Escreveu em seu diário: "Delírio no recinto, meu nome muito aclamado."

Pego de surpresa pela Proclamação da República em 15 de novembro de 1889, Nabuco retirou-se da vida pública. Mais do que desconfiar do novo regime, ele acreditava na superioridade da monarquia. Voltou em 1899 para redigir a defesa brasileira na disputa com a Inglaterra por territórios na fronteira com a Guiana. Estava de volta à diplomacia, aos negócios de Estado, reconciliado com a República. Muitos historiadores o consideram o maior estadista da história brasileira.

Seus últimos postos foram o de embaixador em Londres e Washington, onde morreu em 1910, aos 60 anos.

Quincas, o Belo, foi cercado de glórias até o fim. Ao morrer, contudo, tinha consciência de que a abolição viera mais tarde do que ele desejara e desacompanhada da distribuição de terras que preconizava,[5] "A escravidão permanecerá por muito tempo como a característica nacional do Brasil", tinha escrito em 1900. Uma nódoa que ainda contamina a sociedade brasileira.

## Referências


1 Vilma Gryzinski, *Herói Nacional, para sempre*, Veja, 13 de janeiro, 2010.
2 Paulo Moreira Leite, *Idéias de um século,* Veja, 18 de agosto,1999.
3 Ricardo Salles, *Joaquim Nabuco, um pensador do Império*, Tobooks, 2002.
4 Francisco C. Weffort, *Nabuco: o abolicionista e o pensador,* em *Joaquim Nabuco, brasileiro, cidadão do mundo*, edição comemorativa do Museu Histórico Nacional, 2009.
5 Roberto Pompeu de Toledo, *O país da vergonha,* Veja, 16 de fevereiro, 2000.

DE TANTO VER TRIUNFAR AS NULIDADES,
DE TANTO VER PROSPERAR A DESONRA,
DE TANTO VER CRESCER A INJUSTIÇA, DE
TANTO VER AGIGANTAREM-SE OS PODERES
NAS MÃOS DOS MAUS, O HOMEM CHEGA
A DESANIMAR DA VIRTUDE, A RIR-SE DA
HONRA, A TER VERGONHA DE SER HONESTO.

Rui Barbosa

Político, jurista, escritor, jornalista e orador brilhante, Rui Barbosa se projetou na última década da Monarquia, ajudou a fundar a República e foi figura de relevo na vida pública e no cenário intelectual do país pelos trinta anos seguintes. Numa geração de políticos e militares que empresta nomes a ruas, escolas e até cidades, Rui é o mais controverso, a ponto de ser difícil avaliar a medida do papel que ele representou para o país, para sua época e para a história.

A dificuldade decorre do fato de o homem ter virado mito. Até hoje, dispõe de uma legião de admiradores apaixonados e de uma fundação oficial com o propósito de preservar sua memória. "O maior líder do país, poliedro de luz e de devoção aos ideais", escreveu Américo Jacobina Lacombe, educador que organizou as *Obras Completas de Rui Barbosa* em 150 volumes. "No Brasil nenhum de nossos homens gozou do seu prestígio oracular. O povo, a massa, mesmo a gente inculta, acostumou-se a ver nele a personificação da ciência e da cultura. A lenda que autentica a glória popular aureou-lhe o nome com as virtudes de um taumaturgo."[1]

A paixão dos admiradores tem a contrapartida na legião de antagonistas de peso. Agripino Grieco, Humberto de

Campos, Lima Barreto, Roberto Lyra, Gilberto Amado, José Honório Rodrigues e Gilberto Freyre estão entre aqueles que engrossaram as críticas ao estilo arcaico e o endeusamento de sua figura. "Essa mistura de classicismo e pernosticismo deleitava, impressionava, extasiava. Poucos compreendiam, muitos assistiam, todos aplaudiam", alfinetou o poeta Álvaro Moreyra.[2]

Rui Barbosa de Oliveira nasceu na Bahia, em 1849. Em 1871, concluiu o curso de direito nas Arcadas do Largo São Francisco, em São Paulo. Ali fez seus primeiros discursos e se projetou para a vida pública. Deputado pelo partido Liberal e depois senador da República, ele foi abolicionista e federalista. Redigiu a Lei Saraiva, que instituiu o voto direto e o título de eleitor em 1881, e o parecer jurídico concedendo alforria aos escravos sexagenários, em 1885. Ele foi o primeiro ministro da Fazenda do governo provisório depois da proclamação da República, à qual aderiu de última hora.

"Fui um republicano do dia seguinte", na sua própria definição.

Apesar de recém-chegado à fé republicana, foi ele o principal redator da Constituição de 1891.

Vice-presidente do Senado, Rui alçou seu voo de águia na Conferência de Paz de Haia, em 1907, da qual participou como chefe da delegação brasileira. Ao retornar, desfilou para júbilo das multidões pelas ruas do Rio de Janeiro e de Salvador. Durante toda a conferência, os jornais brasileiros tinham propagado a ideia de que Rui Barbosa "era a maior cabeça do mundo". Ou "o maior coco da Bahia", na caricatura do humorista Vieira da Cunha, publicada em 1909 .

A figura franzina de Rui Barbosa – 1,58 metro de altura, 48 quilos, pé tamanho 36, cabeça calva desproporcional em relação ao corpo – fez dele o personagem predileto dos caricaturistas por décadas. Era feio, mas era nossa "Águia de Haia". Suas palavras lavavam a alma nacional:

"Vi todas as nações do mundo reunidas, e aprendi a não me envergonhar da minha. Medindo de perto os grandes e os fortes, achei-os menores e mais fracos do que a justiça e o direito."

Haia consolidou o mito da genialidade e da erudição do político baiano. O codinome "águia", entretanto, não foi concedido pelos notáveis presentes à conferência e, sim, inventado pelo Barão do Rio Branco, ministro de Relações Exteriores entre 1902 e 1915. Na fase do planejamento, Rio Branco anunciou que enviaria à Holanda uma "embaixada de águas". Antes do embarque do embaixador, a revista *O Malho* já estampava uma charge dele representado por uma águia em viagem sob o título "Rumo da Holanda".[3]

Rui já era a Águia de Haia no momento em que, acompanhado da mulher e das filhas, pôs o pé a bordo do navio que o levou à Europa. O estadista Joaquim Nabuco, que recusou o convite para integrar a delegação, perdeu assim a chance de também passar à história na categoria "águia".

Na conferência, Rui rejeitou com brilho e competência um tribunal de arbitragem controlado pelas grandes potências, conferindo forma prática ao conceito jurídico de igualdade entre as nações, mesmo as mais pequenininhas. É a participação que se aplaude ainda hoje. No Brasil, divulgou-se uma versão exagerada de sua atuação, inflada por uma campanha de propaganda desfechada pelo Barão do Rio Branco.

Por falta de repercussão espontânea na imprensa europeia, Rui pagou 9.600 florins a um jornalista inglês, William T. Stead, para fazer uma reportagem laudatória sobre seu sucesso na conferência. A matéria foi publicada no *Review of Reviews*, jornalzinho londrino especializado em resumir notícias da imprensa europeia. Traduzido para o português e engordado por outros textos, o trabalho de Stead virou um livro de grande sucesso no Brasil. Em menos de um mês, desapareceu das prateleiras a primeira edição de mil exemplares.[4]

De volta ao Brasil, a Águia de Haia dedicou-se à obsessão de ser presidente da República. Foi quatro vezes candidato (1905, 1909, 1913, 1919), sem sucesso. A oportunidade em que chegou mais perto da faixa presidencial foi em 1909, quando seus comícios se converteram numa memorável campanha contra o retorno do predomínio dos militares na política republicana.

As derrotas produziram um homem ressentido. Rui, que fora monarquista até 1889, elogiava a monarquia parlamentar, que na opinião dele não padecia do gravíssimo mal republicano de entregar a presidência à mediocridade.[5] É o que reflete seu célebre lamento:

> De tanto ver triunfar as nulidades, de tanto ver prosperar a desonra, de tanto ver crescer a injustiça, de tanto ver agigantarem-se os poderes nas mãos dos maus, o homem chega a desanimar da virtude, a rir-se da honra, a ter vergonha de ser honesto.

O historiador R. Magalhães Junior, autor de vigorosa obra contra o "mito ruista", faz de Rui um retrato pouco lisonjeiro: político conservador, ambicioso, comodista e inconstante, omisso em seus deveres parlamentares, raramente frequentava o Senado, sem capacidade real de liderança.[6] Mas é na apresentação de seu livro que o editor Ênio Silveira faz a avaliação mais sensata:

"Rui Barbosa é uma vítima de seus idólatras. O baiano ilustre, que marcou quarenta e tantos anos da vida brasileira com sua presença fulgurante nos setores da política, do direito e das letras, foi um homem excepcional, mas um homem, não um deus."

# Referências


[1] Américo Jacobina Lacombe (1909-1993) foi diretor da Casa de Rui Barbosa e, depois presidente da Fundação Casa de Rui Barbosa (1939-1993). Sob sua direção, a instituição se converteu em respeitado centro de pesquisa e documentação histórica. As citações de Lacombe foram reproduzidas da introdução escrita por Luís Forjaz Trigueiros para *A Vida de Rui Barbosa*, de Luís Viana Filho (Editora Nova Fronteira, 11ª Edição, 1987).

[2] Cecília Prada, *Ruy Barbosa*, Miniweb Educação, 1999.

[3] *O Malho* de 11/05/1907. Está na Cronologia de Rui Barbosa preparada pela Fundação Casa de Rui Barbosa.

[4] Raimundo Magalhães Júnior, *Rui, o Homem, o Mito*, Editora Civilização Brasileira, Coleção Retratos do Brasil, 1964.

[5] Darcy Ribeiro, *Aos Trancos e Barrancos, como o Brasil Deu no que Deu*, Editora Guanabara, 1985.

[6] R. Magalhães Júnior, obra citada.

**O BRASIL É A ÚNICA NAÇÃO CIVILIZADA NO MUNDO QUE NÃO SABE ESCREVER O PRÓPRIO NOME.**

Cândido Figueiredo

O *Novo Dicionário da Língua Portuguesa*, monumento do idioma publicado pela primeira vez de 1898, definia o verbete "Brasil" como a "planta leguminosa de onde se retira o pau-brasil". Sem menção ao país. Como explicar o lapso? A reposta possível é que o editor do *Novo Dicionário*, Cândido Figueiredo, sabia com quem estava lidando e evitou dar palpite na discórdia que inflamava os ânimos nacionais: devia-se grafar Brasil com *z* ou com *s*?

A questão intrigava o dicionarista português, sócio correspondente da Academia Brasileira de Letras. "O Brasil é a única nação civilizada no mundo que não sabe escrever o próprio nome", ele anotou em uma passagem de seu livro *Ortografia Nacional*, de 1908. Não era o único vocábulo sem grafia estabelecida. O Brasil vivia, pode-se ler na *Revista da Academia Brasileira de Letras*, numa "anarquia ortográfica".

A primeira edição de *Os Sertões*, de Euclides da Cunha, em 1902, precisou ser recolhida porque diferentes grafias eram adotadas para uma mesma palavra ao longo do livro. A falta de uniformidade era gritante na geografia. "Não é mais possível o Estado deixar a critério de cada repartição pública a decisão de escrever Nicteroy ou Nietheroy, Manaus ou Manaos, Curitiba ou Curityba", enfurecia-se o Conde Affonso Celso, fundador da ABL e presidente perpétuo do Instituto Histórico e Geográfico Brasileiro, em artigo publicado no *Jornal do Comércio*, em 1919.

O mais perturbador era a indefinição sobre o nome do país. A grafia com *z* era, de longe, a mais comum. A Constituição de 1824 referia-se ao Império do Brazil. Derrubada a monarquia, os republicanos não hesitaram ao trocar para Estados Unidos do Brazil. A Academia Brasileira de Letras, cuja missão é cuidar da língua nacional, foi fundada "Brazileira". No entanto, era o próprio Estado que armava a confusão usando outra grafia nas moedas, cédulas, estampilhas e documentos produzidos na Casa da Moeda. Desde 1820, por ordem do Ministério da Fazenda, ela adotava o *s*. A mesma grafia era mandatória na jurisdição do Ministério da Marinha. A bordo dos navios, nas guarnições e nos portos usava-se Brasil.

Em teoria, caberia ao Instituto Histórico e Geográfico Brasileiro a tarefa de padronizar os nomes topográficos. Mas mesmo ali havia indecisão. A primeira instituição de pesquisas científicas do país nasceu com *s* no título, em 1838. Mais adiante, achou errado e trocou para "Brazileiro". Enfim, Cândido Figueiredo estava certo: o país não sabia escrever o próprio nome.

A primeira dificuldade era definir o critério a nortear a decisão. A fonética não ajudava. O som é claramente o de um *z*, mas na ortografia oficial o *s* intervocálico assume o som de *z*. Impasse. Perante um dilema, especialmente se tivesse o potencial de definir aspectos da identidade nacional, era praxe a ABL pedir a um indivíduo ou comissão o preparo de um parecer sobre o assunto, que depois pudesse ser aceito coletivamente. A questão – "O vocábulo Brazil deve ser escrito com *s* ou *z*?" – foi entregue ao Visconde de Taunay.

Infelizmente, o cronista da *Retirada de Laguna* morreu no ano da proclamação da República, sem completar a missão. Seu parecer inacabado, inteiramente favorável ao z, só seria publicado na *Revista da Academia Brasileira de Letras* em novembro de 1910. O principal argumento do visconde era o uso do Z na menção mais antiga conhecida do vocábulo, "brazini". Trata-se de um documento italiano de 1151, escrito em latim bárbaro. Referia-se, obviamente, à madeira, não ao país.

A independência completou um século e a grafia oficial para o nome do país permanecia pendente. Finalmente, em 8 de novembro de 1922, Coelho Neto, então o escritor mais lido do país, propôs formalmente que a Academia Brasileira de Letras adotasse "como definitiva, a grafia da palavra Brasil com *s*". A proposta foi encaminhada à Comissão de Lexicografia, que quarenta dias depois emitiu parecer de apoio à proposta. Assinado por dois beletristas de renome, o médico e ensaísta Afrânio Peixoto e o filólogo Silva Ramos, o relatório acolhera a etimologia como critério.[1] O ponto de partida, contudo, diferia do adotado pelo visconde de Taunay.

O argumento vitorioso foi o seguinte: sim, é verdade que o vocábulo é conhecido desde a Idade Média. Sim, é verdade que provavelmente foram os italianos que o trouxeram do Oriente. Sabe-se até que, dependendo do dialeto, a madeira avermelhada recebia o nome de verzi, berzi, verzino, bercino. Vários *zs* e um solitário *c*. Pouco importava, na verdade, pois o nome do país não tem nada a ver com os italianos. Brasil foi a expressão popularizada pelos franceses, que usavam bersill ou bresill, e já navegavam na costa brasileira antes da fundação das primeiras vilas portuguesas.

Apesar de os navegadores lusitanos atuarem no comércio de pau-brasil bem antes dos franceses, não há notícia de que usassem palavra similar. A expressão portuguesa, vinda diretamente dos livros de Marco Polo, era birço ou byrço, para a madeira e para a cor.

"Ora, de birço não é possível tirar Brasil, por mais que o pilem, cozinhem e espremam", disparou Afrânio Peixoto.

Em suma, se a palavra Brasil viesse do italiano verzino, deveria ser escrita com z. Como veio do francês "bersil" ou "brésil" é com *s*. Os acadêmicos acharam graça. "O nome do país é o nosso primeiro galicismo", gracejavam uns para os outros, entre goles de chá e palmadinhas nas costas.

Aprovada pela Academia Brasileira de Letras em 18 de janeiro de 1923, a grafia Brasil tornou-se oficial por decreto federal de 14 de junho de 1931.

## Referências

1 *Revista da Academia Brasileira de Letras*, ano XV, dezembro 1924, nº 36. Volume XVI.

DE ONDE MENOS SE ESPERA, DALI
É QUE NÃO VEM NADA.

Barão de Itararé

Pense numa máxima, piada ou trocadilho que se ouve desde sempre. É grande a possibilidade de ser da lavra do Barão de Itararé.

Dos anos 1920 aos 1950, ele foi o nosso Groucho Marx, o humorista que fez rir o Brasil. Era a pena a cutucar políticos e a apontar no cotidiano o ridículo e o inusitado. Amigo do poderoso Oswaldo Aranha, ele dividiu um quarto de pensão com Cândido Portinari e uma cela com Graciliano Ramos.

O filólogo e dicionarista Antônio Houaiss chegou a dizer que o Barão de Itararé enriquecia a língua portuguesa com seus trocadilhos, duplos sentidos, disparates e paradoxos:

– Esse mundo é redondo, mas está ficando muito chato.

– Os passageiros de ônibus levam sustos passageiros.

– Pão, quanto mais quente, mais fresco.

E o impagável: "De onde menos se espera, dali é que não vem nada."

O Barão de Itararé era o personagem criado pelo gaúcho Fernando Apparício de Brinkerhoff Torelly, dono de *A Manha*- semanário de humor lançado no Rio de Janeiro em 1926[1] –, um alter ego confundido com seu criador. O humorista cuidava de dar vida e biografia ao Barão imaginário. Como neste fragmento de "Ligeiro Estudo pela rama de alguns galhos da árvore genealógica do Barão de Itararé":

> Com relação à vida pregressa do ilustre fidalgo Barão de Itararé, o Brando, senhor feudal de Bangu-sur-Mer, nunca tive a menor dificuldade no recolhimento de completas informações, porque a sua vida pública é, na realidade, uma continuação da privada. É um homem sem segredos, que vive às claras, aproveitando as gemas e sem desprezar as cascas.[2]

O jovem Apporelly, como ele assinava profissionalmente, chegou à Capital Federal em 1925. Era uma celebridade no jornalismo do Rio Grande do Sul, mas preferiu mudar de ares após se desquitar da mulher, com quem tinha três filhos. Uma história enrolada. O jornalista apaixonara-se pela sogra, apenas três anos mais velha que ele, e era correspondido. Tornou-se urgente estabelecera máxima distância possível do sogro, chefe de um grupo político do interior gaúcho conhecido como "os degoladores".[3]

Como ele dizia, "mais vale dois marimbondos voando que um na mão".

No Rio, Apporelly foi trabalhar no jornal *A Manhã*, de Mário Rodrigues, pai do dramaturgo Nelson Rodrigues. Em meses saiu para fundar *A Manha*, veículo de deboche e ironia. A brincadeira começava no título, que zombava do sisudo jornal de Mario Rodrigues ao se diferenciar com a mera subtração do til. Como subtítulo vinha: "Órgão de ataque... de riso".[4] Outras informações essenciais: "Diretor-proprietário: Apporelly. Expediente: não tem. Jornal sério não vive de expediente. Correspondência: toda a correspondência, inclusive valores, deve ser enviada a nosso querido diretor, à Rua Treze de Maio, 35, sala 317.

O irônico "Querido diretor" seria outra marca registrada do escárnio de Apporelly.

A filosofia comercial do proprietário estava bem definida:

"Negociata é todo bom negócio para o qual não fomos convidados."

O personagem Barão de Itararé nasceu com a Revolução de 30, que Apporelly apoiou. A imprensa fizera grande estardalhaço sobre o iminente confronto entre tropas revolucionárias e as forças do governo entrincheiradas em Itararé, na divisa entre o Paraná e São Paulo. No final, não houve batalha alguma.

Depois da vitória de Getúlio Vargas, os revolucionários e espertalhões trataram de se apossar de cargos e mordomias, enquanto, escreveu Apporelly, "Eu fiquei chupando o dedo. Foi então que resolvi conceder a mim mesmo uma carta de nobreza. Se eu fosse esperar que alguém me reconhecesse o mérito, não arranjava nada. Então passei a Barão de Itararé, em homenagem à batalha que não houve."

Cláudio Figueiredo, o biógrafo do barão, descreve esse momento como decisivo no sucesso da carreira do humorista: "Com esse recurso, dava o arremate final, o toque de mestre, na criação de seu melhor personagem: ele mesmo. A partir de então, criador e criatura acabariam se confundindo a ponto de fazer com que se apagasse a tênue linha que separava vida e obra."[5]

*A Manha* circulou até 1935, quando o Barão de Itararé foi preso na onda de prisões que se seguiu à Intentona Comunista. Ele não era um comunista de carteirinha, mas dirigia o *Jornal do Povo*, controlado pelo Partido Comunista Brasileiro, o PCB, lançado em 7 de outubro daquele ano.

Na manhã de 19 de outubro, uma sexta-feira, o Barão de Itararé foi avisado, pelo telefone, de que a polícia estava recolhendo os exemplares do *Jornal do Povo* nas bancas da cidade. Saiu às pressas de casa, entrou no carro e só conseguiu rodar poucos metros. Foi interceptado por outro carro e sequestrado. Os sequestradores eram oficiais da Marinha, que há dias vinha enviando ameaças ao jornalista. O motivo: o plano de lançar um suplemento sobre o motim dos marinheiros em 1910. Passados 24 anos, a Revolta da Chibata ainda era tabu na Marinha.

O relato sobre o que aconteceu nas horas que o Barão esteve nas mãos dos sequestradores é da própria vítima. Seria o caso de olhar com prudência as afirmações sobre a coragem e a dignidade com que a vítima enfrentou seus algozes.

Os sequestradores queriam fazê-lo engolir uma página de jornal que trazia na pasta. "O nosso querido diretor" recusou-se, dizendo "Não estou com apetite". Foi chamado de covarde. Sentiu-se ofendido. Desafiou os sequestradores para um duelo, um de cada vez. Os assaltantes não toparam. A realidade é que o jornalista foi espancado e abandonado, quase nu e com o cabelo tosquiado, num canto ermo de Jacarepaguá. Os sequestradores também furaram os pneus de seu automóvel.

Na porta de entrada do escritório de *A Manha* havia uma placa: "Entre sem bater, mas não entre sem anunciar." O propósito era o de dar ao visitante a oportunidade de colaborar com um anúncio pago no jornal. Diz o folclore que, depois do sequestro, o Barão reduziu o enunciado a "Entre sem bater".

A onda de prisões em 1935 atingiu centenas de comunistas e simpatizantes.[6] Torelly foi trancafiado no Pedro I, o navio-presídio ancorado na baía da Guanabara. Foi ali que deixou crescer a barba, que se tornaria outra marca do Barão de Itararé. "Uma barba de Pedro II cultivada a bordo de Pedro I", explicou.

O humorista preso divertia os outros presos com piadas e palhaçadas. Correu o boato de que seriam transferidos para a Colônia Penal de Ilha Grande, cuja reputação era a de ser o cárcere dos infernos. O Barão fingiu animação com a possibilidade, pois sempre quisera "tomar banho com água de colônia".

A transferência saiu, mas para a Casa de Detenção, na Rua Frei Caneca. Centenas de presos políticos estavam amontados ali, entre eles figuras notáveis da educação e da cultura brasileiras. Praticamente entregues à própria sorte, eles podiam organizar o seu dia a dia, sem maior contato com os carcereiros. Em *Memórias do Cárcere*, o relato de sua experiência como preso político do regime de Getúlio Vargas, o alagoano Graciliano Ramos dedicou longo trecho ao Barão de Itararé, seu companheiro de infortúnio.[7] O escritor lembrou o alvoroço causado pelo anúncio da presença do humorista na Casa de Detenção:

"A chegada mais rumorosa foi a de Apporelly. Estávamos recolhidos, e a Rádio Libertadora, em meio do programa, comunicou o sucesso.

" – Fala o Barão, exigiram de vários cubículos.

"Sem demora, uma voz pastosa, hesitante, anunciou a teoria das duas hipóteses. Risos contagiosos interromperam com frequência a exposição. Consegui entende-la por alto. Otimista panglossiano, Apporelly sustentava que tudo ia muito bem. Fundava-se a demonstração no exame de um fato de que surgiam duas alternativas; excluía-se uma, desdobrava-se a segunda em outras duas; uma se eliminava, a outra se bipartia e assim por diante, numa cadeia comprida."[8]

No dia seguinte, no chuveiro, Graciliano percebeu alguém a declamar Camões aos berros. Era o Barão de Itararé. O escritor anotou que o humorista era baixo e hemiplégico. O defeito físico era sequela do derrame cerebral que ele sofrera em 1923, numa praia gaúcha. Quando começou a melhorar, o futuro barão tinha consultado três especialistas. O primeiro lhe deu dois anos de vida. O segundo também. O terceiro concordou com os colegas. Torelly somou os prognósticos e foi, todo contente, informar aos amigos: tinha seis anos de vida.

Na Casa de Detenção, Apporelly expôs a Graciliano o plano de aproveitar o ócio para escrever a biografia definitiva do Barão de Itararé. Seria um calhau de fôlego. Passou o tempo, e a obra nunca saiu. Graciliano concluiu que faltava ao humorista a disciplina necessária para a empreitada.[9]

O jornalista detestou o que leu a seu respeito em *Memórias do Cárcere*. Mas a publicação era póstuma, não havia como reclamar com o autor.

O Barão de Itararé foi solto em 21 de dezembro de 1936, duas semanas antes de Graciliano. Nenhum dos dois chegou a ser processado. Apporelly relançou *A Manha*, mas o semanário não resistiu ao sufoco da ditadura do Estado Novo. O "querido diretor" passou então a escrever uma coluna no *Diário de Notícias*. *A Manha* voltaria a circular com a redemocratização, em 1945.

Foi o período áureo do jornal. Chegou a vender espetaculares 60 mil exemplares por edição. Apporelly quase ficou rico como o barão de mentirinha. Se o dinheiro entrava, era porque o dono deixara a administração comercial nas mãos de um sócio, o jornalista-empresário Arnon de Melo, que viria a ser senador, magnata da imprensa em Alagoas e pai do presidente Fernando Collor de Melo.

Às vésperas da queda de Getúlio Vargas, *A Manha* cunhou outra expressão célebre para descrever o clima de boataria: "Além dos aviões de carreira, há qualquer coisa no ar."

Getúlio foi deposto por um golpe de Estado, o Partido Comunista Brasileiro foi legalizado e voltaram as eleições. Em 1947, o Barão candidatou-se a vereador no Distrito Federal pelo Partido Comunista, com o lema "Mais leite! Mais água! Mas menos água no leite!" Recebeu 3.669 votos, a oitavo maior votação do PCB, que havia conquistado 18 das 50 cadeiras da Câmara de Vereadores. A carreira de parlamentar foi curta. Em janeiro de 1948, os vereadores comunistas foram cassados. "Um dia é da caça... os outros da cassação", noticiou *A Manha*.

O Barão de Itararé foi um dos mais festejados jornalistas do Brasil nos anos 40. Isso era reconhecido pelo Dops, a polícia política, que o mantinha sob observação constante. Num relatório de 1945, o araponga o descreveu como "jornalista e escritor comunista, considerado, no momento, o príncipe do bom-humor nas rodas intelectuais do país". De barão de araque a "príncipe do bom-humor". Nada mal.

Mas a fase de bonança de *A Manha* foi minguando e o jornal deixou de circular em 1948. O Barão ainda tirou algumas edições entre 1950 e 1952 em São Paulo, para onde se mudara. Aí a publicação sumiu de vez.

O Barão do Itararé continuou a escrever nos anos 50, teve colunas em jornais de grande circulação, mas já não fazia rir como antes. Ele envelhecera e perdera a graça. O que antes era irreverência anárquica passara a ser apenas amargura. Não tinha guardado um vintém dos bons tempos. Amigos se mobilizaram e conseguiram que o governo Jango Goulart concedesse uma pensão ao Barão falido.

Seus amigos eram então os chineses de Mao Tsé-Tung. No início dos anos 60, passou 110 dias na China como convidado do governo. Na volta, fez parte da diretoria do Instituto Cultural Sino-Brasileira. Aí, veio o golpe de 1964. Nove chineses amigos do Barão foram presos e acusados de espionagem e de um complô para matar o governador Carlos Lacerda. Ficaram quase um ano na cadeia.

O velho jornalista foi chamado e prestou depoimento. A polícia, que andava a prender todo suspeito de esquerdismo, daquela vez não o quis atrás das grades. Nos anos seguintes, o Barão praticamente sumiu aos olhos do mundo. Tornou-se um senhor aposentado e frágil, ocupado com esoterismo e com a elaboração de mapas astrais. Os filhos cuidavam dele, que insistia em morar sozinho.

Em novembro de 1971 um amigo o encontrou morto em seu apartamento. Tinha 76 anos e só os mais velhos recordavam do tempo em que ele fazia rir o Brasil. O que o Barão, que foi tão espalhafatoso e extrovertido, teria dito do final discreto? Talvez repetisse uma de suas máximas:

"Sabendo levá-la, a vida é bem melhor do que a morte."

## Referências

1 O local de nascimento de Apparício Torelly é um mistério. Ele contava que sua mãe, que era uruguaia, quis ter o filho na fazenda do pai. No caminho, ela entrou em trabalho de parto e o menino acabou por nascer dentro de uma diligência, no meio do pampa uruguaio. "Uma das rodas partiu-se e houve um choque violento. Minha mãe levou um susto. Nada mais natural que eu saísse para ver o que estava acontecendo", nas palavras do humorista. De qualquer forma, Torelly foi batizado e registrado na cidade de Rio Grande, onde viviam seus pais.

2 As frases e textos de Apporelly citados neste capítulo foram extraídas de *Máximas e Mínimas do Barão de Itararé*, coletânea organizada por Afonso Félix de Sousa, Editora Record, 2ª ed., 1985.

3 Uma série de tragédias envolve as mulheres da vida de ApparícioTorelly. Começou com sua mãe, Maria Amélia, que se suicidou aos 18 anos, em 1897. A primeira mulher, de quem se separou,não quis criar os filhos do casal. Essa tarefa ficou por conta da sogra. Ela foi a segunda mulher e o grande amor de Torelly, e morreu em 1935, de câncer. A terceira, Juracy, com quem ele teve um filho, morreu em 1939, vítima de leucemia. A filha Ady morreu aos 19 anos, em 1944. Finalmente, a última companheira,

Aída, morreu em 1965. Informações tiradas de Claudio Figueiredo,*Entre Sem Bater – A vida de Apparício Torelly, o Barão de Itararé*, Casa da Palavra, 2012.

4 O subtítulo "Órgão de ataque...de riso" já tinha sido usado em O Chico, jornal de deboche publicado por Apporelly em Porto Alegre.

5 Cláudio Figueiredo, *Entre Sem Bater – A vida de Apparício Torelly, o Barão de Itararé*, Casa da Palavra, 2012. Os dados biográficos e os episódios da carreira do Barão de Itararémencionados neste capítulo são fartamente baseados nas excelentes informações reunidas por Cláudio Figueiredo nesta biografia do Barão de Itararé.

6 Estima-se que mais de 7 mil pessoas foram presas em 1935, entre elas alguns dos mais eminentes intelectuais e políticos do Brasil. Para colocar tanta gente atrás das grades, o governo Vargas converteu em prisão o navio *Pedro I*, a fábrica Maria Zélia em São Paulo, e reativou os cárceres de Fernando Noronha e da Ilha Grande. Um dos presos que conviveu com o Barão de Itararé foi o jurista Hermes de Lima, que seria primeiro-ministro e presidente do Supremo Tribunal Federal. São as voltas que a política brasileira deu, pois em 1935 o STF ficou encarregado de julgar os presos por subversão e condenou 1.420 deles. (Darcy Ribeiro, Aos Trancos e Barrancos, Editora Guanabara, 1985).

7 Graciliano Ramos, *Memórias do Cárcere.* O original do livro, um calhamaço de mais de 600 páginas publicado em 1953, ano da morte do escritor, foi submetido crivo do Partido Comunista e censurado com severidade. Os trechos suprimidos nunca foram revelados.

8 A teoria das duas hipóteses, descrita em *Memórias do Cárcere*:

"Apporelly sustentava que tudo ia muito bem. Fundava-se a demonstração no exame de um fato de que surgiam duas alternativas; excluía-se uma, desdobrava-se a segunda em outras duas; uma se eliminava, a outra se bipartia, e assim por diante, numa cadeia comprida. Ali onde vivíamos, Apporelly afirmava, utilizando o seu método, que não havia motivo para receio.Que nos poderia acontecer? Seríamos postos em liberdade ou continuaríamos presos. Se nos soltassem, bem: era o que desejávamos. Se ficássemos na prisão, deixar-nos-iam sem processo ou com processo. Se não nos processassem, bem: à falta de provas, cedo ou tarde nos mandariam embora. Se, nos processassem, seríamos julgados, absolvidos ou condenados. Se nos absolvessem, bem: nada melhor, esperávamos. Se nos condenassem, dar-nos-iam pena leve ou pena grande. Se se contentassem com a pena leve, muito bem: descansaríamos algum tempo sustentados pelo governo, depois iríamos para a rua. Se nos arrumassem pena dura, seríamos anistiados, ou não seríamos. Se fôssemos anistiados, excelente: era como se não houvesse condenação. Se não nos anistiassem, cumpriríamos a sentença ou morreríamos. Se cumpríssemos a sentença, magnífico: voltaríamos para casa. Se morrêssemos, iríamos para o céu ou para o inferno. Se fôssemos para o céu, ótimo: era a suprema aspiração de cada um. E se fôssemos para o inferno? A cadeia findava aí. Realmente ignorávamos o que nos sucederia se fôssemos para o inferno. Mas ainda assim não convinha alarmarmo-nos, pois essa desgraça poderia chegar a qualquer pessoa, na Casa de Detenção ou fora dela."

9 "Ao fundo, Apporelly arrumava cartas sobre uma pequena mesa redonda, entranhado numa infinita paciência. Avizinhei-me dele, pedi notícias do livro que me anunciara antes: a biografia do Barão de Itararé. Como ia esse ilustre fidalgo? A narrativa ainda não começara, as glórias do senhor barão conservavam-se espalhadas no jornal. Ficariam assim, com certeza: o panegirista não se decidia a pôr em ordem os feitos no notável personagem". In: *Memórias do Cárcere.*

LE BRÉSIL N'EST PAS UN PAYS SÉRIEUX.

Charles de Gaulle

A célebre frase ficaria mais divertida e perspicaz na boca do general Charles de Gaulle. Apesar de popularmente atribuída ao presidente francês, infelizmente, a frase não é dele. A autoria é de Carlos Alves de Souza Filho, embaixador em Paris entre 1956 e 1964 e genro do presidente Artur Bernardes. Em suas memórias,[1] o embaixador descreveu as circunstâncias que o levaram a pronunciar julgamento tão severo a respeito do país que representava numa das grandes capitais da Europa.

Tudo começou com a convocação para Souza Filho comparecer ao palácio do Eliseu e tratar da Guerra da Lagosta diretamente com o presidente de Gaulle. O conflito pesqueiro entre o Brasil e a França estava então no auge. O encontro ocorreu na tarde de 23 de fevereiro de 1963, sábado de Carnaval, e o diplomata brasileiro sentia-se desconfortável. Por dever de ofício cabia-lhe defender a posição brasileira, com a qual não concordava. Aos olhos do embaixador, ele escreveu em suas memórias, o Brasil adotara atitude "ridícula", demonstração clara da "leviandade de nossos governantes".

De Gaulle recebeu o embaixador brasileiro em seu escritório, com um bloco de notas à mão, e pediu a ele que se sentasse à sua frente. Souza Filho era um diplomata à vontade com a faceta cerimonial de sua profissão, hábil na missão de ciceronear visitantes ilustres. Faltava-lhe, contudo, preparo e temperamento para negociar um conflito envolvendo a mobilização de tropas e canhoneiras. Pode-se imaginar sua solidão no salão enorme, de paredes decoradas com frisos dourados. Souza Filho era um homem miúdo. O general De Gaulle tinha 1,93 metro de altura, estatura psicologicamente aumentada – é o diplomata brasileiro quem o diz em suas memórias – devido ao "hábito de misturar sua extraordinária e real personalidade com a própria França".

Souza Filho confessou ter sido esmagado pelos argumentos do presidente francês, que demonstrou conhecer o assunto a fundo. "Tudo o que ele disse era a verdade nua e crua", rendeu-se o embaixador. Se tivesse autoridade para tanto, não é de duvidar que entregasse os crustáceos aos franceses ali mesmo, de bandeja.

À noite, o chefe da missão brasileira compareceu a uma recepção na casa do presidente da Assembleia Nacional, Jacques Chaban-Delmas. Seu estado de ânimo era sombrio ao encontrar Luís Edgar de Andrade, correspondente do *Jornal do Brasil* em Paris, com quem mantinha bom relacionamento. O jornalista, que mais tarde seria editor-chefe da TV Globo, insistiu em saber detalhes do *tête-a-tête* com o presidente francês. O diplomata então desabafou. Queixou-se do sensacionalismo da imprensa brasileira, da marchinha carnavalesca *A Lagosta é Nossa,* de Moreira da Silva, das caricaturas de de Gaulle que a embaixada francesa cuidava de enviar para o palácio Eliseu e que irritavam o general. Souza Filho acabou a conversa com a frase "Luís Edgar, *Le Brésil n'est pas um pays sérieux*". Assim mesmo, em francês.

Como a citação terminou por ser atribuída a De Gaulle? Souza Filho supunha que Luís Edgar tenha telegrafado ao jornal sem deixar clara a autoria da frase, se o embaixador brasileiro ou o presidente francês. "A história é cheia desses equívocos", concluiu filosoficamente em suas memórias. Quando o livro chegou às livrarias, Luís Edgar de Andrade disse à revista *Veja* só lembrar vagamente do episódio, ocorrido duas décadas antes.

O fato é que a frase pegou. Está sempre a mão para ser usada em momentos de autoflagelação nacional.

Cinco anos depois da publicação das memórias do embaixador, outro presidente francês, o socialista François Mitterrand, veio ao Brasil. Foi recebido com festa e simpatia. Isso não impediu que a frase pairasse como assombração sobre o visitante. Em Brasília, na primeira entrevista coletiva, perguntaram se ele tinha a intenção de contradizer De Gaulle. Mitterrand desconversou, falou não acreditar que o general tivesse dito aquilo.

A questão voltou a atropelá-lo mais tarde, num encontro com artistas e intelectuais na Granja do Torto, onde Mitterrand estava hospedado. Foi salvo do constrangimento pelo escritor Jorge Amado, um dos presentes, que se saiu com uma revisão deliciosa da citação original. "O Brasil é sério, embora um pouco surrealista", disse o escritor.

Não se deve colocar palavras na boca do presidente da França. Ou ele disse, ou ele não disse. É grande, devemos admitir, a possibilidade de ambos, o embaixador e o escritor, terem traduzido, com perspicácia, o que De Gaulle realmente pensava do Brasil.

## Referências

1 Carlos Alves de Souza Filho, *Um embaixador em tempos de crise*, Livraria Francisco Alves Editora, 1979.

ERA UMA VEZ UM REINO SITUADO NUM LONGÍNQUO
RINCÃO A MEIO CAMINHO ENTRE O OCIDENTE
E O ORIENTE, DENOMINADO BELÍNDIA.

Edmar Bacha

No ocaso do governo do general Emílio Médici e do milagre econômico, o economista Edmar Bacha publicou no tabloide *Opinião* uma fábula destinada a demonstrar que a prosperidade daqueles anos de euforia não produzira melhoria na distribuição de renda no Brasil. *Opinião* era uma publicação esquerdista, a mais influente da chamada imprensa alternativa. Bacha sempre gostou de recorrer a alegorias para facilitar a compreensão de seus textos sobre economia. Em 1973, tempo de censura, a linguagem ambígua era uma estratégia de autopreservação.

Belíndia, o país inventado por Bacha, era a ilha dos contrastes. Num mesmo território, uma minoria desfrutava de um padrão de desenvolvimento similar ao encontrado na Bélgica, enquanto a maior parte da população vivia tão miseravelmente quanto um indiano. A repercussão e a influência do texto foram enormes. O termo incorporou-se à linguagem brasileira como a metáfora que melhor definia a injustiça social do Brasil.

A contribuição de Edmar Bacha ao debate econômico não ficou no neologismo. Mineiro de Lambari, filho de um imigrante libanês, ele foi um dos primeiros economistas brasileiros a polir sua expertise com doutorado em Yale, nos Estados Unidos. Ele participou da equipe formuladora do Plano Real, aquele que fulminou a inflação em 1994. A desvalorização do dinheiro era o principal motor da desigualdade de renda. Há quem diga que Bacha é o verdadeiro pai do real. Uma década antes, ele tinha visto de perto o fiasco do Plano Cruzado. Bacha era presidente do IBGE e deixou o cargo em protesto contra a manipulação dos índices de preços feita pelo governo José Sarney.

Os dados estatísticos expressos no neologismo Belíndia eram assustadores: os 10% mais ricos da população brasileira detinham 40% da renda total. E ficaram ainda piores. Dez anos depois, esse porcentual subiu para 47%. Em 1980, chegou a 48%. A parcela da renda nas mãos dos 10% mais pobres, em contrapartida, caiu de 2% em 1960, para um mísero 1% nas décadas seguintes. A ditadura militar legou uma das nações mais desiguais do mundo, cujos 10% mais ricos na divisão dos rendimentos ganhavam cinquenta vezes o valor obtido pelos 10% mais pobres.[1]

Os brasileiros vivem em busca de teorias que esclareçam porque o Brasil é do jeito que é. A fábula de Bacha não era, nem Bacha pretendeu que fosse, uma explicação abrangente da realidade brasileira, obviamente muito mais complexa. Sua atração estava na originalidade e simplicidade da fórmula.

Dali em diante, usando o mesmo figurino, mas variando nos critérios, tornou-se corriqueira a invenção de países estatísticos. Em 1995, Delfim Neto, o ministro da ditadura que queria crescer o bolo da renda antes de distribuir as fatias (e por esse motivo é o vilão oculto na fábula da Belíndia), produziu Ingana: o Brasil cobrava impostos como a Inglaterra e prestava serviços como Gana.

Dois anos depois, o economista Cláudio de Moura Castro lançou mão de um critério mais moderno —o Índice de Desenvolvimento Humano (IDH), baseado na esperança de vida, alfabetização, escolaridade e renda *per capita* — para imaginar panoramas regionais. Ele tratou cada estado brasileiro como se fosse um país e aplicou neles a fórmula do IDH, visando identificar as Bélgicas e Índias[2]. Surgiu daí uma Coríndia (Coreia + Índia), faltando muito para ser uma Bélgica. Enquanto o Rio Grande do Sul estava no confortável patamar da Coreia, a Paraíba era uma Índia. São Paulo, a locomotiva do Brasil, do qual se imaginaria situação melhor, comparava-se então à Rússia e à Polônia, países sufocados pelo comunismo. Refeita a analogia com os índices do IDH de 2012, nosso melhor representante, o Distrito Federal, é igual à Itália. Alagoas, no fundo do poço, está pouca coisa pior que o Suriname. Um Itaname?

O Brasil evoluiu para melhor desde o tempo de Belíndia. A democracia se consolidou e a estabilidade monetária que Bacha ajudou a criar com o Plano Real, somada a programas sociais, alteraram a dinâmica da concentração de renda. Entre 2001 e 2011, a renda dos 10% mais pobres avançou 91%, ao passo que a dos 10% mais ricos aumentou apenas 17%. A redução da disparidade social não foi suficiente para tirar o Brasil de posição desconfortável no ranking da desigualdade de renda.Quatro décadas depois da Belíndia, o topo superior da população brasileira fica com 39% do bolo da renda. Para ficar na comparação clássica, na Índia esse índice é de 31% e na Bélgica, de 28%.

## Referências


1 Giuliano Guandalini, "A Belíndia revisitada", Revista *Veja*, 10/10/2012.

2 Cláudio de Moura Castro, "Afinal que país é este? Belíndia ou Coríndia?", Revista *Veja*, 03/12/1997.

BAIONETA NÃO É VOTO.
CACHORRO NÃO É URNA!

Ulysses Guimarães

Como Ulisses de Homero, o deputado Ulysses Guimarães viveu uma epopeia – a da luta pela democracia. Ela terminou em 12 de outubro de 1992, com a queda no mar do helicóptero em que ele viajava. Todas as cinco pessoas a bordo morreram.[1] O Brasil deu-se conta então, em estado de choque, que perdia uma raríssima âncora moral. Por décadas, Ulysses havia sido o político mais respeitado do país.

Que outro deputado teria, ou terá agora, a autoridade para explicar o combate à corrupção com a clareza cristalina que Ulysses fez no discurso de promulgação da Constituinte, em 1988:

"Não roubar, não deixar roubar, pôr na cadeia quem rouba. Eis o primeiro mandamento da moral pública."

Sua longa trajetória política foi a confirmação da máxima "o homem é o homem e a sua circunstância", formulada pelo filósofo espanhol José Ortega y Gasset.

Ulysses Silveira Guimarães nasceu em Rio Claro, a 190 quilômetros da capital paulista, em 1916. Viveu, portanto, 76 anos. Eleito por onze mandatos consecutivos, ele foi deputado federal por 45 anos. Em 1964, apoiou o golpe militar. Até participou, com outros parlamentares, da redação de uma proposta de Ato Institucional. Os generais preferiram o texto encomendo a outro redator. Por um triz, Ulysses escapou de carregar esse pecado pela vida a fora.

As circunstâncias, então, o lançaram no olho do furacão. Ulysses rapidamente entendeu que os militares não estavam interessados em democracia nem iriam devolver o poder aos civis. Em outubro de 1965, quando o AI-2 extinguiu os partidos políticos e estabeleceu a eleição indireta do presidente da República, ele já era uma voz a clamar por democracia. Na camisa de força do bipartidarismo, coube a ele a missão de transformar o Movimento Democrático Brasileiro, o MDB, pífio partido de oposição autorizado pelos militares, numa organização heroica, capaz de galvanizar as esperanças de democracia nas duas décadas seguintes.

O regime dos generais foi uma sucessão de golpes dentro do golpe. Em 1969, veio o AI-5. No ano seguinte, o presidente Costa e Silva morreu e assumiu uma junta militar. Foi Ulysses quem deu a seus integrantes o apelido de "os três patetas". O sucessor de Costa e Silva, por decisão dos quartéis, foi o general Emílio Garrastazu Médici, comandante do III Exército. O mais sinistro dos presidentes militares, Médici foi também o mais popular. A tortura corria solta nos porões, mas os brasileiros estavam encantados com o milagre econômico e a conquista da Copa do Mundo de 1970, no México.[2]

O MDB penava na travessia do deserto. Em 1974, dos 21 senadores e 140 deputados iniciais restavam sete senadores e 87 deputados. Na presidência do partido, Ulysses decidiu que era a hora de se lançar candidato à sucessão presidencial, levando a oposição às ruas. Ele não tinha ilusões. Sabia que a disputa no Colégio Eleitoral era um jogo de cartas marcadas, cujo placar estava previamente decido. Ninguém melhor que ele próprio para explicar a situação:

> O paradoxo é o signo da presente sucessão presidencial brasileira. Na situação, o anunciado como candidato em verdade é o presidente. Não aguarda eleição e sim a posse. Na oposição também não há candidato, pois não pode haver candidato a lugar de antemão provido.

Essa era a farsa que o presidente do MDB se dispunha a denunciar percorrendo o país como anticandidato. Não havia chance de ser eleito no Colégio Eleitoral. Venceu Ernesto Geisel, o candidato do regime. A semente plantada pela campanha simbólica, ainda assim, produziu espetacular colheita nas eleições legislativas de novembro de 1974. O eleitor aplicou memorável surra na Arena.

O MDB conquistou 161 das 364 cadeiras em disputa na Câmara Federal e fez 16 senadores contra quatro da Arena. Faltava ao partido da ditadura a maioria de dois terços, condição necessária para a aprovação de qualquer emenda constitucional. Era o pior dos mundos para Geisel. O presidente sabia que qualquer projeto de reforma a partir de então precisaria ser negociado com o MDB – e haveria um preço a pagar.

Atordoado, o regime recorreu a novos casuísmos, como o Pacote de Abril, criador da esdrúxula figura do senador biônico, para garantir sua maioria no Congresso. A ditadura dispunha da dócil Arena, das leis de exceção e de suas tropas e tanques. Mas as urnas tinham mudado para sempre a dinâmica do jogo.

Em 1978, Ulysses e outros parlamentares do MDB acharam boa ideia apoiar a candidatura de um militar – o general Euler Bentes Monteiro – disposto a enfrentar no Colégio Eleitoral João Baptista Figueiredo, o escolhido por Geisel. O nome fora sugerido por dissidente do regime militar, o general Hugo Abreu, e um dos principais articuladores era Severo Gomes, o amigo que morreria com ele no acidente em 1992.[3] Figueiredo venceu Euler no Colégio Eleitoral por 355 a 226 votos.

Ulysses sabia que o fiasco da candidatura Euler era certo e inevitável. O que ele fez foi aproveitar a movimentação para mergulhar fundo na campanha de deputados e senadores que seriam eleitos em novembro de 1978. No dia 13 de maio, foi a Salvador para um comício do MDB e se viu cercado por fuzis e cães da Polícia Militar. O deputado enfrentou o cerco policial aos gritos de "respeitem o presidente da oposição". E fez, de improviso, um de seus mais indignados discursos, do qual a frase final é a mais lembrada:

"Baioneta não é voto, cachorro não é urna!"

Cachorro não é urna? Não faz lá muito sentido. Mas no contexto da luta contra a ditadura todo mundo entendeu do que ele estava falando.

Em agosto de 1979, o presidente João Figueiredo assinou a lei da anistia, privando a oposição de uma de suas grandes bandeiras. Ulysses desaprovou porque não fora "ampla e irrestrita" da forma que ele defendia. "Anistia é esquecimento", protestou. "E anistia com restrições é injustiça." Em novembro, veio um golpe ainda mais demolidor para o líder da oposição: a extinção do bipartidarismo. No MDB, com o nome trocado para PMDB, ouviam-se juras de manter a união – mas isso não aconteceu. Pipocaram novas agremiações, entre elas o Partido dos Trabalhadores, roubando deputados e eleitores da agremiação que Ulysses continuava a presidir.

O bom desempenho da oposição nas eleições de novembro de 1982 fez crescer a mobilização em torno da volta à eleição direta do presidente da República. A mudança estava prevista numa emenda constitucional apresentada por Dante de Oliveira, deputado pelo PMDB do Mato Grosso, prestes a ser votada pela Câmara. Aos poucos, a campanha das Diretas Já tomou conta das ruas. Ulysses, um de seus principais animadores, parecia estar em todas as manifestações. A imprensa o chamava de "Senhor Diretas".

O movimento pelas Diretas Já foi além dos limites partidários, convertendo-se em unanimidade nacional. Numa pesquisa do Ibope, 86% dos entrevistados se manifestaram favoráveis à escolha do presidente pelo voto popular. Em 10 de abril de 1984, uma manifestação reuniu 1 milhão de pessoas no Rio de Janeiro. A maior concentração popular da história da cidade. Seis dias depois foi a vez de São Paulo bater o recorde, com 1,5 milhão de manifestantes no Vale do Anhangabaú. Nada disso impediu que, no dia 25, a Emenda fosse derrotada no Congresso.[4]

Uma vitória vazia, pois a ditadura estrebuchava. O candidato da oposição, Tancredo Neves, foi eleito pelo Colégio Eleitoral em 15 de janeiro de 1985, mas morreu antes da posse. Criou-se um impasse. Pelas normas, deveria assumir o presidente da Câmara, Ulysses Guimarães, e não o vice-presidente eleito, José Sarney. Ulysses preferiu entregar o cargo a Sarney. Presidente da Câmara e do PMDB, partido que detinha 80% dos ministérios e a maioria dos parlamentares, ele tornou-se o homem forte da Nova República. Na condição de presidente da Câmara, ocupou interinamente por 19 vezes a presidente da República. Era pouco. Ulysses queria a faixa presidencial.

Nas palavras de Luís Gutemberg, um de seus biógrafos, Ulysses "de olho em seu projeto pessoal de eleger-se presidente da República (...) alteraria os humores da sua relação com o novo presidente. Ora confiava, ora desconfiava da solidariedade de Sarney; ora apostava, ora desacreditava na vantagem do apoio de Sarney para sucedê-lo; ora procurava desarmar, ora se rendia aos inimigos de Sarney".[5]

Ulysses presidiu a Assembleia Nacional Constituinte. Era sua oportunidade de deixar seu nome escrito em letras maiúsculas na História. Ele mesmo explicou, em seu estilo às vezes rebuscado pela hipérbole:

"Político, sou caçador de nuvens. Já fui caçado por tempestades. Uma delas, benfazeja, me colocou no topo desta montanha de sonho e de glória".[6]

Dedicou-se à tarefa com o vigor de um jovem.[7] A promulgação da Constituição cidadã, em 5 de outubro de 1988, foi o ápice de sua longuíssima carreira. Até seus detratores admitem que sem a sua liderança a conclusão do texto teria se arrastado por meses, talvez anos. Não é o caso aqui de jogar em suas costas os despropósitos que constam da Carta. O "direito a vida" que é garantido aos idosos, por exemplo, que pressupõe o dom estatal de conceder imortalidade. O anteprojeto da Constituição, que Ulysses cuidou de filtrar, era ainda pior.[8]

Por sorte, boa parte do texto constitucional permanece letra morta – e não se sabe até que ponto se se deve ao providencial dedo de Ulysses. Mais de um terço dos 351 dispositivos da Carta requerem legislações complementares, que ainda não foram produzidas. Um bom exemplo é o teto de 12% para os juros. O economista Eduardo Giannetti já escreveu que, se tivesse sido regulamentada, a regra teria impedido o Plano Real e o controle da inflação.[9]

Nas eleições de 1989, a primeira por voto direto desde o presidente Jânio Quadros, em 1960, Ulysses acreditou ter chegado a sua vez. Era o único a pensar assim. O próprio PMBD, que não acreditou que sua candidatura tivesse chances, fez corpo mole. O estilo arcaico do deputado já não era páreo para enfrentar as novas figuras da política nacional, que atraíam o eleitorado com a esperança da renovação. Para piorar, a figura de Ulysses era associada ao governo Sarney, que se esgotara na impopularidade, na corrupção e na hiperinflação. O próprio deputado admitiu sentir o peso:

"O Sarney é uma tatuagem que eu trago e de que não consigo me livrar. Por mais que eu lave, não sai."

As eleições foram vencidas por um aventureiro, Fernando Collor de Mello, com 49,94% dos votos. Lula chegou em segundo lugar, com 44,23%. Ulysses, que obteve 4,43%, amargou a humilhante sétima posição. Iniciou-se ali um período pessoal conturbado, em que o tribuno cedeu ao estresse, adoeceu. Por um tempo oscilou entre a euforia e a depressão e precisou de tratamento médico.

O escândalo de corrupção envolvendo o presidente Collor, em 1992, trouxe o velho guerreiro de volta à luta. Parecia revigorado, cheio de planos. Entrevistado, mostrou-se cauteloso no encaminhamento da crise.

"Impeachment não é melhoral, que é melhor e não faz mal. Nem cafiaspirina, que serve para tudo, até para o coração", ponderou. "Diante de denúncias desse tipo, que implicam crime de responsabilidade do presidente da República, é preciso prudência. Essas coisas, a gente sabe como começam, mas não sabe como terminam. Se querem atingir o Palácio do Planalto, cuidado, porque podem errar o alvo e atingir a República."

Doze de outubro de 1992 foi uma segunda-feira, feriado nacional de Nossa Senhora Aparecida, a padroeira do Brasil. Ulysses e Severo Gomes, acompanhados das esposas, retornavam de um fim de semana em Angra dos Reis, no litoral do Rio de Janeiro, com destino a São Paulo. Apesar do mau tempo, que recomendava o adiamento do voo, Ulysses insistiu em partir. O helicóptero voou 30 minutos e desapareceu no mar.

Das cinco pessoas a bordo, só o corpo de Ulysses não foi encontrado.

# Referências

1 Morreram no acidente Ulysses Guimarães, sua esposa Mora, o ex-ministro e ex-senador Severo Gomes e sua esposa, Anna Maria Henriqueta, e o piloto do helicóptero.

2 Entre 1968 e 1973, o PIB cresceu à taxa média de 10%, enquanto a inflação oscilou entre 15% e 20%.

3 Severo Gomes, ministro da Agricultura do governo Castelo Branco e da Indústria e do Comércio do governo Geisel, rompera com o regime militar em 1977. Dois anos depois ele se filiou ao MDB e tornou-se um dos grandes amigos de Ulysses. Foi senador pelo PMDB de São Paulo entre 1983 e 1991.

4 A Emenda das Diretas recebeu 298 votos a favor e 65 contra, com três abstenções. A ausência de 113 deputados do plenário tornou impossível atingir o quórum de dois terços exigidos para mudar o texto constitucional.

5 Luis Gutemberg, *Moisés, codinome Ulysses Guimarães, um biografia*. Companhia das Letras.

6 Discurso de promulgação da nova Constituição brasileira, em 5 de outubro de 1988.

7 Ulysses fez o seguinte balanço de seu trabalho na presidência da Assembleia Constituinte: "Sentei por 9 mil horas nesta cadeira, em 320 sessões. Somadas dá 17 horas diárias de labor, incluindo fins de semana e feriados".

8 No balanço que fez no discurso da promulgação da Constituinte, Ulysses diz ter apreciado 61.020 emendas apresentadas por constituintes, além de 122 emendas populares, algumas respaldadas por mais de 1 milhão de assinaturas.

9 *Veja* 2340, setembro de 2013.

# De golpistas e ditadores

O POVO ASSISTIU ÀQUILO BESTIFICADO, ATÔNITO, SURPRESO, SEM CONHECER O QUE SIGNIFICAVA. MUITOS ACREDITARAM SERIAMENTE ESTAR VENDO UMA PARADA.

Aristides Lobo

Deodoro da Fonseca estava de cama, com febre alta e falta de ar, quando vieram chamá-lo na manhã de 15 de novembro de 1889. Dona Mariana, sua mulher, não queria deixá-lo sair de casa. Ele sofrera uma crise de asma e o médico recomendara repouso. Deodoro saiu assim mesmo, contrariando os dois, pois assumira o compromisso de derrubar a monarquia naquele dia.

O velho marechal vestiu a farda, mas estava fraco demais para montar a cavalo. Seguiu de carruagem para o campo de Santana, onde cerca de 600 militares o aguardavam diante do quartel-general do Exército. Só então ele montou no cavalo baio, compondo a figura hirsuta que se vê nas ilustrações patrióticas.

Às nove horas, o marechal entrou no prédio, onde foi recebido pelo presidente do Conselho de Ministros, visconde de Ouro Preto. Deodoro falou-lhe da alma amargurada pelos sofrimentos passados como capitão na Guerra do Paraguai e se queixou das perseguições do governo ao Exército. Por fim, avisou que o ministério estava destituído. Como não tocou na questão do regime, ficaram todos em dúvida.

O desfile de tropas que o Rio de Janeiro assistia era ou não a proclamação da República? Deodoro teria dado um "viva" ao imperador ao entrar no quartel-general. Ou teria sido ao sair?[1]

À tarde, no escuro como os demais, o major Benjamin Constant, chefe dos conspiradores republicanos, comunicou a seus partidários civis que a República não tinha sido proclamada e pediu a eles que agitassem as ruas.

Avisado em Petrópolis, Dom Pedro II retornou às pressas ao Rio, na madrugada, de trem, sem dar crédito às notícias da queda do regime. Pensava debelar a crise com a convocação de um novo gabinete. O marechal, por sua vez, foi para casa e dormiu o resto do dia. Só à noite, ao saber que o nome indicado para chefiar o novo ministério era o de um desafeto seu, o senador Gaspar da Silveira Martins, ele decidiu que, afinal de contas, havia proclamado a República.[2]

Faltou coragem a Deodoro para dizer isso pessoalmente ao imperador. Eram amigos e, explicou, acabariam os dois por chorar. A velha amizade não impediu que, em carta enviada no dia seguinte, estabelecesse o exíguo prazo de 24 horas para o cidadão Pedro de Alcântara abandonar o Brasil com a família.

Ainda espanta a passividade do imperador diante do golpe. O governo imperial estava bem informado sobre o andamento da conspiração nos quartéis. Mas o imperador nada fizera para defender seu trono. No dia 15 de novembro, havia dois mil soldados leais à monarquia de prontidão nos fundos do quartel-general, mas ninguém deu a ordem de resistir.

O único a enfrentar o golpe militar foi o Barão de Ladário, ministro da Marinha. Ao receber ordem de prisão da escolta de Deodoro, Ladário puxou do revólver, que negou fogo. Ferido pela soldadesca com quatro balaços, sem gravidade, o barão foi colocado em um bonde para receber cuidados médicos em casa.

A geração de Duque de Caxias fora legalista. Quando entrava para a política, o militar tinha a decência de antes despir a farda. Os oficiais jovens do final do século XIX eram de outra laia.

A única lealdade era com a corporação. Não queriam saber de continuar a receber ordens de *casacas*, como chamavam os políticos. Na Escola Militar, o major Benjamin Constant, guru do positivismo, fazia a cabeça dos cadetes. Essa corrente filosófica criada pelo francês August Comte na primeira metade do século XIX era incendiária nas circunstâncias nacionais, pois se opunha à escravidão e defendia a República.

Leal ao imperador por toda a vida, Deodoro aderiu à conspiração às vésperas do golpe. Ele foi convencido por Constant de que o governo urdia o maquiavélico plano de retirar o Exército do Rio de Janeiro, fortalecendo a guarda nacional e a polícia. A única reunião entre os conspiradores militares e os republicanos civis ocorreu na casa do marechal, em 11 de novembro. O golpe estava marcado para o dia 17, mas alguns oficiais o precipitaram ao espalhar pelos quartéis o boato de que o governo iria prender Deodoro e Constant.

A República nasceu assim. Tropas na rua, zero de participação popular, resistência nula. "O povo assistiu àquilo bestificado, atônito, surpreso, sem conhecer o que significava. Muitos acreditaram seriamente estar vendo uma parada", escreveu no calor do momento o jornalista Aristides Lobo, no *Diário Popular*.[3] Republicano histórico, Lobo foi nomeado ministro do Interior do governo provisório.

Deodoro não tinha paciência para o jogo político de uma democracia. Essa durou, na melhor das hipóteses, um mês. A censura à imprensa, vale lembrar, foi imposta já no dia seguinte ao golpe. Deodoro comandou o governo provisório e, a seguir, foi nomeado presidente pela Assembleia Constituinte. Meses depois, ele dissolveu o Congresso Nacional. Por fim, em novembro de 1891, abalado pela balbúrdia, renunciou em favor do vice, Floriano Peixoto.

O novo presidente, líder da facção republicana conhecida como "os jacobinos", tinha mão pesada. Apertou o parafuso da ditadura, usou da força para depor governos estaduais e esmagou com crueldade rebeliões na Armada e em alguns estados. Ganhou a alcunha pouco lisonjeira de "Marechal de Ferro".

No alvorecer do século XX, o Brasil convertera-se em república bananeira: assassinatos políticos, tribunais de exceção, imprensa censurada, golpes e contragolpes, revoltas populares, greves, quarteladas e guerra civil. O primeiro presidente civil, Prudente de Morais, assumiu em 1894. A estabilidade constitucional veio aos poucos, só se consolidando na década seguinte.

Deodoro da Fonseca e Benjamin Constant não chegaram a ver o melhor cenário. Morreram os dois em 1892, no auge da baderna.

## Referências:

1 José Murilo de Carvalho. *A formação das almas*. São Paulo: Companhia das Letras, 1990.

2 O pivô da rivalidade entre Deodoro da Fonseca e Gaspar da Silveira Martins foi uma bela viúva gaúcha, a Baronesa de Triunfo. A disputa amorosa, que o marechal perdeu para o senador, está no livro *1889*, de Laurentino Gomes, Globo Livros, 2013.

3 O artigo foi escrito por Aristides Lobo em 15 de Novembro de 1889 e publicado três dias depois.

O AMOR POR PRINCÍPIO E A ORDEM POR BASE, O PROGRESSO POR META.

Auguste Comte

Vitorioso o golpe republicano, a questão tornou-se inevitável: o que fazer com a família real? Alguns exaltados sugeriram fuzilar todos eles, até as crianças, para evitar futuras reivindicações monarquistas. Deodoro rejeitou a proposta, indignado. Ficou decidido enviá-la para o exílio. Isso foi feito às pressas, com um tenente-coronel batendo à porta do palácio na madrugada de domingo, dia 17 de novembro.

O grupo familiar – Dom Pedro, a imperatriz Teresa Cristina, a princesa Isabel, seu marido, o conde d'Eu, e o neto mais velho do monarca deposto, Pedro Augusto, de 23 anos – foi conduzido ao cais Pharoux e embarcado no cruzador *Parnaíba*. Já a bordo, eles esperaram pela chegada dos três filhos pequenos de Isabel, que vinham de Petrópolis sob escolta militar. Só à tarde, a família foi transferida para o *Alagoas*, vapor de passageiros que a levou à França.

Neste meio tempo surgiu, entre os militares, uma questão de última hora: sob que bandeira viajaria o imperador para o exílio? Devido ao escudo imperial visível bem no centro do losango não parecia adequado hastear o pavilhão verde-amarelo desenhado por Jean-Baptista Debret e que até o dia 15 de novembro era reverenciado como símbolo nacional. A proclamação da República fora improvisada, sem que alguém tivesse pensado nos símbolos do novo regime. Uma costureira foi convocada às pressas para costurar a nova bandeira, que saiu uma cópia descarada da dos Estados Unidos, com listas horizontais verdes e amarelas. Esse pavilhão foi hasteado no *Parnaíba* e depois transferido para o *Alagoas*.

Quatro dias mais tarde, a bandeira voltou a ser a antiga. Houve apenas a substituição do escudo imperial pelo círculo azul com as estrelas do hemisfério sul, atravessado pela faixa com os dizeres "Ordem e Progresso" em letras verdes. A frase é inspirada no mote do Positivismo, em voga entre os militares brasileiros: "O amor por princípio e a ordem por base, o progresso por meta." Da filosofia do francês Auguste Comte, portanto, os novos donos do poder descartaram o amor.

Com a queda da monarquia, ficou abolido também o hino nacional de Francisco Manuel da Silva. O governo provisório promoveu um concurso para escolher um novo. Venceu Leopoldo Miguez, com o Hino da Proclamação da República. O compositor foi nomeado diretor do Instituto Nacional de Música, criado em janeiro de 1890. Seu hino, porém, nunca foi oficializado. O escritor Humberto de Campos[1] conta que toda a gente sentia saudades do antigo símbolo musical, "vigoroso como poucos".

No primeiro aniversário da República, um grupo de jornalistas foi pedir a Deodoro sua reabilitação. Antes combinaram com os regentes das bandas militares para que, postados dentro e nos jardins do Palácio do Itamaraty, tocassem, ao mesmo tempo, a música banida. Os preparativos tinham o consentimento do ditador.

Nascido às vésperas da proclamação, Humberto de Campos ainda pôde ouvir o relato dos acontecimentos da boca de pessoas que estavam naquele dia no Itamaraty. Houve emoção geral quando as bandas atacaram a composição banida. "O próprio Deodoro tinha os olhos úmidos". O Marechal argumentou que a música, ouvida tantas vezes nos campos de batalha da guerra do Paraguai, era insubstituível. E a restabeleceu como hino nacional. Foi, talvez, a única vitória popular na proclamação da República.[2]

Humberto de Campos conta que o espetáculo musical teve um desdobramento inesperado:

"Lá fora, entretanto, na rua, o povo fugiu, correndo em todas as direções, supondo que as Forças Armadas haviam, lá dentro, restaurado a monarquia."

## Referências:


1 Humberto de Campos. *O Brasil anedótico*. São Paulo: Editora Mérito, 1960.

2 José Murilo de Carvalho. *A formação das almas*. São Paulo: Companhia das Letras, 2012.

> AQUILO JÁ NÃO É MILITARISMO, NEM DITADURA, NEM REPÚBLICA. O NOME DAQUILO É CARNAVAL.

Eduardo Prado

A posteridade associou determinados adjetivos a Deodoro da Fonseca, o primeiro presidente da República. Um muito ousado é "velho marechal". Hoje se diria que Deodoro tinha *apenas* 62 anos quando proclamou a República. Envelhecia-se cedo no século XIX. A perspectiva de vida de um brasileiro era de 27 anos em 1879. A de um escravo não passava de 19. Alquebrado e asmático, Deodoro morreu com 65 anos, em 1892.[1]

Deodoro ocupa lugar de destaque no panteão da pátria e dá nome a ruas, praças, escolas e à cidade alagoana na qual nasceu. Não se lê nos livros escolares apodos realmente usados pelos contemporâneos para descrevê-lo. Aqui vão alguns: chato, vaidoso e incompetente. O marechal merecia cada um desses adjetivos. Maçante, pode-se dizer, foi o jeito de ele fazer sua revolução. Em 15 de novembro de 1889, o visconde de Ouro Preto, presidente do último Conselho de Ministros do Império, entregou-lhe o poder "diante da força e do seu ato de violência". A frase de protesto serviu de deixa para um tema favorito de Deodoro, a ladainha do "velho soldado":

"Sim", respondeu Deodoro, "diante da força e da violência provocadas pelos governos que nunca souberam tratar o soldado. Se Vossas Excelências soubessem o que é ser soldado, se

Vossas Excelências sofressem com cinco anos de campanha, o fogo, as intempéries e a fome, e como eu, oito dias seguidos só comessem milho cozido, haviam de compreender as amarguras da alma do soldado, e tratá-lo de outro modo!". Foi demais para o Visconde. "Por maiores que sejam as amarguras e agonias do soldado, não podem ser iguais às minhas, ouvindo nesta hora Vossa Excelência", retorquiu. Foi aí, e só por isso, que o marechal mandou prender e exilar Ouro Preto.[2]

Deodoro da Fonseca assumiu a presidência do governo provisório, com o general Floriano Peixoto de vice e o major Benjamin Constant no ministério da Guerra. Logo ficou evidente que o presidente era despreparado para o cargo. Um incompetente. Não via nada de errado em agradar sua vasta família com empregos públicos. Dava de ombros quando seus ministros reclamaram da nomeação de oficiais do Exército para a presidência das províncias e mudava de opinião ao sabor dos acontecimentos. O jornalista Aristides Lobo, republicano histórico, foi nomeado ministro do Interior do governo provisório. Entregou o cargo dois meses depois, convencido de não ser aquela a república de seus sonhos. O retrato que Lobo fez do primeiro presidente da República é arrasador:

> Sem os hábitos que a educação governamental exige, nunca esquecia sua educação militar, acreditando resolver as questões de Estado como quem resolve negócios da vida interna de um batalhão. Irascível, incandescente, sujeito às tempestades que passavam com a mesma facilidade com que o agitavam, submetia-se à convicção franca e leal da verdade e da justiça, assim como à sugestão de amizade. Sem competência para julgar por si os problemas que enfrentou no governo provisório, mudava de opinião ao capricho dos que melhor o pudessem convencer.

Habituados à sobriedade da monarquia, os brasileiros estavam pasmos com a vaidade dos novos donos do poder. Concediam condecorações e homenagens uns aos outros como se nada mais tivessem a fazer. Um prefeito fluminense se fazia preceder de uma banda musical em seus deslocamentos. O próprio Aristides Lobo, tão íntegro, teve a foto estampada num selo de 10 réis. Mas ninguém superava a vaidade de Deodoro.

No dia 15 de janeiro, tropas desfilaram para comemorar o segundo mês da República. O presidente provisório, que assistia da sacada do palácio Itamaraty, foi saudado aos gritos de "generalíssimo" por um grupo de cidadãos entusiasmados. Gostou tanto que, ali mesmo, decidiu se autopromover a "generalíssimo", patente inexistente no Brasil. Eufórico, Deodoro promoveu Benjamin Constant a general. Eduardo Wandelkolk, representante da Marinha, viu-se brindado com a patente de vice-almirante. Já que estava com a mão na massa, o novo generalíssimo estendeu o título de general de brigada a ministros civis, entre eles Rui Barbosa.[3]

A mais ferina síntese da república foi deixada à posteridade pelo jornalista Eduardo Prado, fundador da Academia Brasileira de Letras e monarquista convicto: "Aquilo já não é militarismo, nem ditadura, nem república. O nome daquilo é carnaval."[4]

## Referências:


1 Esse texto utiliza-se com fartura de informações coletadas em livros dos historiadores José Murilo de Carvalho (*A Construção Nacional* (1830-1889), *A Vida Política*. Rio de Janeiro: Objetiva, 2012) e Lilia Moritz Schwarcz, (*As barbas do Imperador, um monarca nos trópicos*. São Paulo: Companhia das Letras, 1998).

2 A reconstituição do diálogo entre Deodoro e o Visconde de Ouro Preto é do jornalista Humberto Campos (1886-1934), em *O Brasil anedótico*. São Paulo: Mérito Editora, 1960.

3 Marco Antônio Villa, *A história das constituições brasileiras*. São Paulo: Leya, 2011.

4 Frederico de S., *Fastos da ditadura militar no brasil* – Col. Temas Brasileiros. Editora: Martins Fontes Editora. Frederico de S. é o pseudônimo usado por Eduardo Prado na primeira publicação do livro, em 1890.

**EM MATÉRIA DE POLÍTICA, SOU UMA VACA FARDADA.**

General Olympio Mourão Filho

Havia uma conspiração militar e civil em andamento em 1964 envolvendo gente graúda de política e das Forças Armadas. Na hora de colocar os tanques na rua, entretanto, a iniciativa ficou por conta de dois generais do segundo escalão. Conspiradores importantes, pegos de surpresa, até pensaram abortar o movimento. Aí já era tarde.

Olympio Mourão Filho, comandante da 4ª Região Militar, com sede em Juiz de Fora, e Carlos Luís Guedes, comandante da 4ª Divisão de Infantaria, com sede em Belo Horizonte, não eram generais fáceis de conter. Guedes soubera estar prestes a perder o comando e decidiu não esperar pela demissão. Há registro preciso sobre a cronologia do golpe militar. O general Guedes rebelou-se às 20h30 de 30 de março de 1964, uma segunda-feira. Poderia ter acontecido minutos antes ou depois, mas tinha que ser aquela noite, escolhida pelo general Guedes por ser de lua cheia. Temia iniciar uma rebelião em lua minguante, ele relatou com naturalidade em suas memórias.[1]

Mourão, chefe de Guedes, decidiu aderir na madrugada. Por telefone, Guedes o havia informado de que o governador Magalhães Pinto, parceiro civil no complô, divulgara naquela noite um manifesto que lhe pareceu excessivamente moderado, diferente do combinado entre eles. Mourão explodiu. "Sabe de uma coisa? Depõe o Magalhães", ordenou. A ligação telefônica era péssima e Guedes fingiu não ter entendido. Se Mourão tivesse prendido Magalhães, dono do Banco Nacional e chefe civil da conspiração, talvez tivesse bagunçado de vez o golpe de Estado.

Na afobação, Mourão esqueceu de avisar outros conspiradores. Por volta das sete horas da manhã, o chefe do Estado Maior do Exército, Humberto Alencar Castello Branco, recebeu com irritação a notícia de que Mourão tinha precipitado os acontecimentos. Castello era o principal líder militar do complô e temeu ver tudo desabar. Ligou para Magalhães pedindo que convencesse Mourão a não deslocar seus soldados para o Rio de Janeiro. Em vão. Mourão estava convencido de que Magalhães e o "falastrão vaidoso" do Guedes queriam roubar-lhe a revolução.[2]

Batizada de "Coluna Tiradentes", a tropa saiu de Juiz de Fora à tarde, sob o comando do general Antônio Carlos Muricy. Atingiu a divisa com o estado do Rio no final do dia. A distância entre Juiz de Fora e o Rio de Janeiro é de apenas 184 quilômetros. Houve um esboço de reação no meio do caminho, sem maiores consequências. As tropas enviadas para interceptar a coluna ou evitaram o confronto ou aderiram ao movimento.[3]

No Rio, a Casa Militar da Presidência da República assegurou ao presidente João Goulart que Mourão saíra do quartel em exercício de rotina. Foi uma perda de tempo precioso. Jango voou primeiro para Brasília. Depois foi para Porto Alegre, onde o III Exército parecia disposto a resistir. Quando chegou à capital gaúcha, não havia mais o que fazer. Apesar de o presidente ainda estar no país, o senador paulista Áureo de Moura Andrade, presidente do Congresso, declarou vaga a presidência da República. O cargo foi entregue, por 30 dias, ao presidente da Câmara de Deputados, Ranieri Mazzilli.

Em Porto Alegre, Jango descartou a resistência e escapuliu para o exílio.

O golpe militar de 1964 foi bem-sucedido desse jeito bagunçado e sem o disparo de um só tiro. Mais do que uma conspiração única, centralizada e estruturada, o retrato mais fidedigno é o "ilhas de conspiração", na definição elaborada pelo antropólogo social Celso de Castro, da Fundação Getúlio Vargas.[4] Só essas circunstâncias explicam como a decisão de depor o presidente foi cair nas mãos de Mourão.

O general era mal visto no Exército e tinha fama de meio doido. Falava pelos cotovelos do plano de derrubar o governo, a ponto de muitos conspiradores desconfiarem que fosse um agente provocador. Mourão fora chefe do serviço secreto da Ação Integralista Brasileira (AIB), o partido fascista nos anos 1930. Ele sempre negou a responsabilidade pelo Plano Cohen. Mas há pouca dúvida de que o então capitão Mourão forjou o documento com a suposta estratégia comunista para tomar o poder. Apesar de desmascarado, o Plano Cohen ajudou a criar o clima favorável à instauração da ditadura do Estado Novo de Getúlio Vargas. Preso depois do fiasco da Intentona Integralista, o próprio Getúlio deu-lhe anistia e devolveu Mourão às fileiras do Exército.

Vitorioso o golpe, perguntaram a Mourão sobre a razão da ação precipitada. Ele respondeu com sua frase mais famosa: "Em matéria de política sou uma vaca fardada. Se de acordo com a minha consciência estou certo, quem quiser que me siga." Soa como a declaração de um idiota. Mas ele gostou da própria tirada e a repetia aos jornalistas sempre que a ocasião permitia.

O general Mourão tinha grandes pretensões. Mas os novos donos do poder o empurraram rapidamente para o ostracismo. Irritadíssimo por ter sido preterido para o comando do I

Exército, Mourão pegou o elevador no Ministério do Exército, no Rio, para tirar satisfações com um de seus desafetos, o general Arthur da Costa e Silva. O futuro presidente, apesar da participação secundária no golpe, agora se declarava "comandante supremo da Revolução". Costa e Silva acalmou Mourão com amabilidades e lhe entregou o comando de uma estatal. O general saiu do Ministério presidente da Petrobras e ouviu as queixas da mulher que o esperava no carro:

"Depois de tudo, o mínimo que você merecia era o ministério".

Mourão dirigiu-se então ao prédio da estatal, acompanhado de vários oficiais graduados. O advogado Roberto Toledo, assessor jurídico da Petrobras, espertamente comunicou-lhe que a posse não podia ser efetivada naquele momento. Seria preciso a convocação por edital da assembleia geral para que se tornasse legal. Mourão foi para casa aguardar as formalidades. Dias depois, o Congresso Nacional ratificou a indicação do general Castello Branco para a presidência da República. Castello, que relutava em aparelhar o Estado com incompetentes, descartou Mourão e escolheu outro nome para a presidência da Petrobras.

A "vaca fardada" acabou ministro do Superior Tribunal Militar, cargo que, até os inimigos reconhecem, exerceu com razoável decência. Mourão morreu aos 72 anos, em 1972, ainda à espera de ser chamado "para salvar o Brasil novamente", como se lê em suas memórias.[5]

## Referências


1 Carlos Luís Guedes, *Tinha que ser Minas*, Nova Fronteira, 1979.

2 *Veja*, "O Golpe na Estrada", 30 de março, 1994.

3 João Roberto Martins Filho *O golpe de 1964 e o regime militar: novas perspectivas* (Edufscar, 2006).

4 Castro, Celso. *A conjuntura de radicalização ideológica e o golpe militar – O golpe de 1964*. CPDOC/FGV.

5 Olympio Mourão Filho, *Memórias: a verdade de um revolucionário*, L&PM, 1978.

O QUE É BOM PARA OS ESTADOS UNIDOS É BOM PARA O BRASIL.

Juraci Magalhães

Depois do golpe militar de 1964, Juraci Magalhães foi nomeado embaixador brasileiro nos Estados Unidos. Antes de embarcar, ele foi homenageado com um almoço oferecido pela Câmara Americana de Comércio, em São Paulo. Ali um repórter perguntou-lhe com que espírito iria assumir a missão em Washington. Juraci pronunciou então a sua célebre frase:

> O Brasil fez duas guerras como aliado dos Estados Unidos e nunca se arrependeu. Por isso eu digo que o que é bom para os Estados Unidos é bom para o Brasil.[1]

Encurtadas para "o que é bom para os Estados Unidos é bom para o Brasil", as palavras do embaixador entraram para o folclore político. Juraci Magalhães, general e veterano da Revolução de 30, primeiro presidente da Petrobras e golpista em 1964, foi então e por toda a vida atormentado sem dó como entreguista e lacaio do imperialismo.[2] Em 2002, na sua primeira visita a Washington como presidente eleito, Luiz Inácio Lula da Silva a lembrou de forma marota. Perguntado sobre as relações com a China, saiu-se assim: "Eu não conhecia a China muito bem, até que o governo americano fez da China seu parceiro comercial preferencial. E eu pensei comigo mesmo, se é bom para os americanos, deve ser bom para os brasileiros."[3] Foi muito aplaudido.

O direito autoral não pertencia a Juraci Magalhães, mas ao americano Charles Erwin Wilson. Presidente da General Motors, Wilson foi nomeado secretário da Defesa pelo presidente Dwight Eisenhower, em janeiro de 1953. Na audiência de confirmação no Senado, um parlamentar perguntou a ele se, como secretário de Defesa, tomaria uma decisão que prejudicasse a General Motors. Wilson respondeu afirmativamente. Mas, acrescentou, não podia imaginar tal situação, "*because for years I thought what was good for our country was good for General Motors, and vice versa*".[4]

A frase original é mais citada em formulação virada ao avesso: "O que é bom para a GM é bom para os Estados Unidos". Serve, desse jeito, para demonstrar o egoísmo da grande indústria.

Muito da notoriedade desfrutada pelaspalavras de Juraci Magalhães se deve ao contexto dos primeiros momentos do regime militar. Logo após o golpe de 1964, a diplomacia brasileira alinhara-se com a estratégia global dos Estados Unidos na Guerra Fria. O Brasil até forneceu tropas para a intervenção militar na República Dominicana, sob a batuta americana, em 1965. E parou por aí. Aos poucos, o regime dos generais retornou aos trilhos da chamada "política externa independente". Para efeitos de cronologia, os estudiosos indicam a publicação na revista *Foreign Affairs* de um artigo assinado pelo presidente Jânio Quadros, em 1961, como marco inicial dessa política.[5] Na verdade, as linhas gerais tinham sido esboçadas no governo anterior, de Juscelino Kubitschek. O princípio básico era o de que os interesses nacionais prevaleciam sobre os parâmetros da Guerra Fria. Para não deixar dúvidas sobre o alcance da nova abordagem, Jânio condecorou Ernesto Che Guevara com a Ordem do Cruzeiro do Sul e reatou relações diplomáticas com a União Soviética.

O sensacional é que a grande trombada diplomática entre o Brasil e os Estados Unidos nada teve a ver com Cuba ou a União Soviética – e, sim, com a "democracia relativa" de Ernesto Geisel. Ao se instalar na Casa Branca em 1977, Jimmy Carteranunciou que os Estados Unidos não dariam mais apoio a "qualquer ditador" anticomunista e que os direitos humanos deixavam de ser tratados como assunto interno de cada país.[6]

O presidente americano passou a exigir do Brasil mercadoria que o regime militar não queria entregar: o respeito aos direitos humanos. Para complicar ainda mais, o governo americano se opunha ao programa nuclear brasileiro. O acordo nuclear Brasil-Alemanha fazia parte do sacrossanto rol de interesses estratégicos estabelecido pelos militares. Foi um péssimo acordo, por sinal, e só duas das oito centrais previstas foram construídas. Mas isso só se tornariaevidente mais tarde.

Coube a Geisel, o quarto general presidente, a tarefa de colocar o assunto em pratos limpos: o que era bom para os Estados Unidos, definitivamente não agradava ao Brasil.

"O Brasil é feito por nós" avisava o slogan ufanista criado pelos marqueteiros a serviço do Palácio do Planalto. Para o caso de o recado não ter ainda sido entendido lá em Washington, Geisel rompeu um velho acordo militar existente com os Estados Unidos.[7] Em março de 1978, Carter veio ao Brasil numa tentativa de fazer as pazes. Foi recebido com frieza e desaforos miúdos. O chanceler Antônio Azeredo da Silveira chamou os jornalistas para esclarecer que a visita era de iniciativa do americano e que não fossem lá publicar que Carter fora convidado pelo governo brasileiro.

Não houve, para desgosto do Itamaraty, como evitar a maldita questão dos direitos humanos. Os inimigos da ditadura aproveitaram a oportunidade para se queixar aos americanos. Uns atrevidos até fizeram chegar às mãos da primeira-dama

Rosalynn Carter um documento[8] com denúncias, o que deixou Geisel apoplético. O assessor de Segurança Nacional da Casa Branca, Zbigniew Brzezinski, achou tempo para se encontrar com o cardeal Paulo Evaristo Arns e outros notórios oposicionistas. Em discurso de improviso, Carter tocou francamente no assunto que envenenava as relações bilaterais:

"Hoje estamos todos nos unindo num esforço global em prol da causa da liberdade humana e do Estado de Direito. Esta é uma luta que só será vitoriosa quando estivermos dispostos a reconhecer as nossas próprias limitações e a falarmos uns com os outros com franqueza e compreensão", disse.

Tudo evaporou rapidamente. O sucessor de Carter, Ronald Reagan, estabeleceu a diferença entre regimes "autoritários" dos "totalitários" para balizar o apoio americano. Em seus estertores sob o presidente João Baptista Figueiredo, o regime brasileiro viu-se encaixado no time das toleráveis "autoritários". Aí está a ironia: se tivesse sido pronunciada em referência a campanha de Jimmy Carter a favor dos direitos humanos, a frase de Juraci Magalhães teria sido aplaudida com entusiasmo e esperança por seus contemporâneos.

Juraci Magalhães morreu em 2001, aos 95 anos, sem ver refeito alinhamento diplomático similar ao existente em seu período como embaixador. É provável que isso jamais volte a ocorrer. O conceito de política externa independente, enraizado com firmeza no Instituto Rio Branco e no Itamaraty, condicionou gerações de diplomatas a ver a questão pelo seguinte ângulo: se é bom para os Estados Unidos, desconfie.

## Referências


1 J.A. Gueiros, *O último tenente*. Rio de Janeiro: Record, 1996.

2 A frase de Juraci Magalhães ganhou enorme destaque no *Festival de Besteira que Assola o País*. O autor da peça, Stanislaw Ponte Preta (Sérgio Porto), a considerava o grande exemplo do "alastramento" da cretinice nacional em decorrência do golpe de 2004. Febeapá 1, 2 e 3, Editora Agir.

3 Paulo Roberto de Almeida, Uma frase (in)feliz?: o que é bom para os EUA, é bom para o Brasil? Disponível em: http://www.relnet.com.br/pgn/colunaaj132.lasso

4 "Porque sempre achei que o que era bom para nosso país era bom para a General Motors, e vice-versa."

5 O artigo foi entregue pelo presidente Jânio Quadros antes da renúncia, em 25 de agosto de 1961, mas só publicado na edição de outubro da Foreign Affairs. Em nota, a revista disse acreditar que a política formulada no artigo continuava de interesse público.

6 "Que ninguém se engane, a tarefa de promover os direitos humanos agora é parte integrante da política externa dos Estados Unidos", nas palavras do subsecretário Warren Christopher,

7 O acordo rompido por Geisel em 1977 fora assinado no governo Getúlio Vargas, em 1952. Um novo acordo militar Brasil-Estados Unidos foi firmado pelo presidente Luiz Inácio Lula da Silva, em 2010.

8 O relatório entregue a Roselyn Carter pelo Movimento Feminino pela Anistia listava políticos presos, exilados e desaparecidos. O maior desaforo de Carter talvez tenha sido a concessão de asilo a Leonel Brizola. Por pressão do Brasil, o Uruguai confinara o exilado ao interior do país. Brizola, que até então vivia por lá na obscuridade, mudou-se para os Estados Unidos e renasceu como líder socialista. Foi um tiro pela culatra.

**ÀS FAVAS, SENHOR PRESIDENTE, NESTE MOMENTO, TODOS OS ESCRÚPULOS DE CONSCIÊNCIA.**

Jarbas Passarinho, ministro do Trabalho e Previdência Social

Convocado pelo presidente Arthur da Costa e Silva, o Conselho de Segurança Nacional reuniu-se no dia 13 de dezembro de 1968 para deliberar sobre o Ato Institucional nº 5. À mesa sentaram-se, além do presidente, 23 ministros, comandantes militares e chefes dos serviços de informação. O documento a ser analisado, preparado pelo ministro da Justiça, o mineiro Luiz Antônio da Gama e Silva, continha um preâmbulo de seis parágrafos e doze artigos. Datilografados, preenchiam quatros folhas.

O significado daquilo era um golpe dentro do golpe: autorizava o presidente a decretar o recesso do Congresso Nacional, a intervir nos estados e municípios, a cassar mandatos parlamentares, a suspender, por dez anos, os direitos políticos de qualquer cidadão, a decretar o confisco de bens e a suspender a garantia do habeas corpus. O regime militar, que governava com medidas de exceção desde 1964, assumia descaradamente poderes ditatoriais.

Nenhum dos 23 homens presentes no palácio das Laranjeiras tinha ilusões sobre o que estavam fazendo. Só um deles apresentou ressalvas, o civil Pedro Aleixo, vice-presidente da República. Aleixo argumentou que a decretação do estado de sítio seria suficiente para lidar com as circunstâncias. Embora tenha feito "uma corajosa, emocionante, brilhantíssima exposição" – de acordo com relato do coronel Hernani D'Aguilar, então assessor de relações públicas da Presidência[1] –, ninguém ali estava interessado em salvar a Constituição.

Coube ao coronel Jarbas Passarinho, ministro do Trabalho e Previdência, sintetizar o ânimo da maioria: "*Às favas, senhor presidente, neste momento, todos os escrúpulos de consciência.*"

Na ata da reunião, as "favas" foram trocadas por "ignoro", sem prejuízo para seu significado.

Quatro anos depois do golpe de Estado, havia inquietação no Brasil. Em abril, ocorreu em Osasco a primeira greve operária desde 1964. Seguiram-se outras, especialmente no ABC paulista. Os primeiros movimentos da luta armada de esquerda andavam a assaltar bancos e carros-fortes, a cometer atentados com bombas. Em 26 de junho de 1968, um carro-bomba lançado contra o QG do 2º Exército, em São Paulo, matou a sentinela Mario Kozel Filho, recruta de 18 anos. Por pura coincidência, no mesmo dia, horas mais tarde no Rio de Janeiro, a passeata dos 100 mil pedia democracia.

A direita brucutu organizara sua própria tropa de assalto, o Comando de Caça aos Comunistas, CCC. O bipartidarismo não obedecia ao figurino do regime e a oposição insistia em fazer oposição. No diagnóstico militar, vivia-se um processo avançado de "guerra revolucionária" liderada pelos comunistas. Era pura manipulação. Interessava à linha-dura militar qualificar as tensões políticas de "guerra revolucionária" para justificar o próprio uso da força bruta.

O paradoxo era o diagnóstico fraudulento dos fardados servir como luva no projeto de seus piores inimigos, a esquerda armada. A fantasia de uma Sierra Maestra brasileira era o canto de sereia com o qual Carlos Marighela, autor de um manual de guerrilha urbana, atraía a juventude dourada das universidades para o sacrifício inútil. No mundo real, os combatentes da luta armada estavam confinados à solidão de aparelhos clandestinos, blindados pela barreira do discurso marxista contra a mera possibilidade de uma avaliação realista dos acontecimentos. Boa parte dos envolvidos seria massacrada nos porões da ditadura.

A maior complicação consistia na anarquia nos quartéis, existente desde a posse de Costa e Silva. A tropa reclamava dos baixos salários, da indecisão do comando, e se ressentia da má imagem pública da classe militar. Os violentos, a "tigrada", como eram chamados, só queriam se livrar das amarras constitucionais e ficar à vontade para prender e arrebentar. Das 29 bombas que explodiram naquele ano em São Paulo, pelo menos metade fora plantada por militares interessados em amplificar a sensação de caos.

O clima de desordem justificaria o arbítrio? Vinte anos depois, Delfim Neto, um dos participantes da reunião, colocou a crise de 1968 em perspectiva: "Havia muita tensão, mas no fundo era tudo teatro. Havia as passeatas, havia descontentamento militar, mas havia sobretudo teatro. Era um teatro para levar ao Ato."[2]

A oportunidade surgiu num obscuro pronunciamento do deputado Márcio Moreira Alves, do MDB (Movimento Democrático Brasileiro), em 2 de setembro. Perante um plenário quase vazio, Moreira Alves condenou a invasão policial ocorrida dias antes na Universidade de Brasília e a tortura a que eram submetidos presos nas instalações militares. Repercussão zero. Mais tarde, no mesmo dia, ele voltou à tribuna para acrescentar a boba sugestão de boicote às comemorações da parada de Sete de Setembro; "Esse boicote", disse, "pode passar também (...)

às moças, às namoradas, àquelas que dançam com os cadetes e frequentam os jovens oficiais".

Boicote de namoradas? Lyra Tavares, ministro do Exército, ofendeu-se. Queixou-se em memorando enviado ao presidente Costa e Silva. Era tudo o que o general Jayme Portella, chefe do Gabinete Militar e prócer da linha-dura, esperava para armar o golpe dentro do golpe. Portella cuidou de transformar o discurso banal em questão de honra para o regime militar. O governo pediu ao Congresso licença para processar o deputado. Um contrassenso – a imunidade parlamentar existe precisamente para garantir a liberdade de opinar em plenário. Em 12 de dezembro, o Congresso negou a permissão por 216 votos a 136. No dia seguinte, saiu o AI-5 e o Congresso Nacional foi fechado por tempo indeterminado. Só reabriu em outubro de 1969 para referendar a escolha do general Emílio Garrastazu Médici para a presidência da República.

Com a carta branca do AI-5, a "tigrada" pôde prender, arrebentar, torturar e matar. Nunca antes, sequer no Estado Novo, atrocidades foram tão sistemáticas nos porões de uma ditadura no Brasil.

Apeado do poder por um derrame em agosto de 1969, Costa e Silva permaneceu em estado vegetativo até a morte, em dezembro. Os ministros militares vetaram a posse do vice-presidente Pedro Aleixo e formaram uma junta militar (os "três patetas", na definição de Ulysses Guimarães). Pedro Aleixo morreu em março de 1975, aos 73 anos. Em agosto, morreu seu irmão, Alberto. Empregado na gráfica de *A Voz Operária*, jornal do Partido Comunista Brasileiro, Alberto foi preso e torturado até a morte. Tinha 72 anos.

Jarbas Passarinho, raro intelectual entre os militares de 1964, voltou a ser ministro no governo Collor. Não se arrependeu de nada. Sua intenção ao mandar às favas os escrúpulos – ele explicou em depoimento[3] – foi a de deixar claro aos participantes da reunião de que o AI-5 que era o início da ditadura sem máscara e os presentes compartilhavam a responsabilidade pelo que iria acontecer. Nas mesmas circunstâncias – disse Passarinho, então um octogenário – faria tudo de novo. Apesar de consciente do "teatro" montado para justificar o AI-5, Delfim também não via motivo para *mea culpa*: "Se as condições fossem as mesmas e o futuro não fosse opaco, eu repetiria. Eu não só assinei o Ato Institucional número cinco, como assinei a Constituição de 1988."[4]

O AI-5 foi revogado em 1978, com o regime militar em fase terminal.

## Referências


1 Zuenir Ventura. *1968: O ano que não terminou*. São Paulo: Planeta, 2008.

2 Elio Gaspari. *A ditadura envergonhada*. São Paulo: Companhia das Letras, 2002. Também são deste livro as informações sobre a morte de Alberto Aleixo.

3 Entrevista de Jarbas Passarinho a Geneton Moraes Neto, em 4 de janeiro de 2011.

4 Depoimento de Delfim Netto à Comissão Municipal da Verdade Vladimir Herzog, em São Paulo, em 25 de junho de 2013.

# QUE PAÍS É ESTE?

Francelino Pereira

Figurinha carimbada na vida pública por mais de meio século, Francelino Pereira foi vereador, deputado, senador e governador de Minas Gerais. Seria facilmente esquecido não fosse a pergunta famosa, formulada em 1976, quando era presidente da Arena, o partido de sustentação do regime militar: "Que país é este?" Francelino reclamava daqueles que punham em dúvida o propósito do presidente Ernesto Geisel de levar adiante o processo de distensão e abertura política. A frase completa, com todas as letras, foi: "Que país é este em que o povo não acredita no calendário eleitoral estabelecido pelo próprio presidente?". A única resposta possível era: um país submetido à ditadura militar.[1]

A pergunta foi recebida com ironia e é citada amiúde para pontuar iniquidades nacionais.[2] Quem, como Francelino Pereira, acreditou no presidente da República, fez papel de bobo. A derrota nas urnas em 1974 deixara a ditadura sem os dois terços necessários no Congresso Nacional para aprovar uma emenda constitucional. Desse jeito ficava difícil para o governo emplacar seu projeto de reforma política e garantir a eleição pelo voto indireto do sucessor designado pelo Palácio do Planalto. As eleições diretas para governador e para a renovação de dois terços do Senado, da totalidade da Câmara de Deputados e de todas as assembleias legislativas estavam marcadas para 15 de novembro de 1978. A derrota eleitoral era dada como certa no Rio Grande do Sul, em São Paulo e no Rio de Janeiro.

Elio Gaspari, autor de fenomenal trilogia sobre o regime militar, coloca o contexto da seguinte maneira: "Geisel chegou a pensar que seria fácil conviver com os governadores oposicionistas, visto o grau de dependência dos estados em relação ao Governo Federal. Em 1977, ele convenceu-se que controlar a oposição apenas com dinheiro não era uma perspectiva viável."[3] Seria uma contradição uma ditadura em que a oposição tivesse a maioria no Senado e governasse os estados onde se concentravam dois terços do PIB.

Havia negociações nos bastidores em torno de uma transição pacífica para um regime democrático. Não se chegava a um acordo sobre o ritmo. Geisel, conforme o palavreado do poder, o queria "lento, gradual e seguro". Em outras palavras, chegaríamos lá, mas antes disso acontecer o pessoal fardado teria outro mandato presidencial. No comando da oposição estava Ulysses Guimarães, que queria subir rapidamente ao poder. Depois de a oposição vencer nos principais estados, ele pretendia disputar a presidência da República.

Em 1º de abril de 1977, décimo terceiro aniversário do golpe militar, reclamando que o país estava sob uma "ditadura da minoria", Geisel fechou o Congresso Nacional, assumindo poderes totais. Era o terceiro recesso parlamentar imposto pelo regime. Não houve tropas na rua, como em 1966, nem a onda de prisões de 1968. O poder legislativo foi transferido para um núcleo de seis pessoas, entre eles Francelino Pereira.[4] Duas semanas depois, a Constituinte do Alvorada, como foi chamada pela imprensa, produziu o Ato Institucional nº 8, que entraria para a história com o apelido de Pacote de Abril.

O pacote de maldades era amplo. O mandato do futuro presidente foi prorrogado (o sucessor fardado ganhou um ano a mais na cadeira de presidente), foram impostas eleições indiretas para governadores que, na vida prática, constituíram-se em verdadeiras nomeações. O Senado foi desmoralizado com a inclusão de senadores biônicos.[5] Metade das vagas em disputa, o equivalente a um terço da Casa, passou a ser eleita por voto indireto nos estados. Verdadeiras nomeações mais uma vez, permitindo ao governo reassumir o controle do Congresso. O quórum necessário para aprovar emendas constitucionais caiu de dois terços para maioria simples, porque esse era esse o tamanho da bancada da Arena.

O número de deputados em relação à população também mudou, aumentando a distorção na representatividade da Câmara.[6] Isso favoreceu os pequenos estados, localizados a maioria no Nordeste, onde tradicionalmente se votava com o governo. Em teoria, devido à secular penúria da região, eles eram mais facilmente subornáveis. Os decretos presidenciais passavam a ser automaticamente considerados aprovados após 40 dias de enviados ao Congresso, fossem ou não examinados pelos congressistas.

Ainda assim, o Pacote de Abril foi popular. No meio do entulho autoritário, o Palácio do Planalto espertamente incluiu a ampliação das férias dos trabalhadores de vinte para trinta dias e amenizou a denúncia vazia, mecanismo legal que permitia despejar o inquilino inadimplente. A população vibrou. No final das contas, Geisel não decepcionou seu fiel Francelino Pereira. Lá pelo final de seu governo, o presidente aboliu o AI-5 e permitiu a volta dos exilados. As medidas deixaram a ditadura militar sem dentes – e nem é inteiramente certo chamar de ditadura o governo de João Baptista Figueiredo, o sucessor que Geisel escolheu e fez eleger por voto indireto. Depois de Figueiredo veio um presidente civil, a nova constituição e a democracia.

Os brasileiros ainda se perguntam, espantados, que país é este. O que mudou foi a resposta.

## Referências

1 Felipe Moraes, Correio Braziliense, 8/11/2011.

2 A grande repercussão da pergunta de Francelino se refletiu em duas obras bastante conhecidas nos anos seguintes. Em 1978, o roqueiro Renato Russo compôs *Que país é este?*, gravada pela banda Legião Urbana. Em 1980, Affonso Romano de Sant'Anna publicou o longo poema histórico com o título *Que país é este.*

3 Elio Gaspari. *A Ditadura encurralada.* São Paulo: Companhia das Letras, 2004.

4 Ernesto Geisel, Armando Falcão (ministro da Justiça), Golbery do Couto e Silva (chefe da Casa Civil), Petrônio Portella (presidente do Senado), Marco Maciel (presidente da Câmara) e Francelino Pereira (presidente da Arena).

5 O apelido era uma alusão a um seriado de televisão de grande sucesso, *O homem de seis milhões de dólares*, também chamado de *O homem biônico.* O nome se devia ao super-herói ter o desempenho biológico reforçado por implantes eletrônicos. Esse é o sentido da metáfora: o senador "biônico" recebia seu mandato por nomeação, sem ter sido eleito.

6 A Constituição brasileira estabelece o mínimo de oito deputados e o máximo de setenta por estado. Isso faz com que São Paulo, o mais populoso, que bate no teto constitucional, tenha um deputado para cada 600 mil habitantes enquanto Roraima, o menos povoado, tenha um deputado para cada 58 750. O Pacote de Abril aumentou o fator, mas não criou a distorção. Os limites vêm desde a Constituição de 1891 (mínimo de quatro deputados por estado, máximo estabelecido por cálculo variável) e atingiram a disparidade atual com a Constituinte de 1988, a mais democrática de todas.

# O QUE É ISSO, COMPANHEIRO?

Fernando Gabeira

"O bêbado e o equilibrista", de Aldir Blanc e João Bosco, gravado por Elis Regina, alcançou grande sucesso em 1979. A letra fazia referência direta a um exilado e se tornou o hino informal da campanha pela anistia:

*Meu Brasil!...*
*Que sonha com a volta*
*Do irmão do Henfil.*
*Com tanta gente que partiu*
*Num rabo de foguete.*

O irmão do cartunista Henfil era o sociólogo Herbert de Souza, o Betinho. Fundador da Ação Popular (AP), da esquerda católica, estava exilado desde 1971. Se fosse capturado em território nacional, ele seria levado a cumprir os cinco anos de cadeia a que fora condenado à revelia por crime político em 1972.

A Lei de Anistia foi assinada pelo presidente João Figueiredo em 28 de agosto de 1979. Abrangia todos os cidadãos punidos por atos de exceção nos quinze anos anteriores, exceto os condenados por "crime de sangue" – os assassinos. Não era o perdão amplo, geral e irrestrito pelo qual lutava a oposição. Mas era um alívio para quem estava na cadeia, escondia-se na clandestinidade ou não podia voltar ao país.

No levantamento divulgado pelo Superior Tribunal Militar, havia 52 presos políticos, dos quais 17 foram imediatamente libertados e 35 permaneceram na cadeia à espera de análise de seus processos. Entre presos, cassados, banidos, exilados ou simplesmente demitidos de seus empregos, a Lei da Anistia beneficiou 4 650 pessoas.[1]

Betinho foi um dos primeiros exilados a desembarcar. Era esperado no aeroporto de Congonhas, em São Paulo, por duas centenas de pessoas que, naturalmente, cantaram "O bêbado e o equilibrista".

O retorno ao país de *tanta gente que partiu num rabo de foguete* era cercado de interrogações. Voltariam para liderar a revolução socialista? Que efeito teria a experiência do exílio sobre as convicções políticas do anistiado?

A primeira coisa que se percebeu foi que cada caso era um caso.

Betinho, por exemplo. Nos dezoito anos seguintes, com determinação que tirava do sério os seus antigos companheiros de militância esquerdista, dedicou-se a combater a pobreza. Em 1993, vinte e cinco milhões de pessoas contribuíram com dinheiro, alimentos e roupas para Ação da Cidadania contra a Fome, a Miséria e pela Vida, organizada por ele.

"Aí as pessoas diziam 'mas isso é assistencialismo', principalmente na esquerda. A esquerda tinha uma reação muito furiosa com a campanha da fome, porque ela dizia 'você está atrapalhando a revolução'", relatou Betinho, ao ser entrevistado no programa *Roda Vida*, da TV Cultura de São Paulo, em 1996.

Em 1997, quando morreu aos 61 anos, o irmão do Henfil atingira, para a opinião pública brasileira, a dimensão de santo laico.[2]

Não havia ninguém mais odiado pelos golpistas de 1964 que Leonel Brizola. Para evitar provocações, o roteiro de sua volta ao Brasil fugiu das metrópoles e das grandes concentrações populares. Ele entrou no Brasil pelo aeroporto de Foz de Iguaçu na primeira semana de setembro de 1979. Na manhã seguinte, desceu de avião na fazenda do falecido presidente Jango Goulart em São Borja, cidade natal de Getúlio Vargas.

Foi recebido por uma festa de boas-vindas, na qual se destacavam membros do estado-maior provisório do Partido Trabalhista Brasileiro, o PTB, e gaúchos embandeirados, a cavalo. Ali mesmo, o líder trabalhista prescreveu as três regras de ouro a serem seguidas por seus partidários no período de transição para a democracia: cautela, paciência e prudência.[3]

Brizola, o incendiário dos anos 60, voltara com o discurso de um conciliador.

Outros exilados desembarcaram envergando a mesmíssima casca-grossa com que haviam partido. Luís Carlos Prestes, o eterno secretário-geral do Partido Comunista Brasileiro (PCB), era esperado no aeroporto do Galeão, no Rio de Janeiro, por centenas de simpatizantes que cantavam:

*De Norte a Sul*
*De Leste a Oeste*
*O povo todo grita*
*Luís Carlos Prestes*[4]

É tentador comparar aquele momento no Galeão com o desembarque de Lenin na Estação Finlândia, em 1917, para iniciar a revolução bolchevique. A única semelhança possível seria a ideologia. Prestes estava com 81 anos, passara os últimos quinze na União Soviética, devotava fidelidade canina ao Kremlin e estava difícil encontrar quem o quisesse como comandante de uma revolução. Não tardou para ele ser defenestrado da direção do PCB, que então procurava se adaptar aos ventos liberalizantes do eurocomunismo.

Em março de 1980, numa tentativa inútil de recuperar relevância política, Prestes publicou sua *Carta aos Comunistas*. No longo documento, vale destacar o lamento do velho exilado que retorna a um país que já não reconhece:

> Quero dizer que tenho conhecimento do quanto estou sendo caluniado e atacado pelas costas.

Havia excitação também sobre a produção cultural da diáspora. Supunha-se que fosse riquíssima. Que livros, peças teatrais, filmes, músicas inéditas eles trariam na bagagem?

Muitas das melhores cabeças brasileiras haviam passado pela experiência no exílio nos anos 60 e 70. Lá fora, eles não deixaram de compor canções, escrever romances e poemas. Não havia, contudo, um contêiner cultural a ser repatriado. O poeta e jornalista Ferreira Gullar fez uma conta simples que explica as expectativas frustradas: "A produção no exterior não foi grande porque o número de escritores e artistas exilados era pequeno."[5]

O próprio Gullar produziu no exílio um dos seus melhores trabalhos, o *Poema sujo*. Militante comunista, ele deixou o Brasil em 1971. Morou primeiro em Moscou, depois em Santiago, em Lima e em Buenos Aires. Absolvido em 1974 pelo Supremo Tribunal Federal, retornou ao país em 1977.

O livro escrito no exílio que alcançou maior impacto, no final das contas, foi o inesperado *O que é isto, companheiro?*, escrito pelo jornalista Fernando Gabeira. Em setembro de 1979, com o original da obra na bagagem, ele desceu no Galeão e foi carregado nos ombros pela esquerda carioca. Gabeira era uma celebridade da luta armada. Em 1969, participara do sequestro do embaixador americano Charles B. Elbrick, no Rio de Janeiro. Levou um tiro e foi preso em São Paulo em 1970. No mesmo ano, incluído na lista de 70 presos políticos trocados pelo embaixador suíço Ehrenfried von Holleben, ele foi despachado algemado para a Argélia.

Acabou se estabelecendo como refugiado político na Dinamarca, onde foi condutor do metrô e se formou em antropologia.

*O que é isto, companheiro?* manteve-se por mais de um ano na lista dos livros mais vendidos da revista *Veja*.[6] Não era o primeiro relato publicado dos bastidores da luta armada. Mas, diferente de outros livros do gênero, evitava a apologia e o ressentimento. Gabeira não acreditava mais na luta armada nem nas teorias marxistas (que ele admite só ter estudado durante seus nove anos de exílio) e também não manifestava rancor. Foi com farta dose de autoironia que relembrou em seu livro o dogmatismo obtuso e a caretice das organizações clandestinas. Qualquer desvio de comportamento ou manifestação de dúvida, provocava o inevitável comentário de desaprovação: "O que é isto, companheiro?"

Daí o nome do livro.

Em poucos meses, Gabeira começou a ser patrulhado pelas pessoas que antes o tinham como herói. Era visto como mais um, a exemplo irmão do Henfil, a "atrapalhar a revolução". O problema não se resumia ao livro. Gabeira voltara da Europa com ideias de defesa dos homossexuais, das mulheres e do direito de cada um ao próprio corpo. Espantava também o seu comportamento. Vestia roupas coloridas, calças bufantes, levava uma bolsa de pano roxo pendurada no ombro.

Gabeira foi o astro do verão da anistia. Em Porto Seguro, na Bahia, ele se deixou fotografar vestindo sumária tanga de crochê, peça emprestada do guarda-roupa de uma prima, a apresentadora de TV Leda Nagle.

*O que é isso, companheiro?*

O jornalista estava com quarenta anos, mas falava a linguagem dos jovens. Poucos entre seus antigos companheiros pareciam ter percebido as mudanças de comportamento que estavam ocorrendo. "Será que o Brasil não está preparado para as ideias que trouxe comigo? Isola, bate na madeira. Esse é um argumento típico dos conservadores. O Brasil não foi aprisionado numa caixa do tempo", escreveu num artigo.[7]

O Brasil não se deixou aprisionar na caixa do tempo. O verão da anistia, que três décadas atrás pareceu ser o ponto de inflexão a definir a vida de seus protagonistas, tornou-se, para aqueles que foram em frente, apenas um item no currículo.

Brizola perdeu a sigla PTB para uma sobrinha-neta de Getúlio Vargas, Ivete Vargas. Reagiu com a fundação do Partido Democrata Trabalhista (PDT), que adotou de símbolo a rosa vermelha do movimento socialista internacional. Elegeu-se duas vezes governador do Rio de Janeiro.[8] O que ele queria mesmo era o Palácio do Planalto.

"Pisaria no pescoço da própria mãe para ser presidente", na definição de Luís Inácio Lula da Silva.

Nas eleições presidenciais de 1989, Brizola foi o terceiro mais votado. Em 1994, passou pelo fiasco do quinto lugar, com apenas 3,15% dos votos. Em 1998, feitas às pazes com Lula, foi candidato a vice-presidente na chapa derrotada no primeiro turno. Em 2002, tentou, sem sucesso, eleger-se senador. Morreu em 2004, aos 82 anos, de ataque cardíaco.

Luís Carlos Prestes morreu aos 92 anos, em 1990. Passou pelo desgosto, portanto, de ver a amada União Soviética virar fumaça. Nos últimos anos, o velho comunista apoiou Leonel Brizola. Em retribuição, foi homenageado com o título de presidente de honra do PDT. Em 1992, sob o impacto da derrocada do comunismo na Europa, o PCB abandonou o marxismo-leninismo e adotou a denominação de Partido Popular Socialista, PPS. Em 1996, o Tribunal Superior Eleitoral concedeu registro a um novo Partido Comunista Brasileiro, formado por remanescentes da ortodoxia marxista. O velho nome não morreu. Só virou um partido nanico.

Gabeira tornou-se um político singular pelo comportamento ético. Foi eleito deputado federal por quatro mandatos consecutivos, entre 1995 e 2011.[9] O verão da anistia era relembrado pelos jornalistas apenas quando ele levantava bandeiras das quais a maioria dos parlamentares preferia manter distância, como a legalização da maconha.

Dois perseguidos pela ditadura acabaram por conduzir o país. O sociólogo Fernando Henrique Cardoso (presidente da República de 1994 a 2003) perdera sua cátedra na Universidade de São Paulo (USP) na razia promovida pelo regime militar nos meios universitários, em 1969. No exílio, ele prosseguiu a carreira acadêmica no Chile e na França. Dilma Rousseff, eleita presidente 2013, foi militante de organizações da luta armada. Presa, torturada e condenada a seis anos de prisão, teve a pena reduzida pelo STF a dois anos e um mês.

Depois da prisão, Dilma fez carreira no serviço público estadual do Rio Grande do Sul, onde ajudou a fundar o PDT. Em 2000, transferiu-se para o PT quando o petista Olívio Dutra foi eleito governador do estado. Lula a levou para Brasília, primeiro para fazer parte da equipe de transição. O presidente gostou de seu estilo durão. Ele a nomeou ministra de Minas e Energia e, quando surgiu a oportunidade, chefe da Casa Civil, o que fez dela seu braço-direito. Dilma jamais disputara uma eleição até que Lula a escolheu como candidata à sucessão.

Quando ela assumiu a chefia da Casa Civil, José Dirceu, que, no passado estivera preso e exilado,[10] apresentou a nova ministra como "companheira de armas". Uma repórter perguntou a ela o que achava da apresentação, que parecia reduzir suas qualificações à participação na luta armada.

A resposta de Dilma:

"Isso é a vida. Foi assim. Eu não vou esconder o que eu fui e não tenho uma avaliação negativa. Acho que ele quis ser afetivo comigo. Tenho uma visão bastante realista daquele período. Eu tinha 22 anos, o mundo era outro, o Brasil era outro. Muita coisa a gente aprendeu. Não tem similaridade o que eu acho da vida hoje."[11]

## Referências

1 Centro de Pesquisa e Documentação da História Contemporânea do Brasil – CPDoc-FGV.

2 Herbert de Souza, o Betinho, e seus dois irmãos, o cartunista Henfil e o músico Chico Mário, eram hemofílicos. Os três foram contaminados com o vírus do HIV em transfusões de sangue e morreram em consequência da doença. Henfil aos 43 anos, Chico Mário aos 39 e Betinho aos 62, em 1997.

3 Revista *Veja*, 12 de setembro de 1979.

4 Darcy Ribeiro, *Aos trancos e barrancos – Como o Brasil deu no que deu*, Editora Guanabara, 1985.

5 Revista *Veja* , *As Aves aqui gorjeiam*, 17 de outubro de 1979.

6 Fernando Gabeira publicou três livros entre 1979 e 1981: O primeiro foi *O que é isto, companheiro?*, seguido por *O crepúsculo do macho* e, por último, *Estradas de Bandeiras.*

7 Fernando Gabeira, *Bye, bye, Brasil*, Revista *Veja*, 13 de fevereiro de 1980.

8 Brizola, havia sido governador do Rio Grande do Sul entre 1959 e 1963, ele foi o único político brasileiro a ser eleito governador de dois estados diferentes.

9 Gabeira tentou, sem sucesso, a prefeitura do Rio (2008) e o governo estadual (2010). Sem mandato, voltou ao jornalismo.

10 José Dirceu, que era o homem-forte do governo Lula e o mais cotado como candidato à sucessão, deixou o Ministério devido ao escândalo do Mensalão. Ele teve cassado seu mandato de deputado federal e foi condenado pelo Supremo Tribunal Federal como chefe da quadrilha que desviou R$ 73,8 milhões dos cofres públicos. A maior parte do dinheiro foi usado para a compra de votos de parlamentares. José Dirceu foi um dos presos políticos trocados pelo embaixador americano de cujo sequestro participou Fernando Gabeira.

11 Entrevista a Eliane Cantanhêde, Folha de S. Paulo, 26 de junho de 2005.

# De presidentes

SERENAMENTE DOU O PRIMEIRO PASSO NO CAMINHO DA ETERNIDADE E SAIO DA VIDA PARA ENTRAR NA HISTÓRIA.

Getúlio Vargas

O sucesso da marchinha *Retrato do Velho*, de Haroldo Lobo e Marino Pinto, na voz de Francisco Alves – "Bota o retrato do velho outra vez/Bota no mesmo lugar/O sorriso do velhinho faz a gente trabalhar" – e o carnaval espontâneo no Rio de Janeiro no dia da posse, em 31 de janeiro de 1951, foram testemunhos da popularidade de Getúlio Vargas e das esperanças despertadas por sua eleição.

O "velho" havia liderado a Revolução de 30, sido chefe do governo provisório, presidente eleito pela Constituinte de 1934, ditador sem disfarce a partir de 1937. Durante o Estado Novo, determinara a exposição do retrato do mandatário, ou seja, dele próprio, nas repartições públicas. Apeado do poder por um golpe militar em 1945, teve a foto substituída pela do sucessor.

Seis anos depois, o "velho" estava de volta ao Palácio do Catete, eleito democraticamente pelo voto popular. Era seu retrato que o sambista queria no mesmo lugar. Era para ser tudo igual, com o sorriso do velho a animar o trabalhador. Foi tudo diferente, trágico.

Não havia dúvidas sobre o desejo expresso nas urnas. Getúlio obteve 3.849.000 votos, 48% do total. O principal adversário, o brigadeiro Eduardo Gomes, ficou abaixo dos 30%.[1]

Nos quinze anos em que foi ditador, Getúlio Vargas havia flertado com o fascismo, censurado a imprensa e lotado os porões de presos políticos. Ele foi o chefe da única ditadura personalista que o Brasil conheceu. Não eram os anos de chumbo que o eleitorado do "velho" tinha na memória. Via nele o "Pai dos Pobres", o líder popular que havia enfrentado os patrões e dado ao trabalhador a Consolidação das Leis Trabalhistas, a CLT, em 1943, e também o presidente nacionalista responsável pelos primeiros passos da industrialização do país.

Logo ficou evidente que o novo mandato seria exercido em terreno conflagrado. Estratégias empregadas com sucesso em outros tempos e circunstâncias já não tinham serventia. Sem o controle da imprensa e da massiva máquina de propaganda do passado seria impraticável reacender o culto à personalidade existente no Estado Novo.

Getúlio pretendeu assumir papel similar ao desempenhado na ditadura: o de árbitro acima das diferentes forças sociais e políticas. Chegou a montar um ministério multipartidário, de viés conservador, que não convenceu a oposição.[2] No Congresso Nacional, a UDN (União Democrática Nacional), o partido de Carlos Lacerda, mostrava-se barulhenta, incansável, sedenta por um golpe de Estado. O governo era capaz de tomar iniciativas – a Eletrobras, a Petrobras e o BNDE (atual BNDES) nasceram da caneta de Getúlio –, mas esteve na defensiva desde o início.Temia especialmente o humor dos quartéis.[3]

O ano novo de 1954 encontrou o país imerso numa crise política de dimensões históricas. Em janeiro, Jango Goulart, recém-nomeado ministro do Trabalho, propôs dobrar o valor do salário mínimo, causando enorme rebuliço. No mês seguinte, 82 coronéis e tenentes-coronéis assinaram um manifesto contra o que descreveram como descaso do governo diante das dificuldades do exército. Tinham feito as contas e percebido que, aprovado o aumento proposto por Jango, o soldo de tenente seria o equivalente ao de um salário mínimo. Uma humilhação.

Os líderes do manifesto dos coronéis eram dois militares destinados à notoriedade. Um deles, que atendia pelo nome engraçado de Bizarria Mamede, viria a ser o pivô da tentativa de impedir a posse de Juscelino Kubitschek.[4] O redator do documento, Golbery do Couto e Silva, se tornaria a eminência parda do governo do general Ernesto Geisel, nos anos 1970.

Getúlio acatou o manifesto, demitiu Jango e também o ministro da Guerra, que lhe apresentara o documento. No Primeiro de Maio de 1954, numa reviravolta inesperada, o próprio presidente concedeu o reajuste e elogiou Jango como "amigo do povo". As comemorações do Primeiro de Maio tinham voltado a ser, como no Estado Novo, o palco no qual Getúlio retornava à retórica populista. No palanque, naquele dia, ele anunciou ao trabalhador: "Hoje estais com o governo. Amanhã, sereis governo."

O novo Getúlio ensaiava voltar a ser o velho Getúlio. A engenharia era complicada. Ao mesmo tempo em que prometia benefícios aos trabalhadores, o presidente era forçado a tomar medidas impopulares para combater a ameaça da inflação. Havia greves em várias categorias profissionais – entre elas a dos influentes portuários do Rio –, colocando mais lenha na fornalha das tensões políticas.

Uns papéis descobertos – ou inventados – por Carlos Lacerda e publicados na *Tribuna da Imprensa* denunciavam os planos de uma aliança antiamericana reunindo o Brasil, a Argentina e o Chile. Era o Plano ABC. Na imprensa e no Congresso a aliança era apresentada como prova cabal de que Getúlio pretendia criar no Brasil uma república sindicalista nos moldes de Domingos Perón, na Argentina.

Um pedido de impeachment do presidente, por corrupção, foi rejeitado pelo Congresso, em junho. Exasperado, o deputado baiano Aliomar Baleeiro, líder da *banda de música da UDN* – o grupo de oradores encarregado de fustigar o governo no Congresso – declarou que agora só o golpe de Estado tiraria Getúlio do poder. Havia realmente uma conspiração em marcha. O núcleo golpista era formado por oficiais da Base Aérea do Galeão e políticos da UDN e tinha Carlos Lacerda como porta-voz.

No primeiro dia de agosto, o mês fatídico, Getúlio Vargas foi assistir ao Grande Prêmio Brasil, no Jóquei Clube do Rio, e recebeu prolongada vaia.

Getúlio odiava ser chamado de "velho". Não havia, contudo, palavra mais apropriada para descrevê-lo. Aos 72 anos, era um homem visivelmente cansado, amargurado e – podemos agora suspeitar – sofrendo de depressão em grau elevado. Estava na reta final de seu mandato. É provável que permanecesse no Palácio do Catete até entregar a faixa ao sucessor eleito, não tivesse ocorrido a Gregório Fortunato, o Anjo Negro, seu guarda-costas por 30 anos, a desastrosa ideia de matar Carlos Lacerda.

Nos primeiros minutos de 5 de Agosto, alguém disparou contra Lacerda, que chegava em casa na Rua Tonelero, em Copacabana. O jornalista foi ferido sem gravidade no pé. O major-aviador Rubens Vaz, que fazia voluntariamente sua segurança, morreu. Seguiu-se enorme exaltação militar, especialmente na Aeronáutica, com os colegas do major Vaz espumando de ódio.

Getúlio percebeu imediatamente o estrago que o atentado teria sobre seu destino. "O tiro disparado contra Lacerda me atingiu nas costas", comentou com os mais próximos.

Não deu outra. O rastro de sangue deixado pelo assassino – um marginal contratado para o serviço – conduziu os investigadores rapidamente a Climério Euribes de Almeida, da guarda pessoal de Getúlio. Gregório Fortunato tentou organizar a fuga do subordinado, complicando a própria situação. Getúlio dissolveu a guarda, que tinha 82 integrantes,mas era tarde. Nos arquivos pessoais do Anjo Negro, no Palácio do Catete, os militares descobriram provas de falcatruas envolvendo a família do presidente. O mais implicado era o irmão pródigo, Benjamim Vargas, conhecido por Beijo.

Atribui-se a Getúlio um comentário que se tornaria bordão nacional: "Tenho a impressão de me encontrar sobre um mar de lama."

As investigações do atentado passaram a ser feitas na Base Aérea do Galeão – a "República do Galeão", dizia a imprensa –, sem o mínimo respaldo na lei para isso. A Aeronáutica entrara em estado de fúria devido à morte do Major Vaz. Não havia sombra de imparcialidade no inquérito conduzido em suas dependências.

Gregório Fortunato foi preso no dia 15. No dia 19, Manuel Vargas, filho de Getúlio, foi acusado de falcatruas em parceria com o guarda-costas. Era pouco para aplacar os rancores despertados pela perceptível fragilidade do presidente. As Forças Armadas queriam a cabeça de Getúlio. Ou, pelo menos, sua renúncia.

O presidente recusava-se entregar o cargo.

Ao receber um ultimato militar, no dia 21, avisou ao portador: "Daqui só saio morto. Estou muito velho para ser desmoralizado e já não tenho razões para temer a morte."

Na madrugada de 24 de agosto, o presidente reuniu ministros e familiares e pediu sugestões. Não houve consenso sobre o que fazer. Zenóbio da Costa, ministro da Guerra, declarou que poderia resistir, mas que isso "custaria sangue, muito sangue".[5] A solução conciliatória, proposta pelo genro Amaral Peixoto seria o presidente tirar licença do cargo.

Às seis horas da manhã, Getúlio soube que a "República do Galeão" exigia a presença de seu irmão, Benjamim, para prestar depoimento. Uma nova indignidade. O presidente ordenou ao irmão que só aceitasse depor no Palácio.

O afastamento temporário do presidente durante as investigações chegou a ser anunciado nas rádios.

Às sete horas Getúlio foi informado de que os militares não aceitariam essa solução. Insistiam na renúncia.

Getúlio pouco dormiu naquela noite. Às 7h45, ele saiu do quarto, de pijama, e foi ao gabinete de trabalho, onde pegou o revólver. De volta ao quarto, pediu ao camareiro para não ser incomodado. O estampido de arma de fogo foi ouvido às 8h30, mais ou menos. Getúlio havia disparado um tiro contra o coração, manchando de sangue o monograma do pijama. Foi encontrado agonizante. O médico do Catete foi chamado às pressas e já encontra o presidente morto.

Na mesinha de cabeceira, estava a carta-testamento, cujo texto pode ser lido numa placa de bronze na principal praça de Porto Alegre e nos estatutos do Partido Trabalhista Brasileiro, o PTB. A frase que encerra a carta é a mais tocante:

> O ódio, as infâmias, a calúnia não abateram meu ânimo. Eu vos dei a minha vida. Agora vos ofereço a minha morte. Nada receio. Serenamente dou o primeiro passo no caminho da eternidade e saio da vida para entrar na História.

A comoção pública foi enorme. Jornais, entre eles a *Tribuna da Imprensa* de Carlos Lacerda, foram atacados pela multidão em várias cidades. O povo achava que os Estados Unidos também eram culpados. A embaixada no Rio e o consulado americano, em Porto Alegre, foram depredados. As sedes da Standard Oil, da Light e de outras empresas americanas foram apedrejadas em várias cidades. Milhares de pessoas compareceram ao Palácio do Catete transformado em câmara ardente. A oposição, assustada, sumiu de vista. Assumiu o vice-presidente Café Filho, houve confusão e complôs, mas as eleições foram realizadas. O presidente eleito, Juscelino Kubitschek, político mineiro identificado com Getúlio, tomou posse em 1956.

No final das contas, não houve o golpe de Estado.

## Referências

1 A UDN, o principal partido de oposição, tentou impugnar a eleição, alegando que só se podia considerar vencedor o candidato com maioria dos votos. Tentativa inútil, pois a exigência ainda não constava da legislação eleitoral.

2 O Ministério da Experiência, como foi chamado pelo governo, incluía ministros do PSD (partido de Juscelino Kubitschek), PRP (de Ademar de Barros) e UDN (de Carlos Lacerda). O PTB, partido de Getúlio Vargas, ficou com um só ministério, o do Trabalho.

3 Dizia-se então que, depois da presidência, a eleição mais importante era a da diretoria do Clube Militar, acompanhadas pela imprensa como o termômetro da estabilidade institucional. Nos primeiros anos da década de 1950 só venceram oficiais nacionalistas, inimigos de Getúlio.

4 Jurandir Bizarria Mamede chegou a general. Em 1979, ao atingir 70 anos, idade da aposentadoria compulsória no serviço público, era presidente do Supremo Tribunal Militar. Morreu em 1998.

5 De acordo com Darcy Ribeiro, em *Aos trancos e barrancos – como o Brasil deu no que deu* – (Editora Guanabara, 1985), estavam presentes na reunião da madrugada do dia 24 de agosto de 1954, além dos ministros, a filha de Getúlio, Alzira, seu marido, Amaral Peixoto, e os irmãos Lutero e Benjamim Vargas.

DEUS POUPOU-ME DO SENTIMENTO DO MEDO.

Juscelino Kubitschek

Às vésperas de ser indicado candidato do PSD (Partido Social Democrático) à presidência da República, em novembro de 1954, Juscelino Kubitschek parecia predestinado a ser triturado pelas forças que tinham levado Getúlio Vargas ao suicídio, meses antes. A situação, explicou Carlos Lacerda na televisão, era a seguinte: "Juscelino não será candidato, se for candidato não será eleito, se for eleito não tomará posse, se tomar posse não governará".

Essas palavras de Lacerda estão entre os prognósticos mais furados da política brasileira. Juscelino foi candidato, elegeu-se, tomou posse, governou até o último dia do seu mandato, coisa que não acontecia com um presidente desde a República Velha.

No início de 1955 não se sabia nada disso. O movimento contra as eleições e a favor de uma intervenção militar ganhava volume. De comum acordo com Lacerda e oficiais golpistas, o presidente Café Filho chamou Juscelino ao Palácio do Catete. Mostrou-lhe um manifesto no qual coronéis do Exército e da Aeronáutica se arvoravam no direito de vetar sua candidatura. Para aumentar a pressão, em 27 de janeiro, o presidente aproveitou-se das transmissões obrigatórias da *Voz do Brasil* para ler a íntegrado manifesto, que continha advertências e ameaças veladas ao então governador de Minas Gerais.

Se não reagisse, Juscelino estaria fulminado.Ele escolheu responder numa entrevista ao *Correio da Manhã*, jornal de grande prestígio na área política. Juscelino começou suas declaraçõespulando com os dois pés no peito dos conspiradores. Dirigiu-se diretamente ao Palácio do Catete: "Não é verdade o que afirma o presidente da República...". Estabelecido o fato de que Café Filho era mentiroso, ele desdenhou das ameaças com a frase que levaria como bandeira na campanha: "Deus poupou-me o sentimento do medo".

Horas depois de o jornal chegar às bancas, a declaração foi repetida no discurso que Juscelino fez na sede carioca do PSD. Raras vezes uma frase causou tão grande entusiasmo. A assistência não parava de aplaudir e gritar. Em suas memórias, o escritor Autran Dourado, assessor de Juscelino e depois secretário de Imprensa da Presidência, diz que foi tal a euforia que "JK parecia realmente convencido de que era muito corajoso".

Juscelino era popular em Minas, mas praticamente desconhecido nos outros estados. Seu sobrenome era difícil de pronunciar e quase impossível num jingle. Isso foi resolvido com a adoção das iniciais sonoras, JK. Contra sua candidatura estavam o Governo Federal, a UDN (União Democrática Nacional) de Carlos Lacerda, gente poderosa nas Forças Armadas e até uma ala de seu próprio partido. O principal líder do PSD, o senador Benedito Valadares, que preferia outro candidato, dizia que Juscelino queria bancar o Tiradentes com o pescoço dos outros.

O que o levou à presidência, apesar de tanta adversidade, foi a primeira campanha eleitoral moderna do país. O PSD comprou um avião, um velhusco DC-3, prefixo PP-ANY. Com capacidade para 16 passageiros, duas camas e duas mesas com equipamento de escritório, podia pousar praticamente em qualquer grotão. Durante a campanha, Juscelino visitou 2.500 cidades.

Nos confins do Brasil, ele apresentava seu programa em torno de metas. A de número 31, tornada pública inesperadamente num comício em Jataí, no interior de Goiás, era a de transferir a capital da República para o Planalto Central.

Era uma promessa concreta de levar o desenvolvimento para o interior, um compromisso que os eleitores levaram a sério. A superexposição, nunca antes tentada por um político brasileiro, o elegeu. Recebeu 36,68% dos votos, a menor votação entre os presidentes eleitos entre 1945 e 1960. O segundo colocado, o general Juarez Távora, teve 30,27% dos votos. No dia da posse, as ruas do Rio se alegraram com a musiquinha popular mineira que, por ser identificada com Diamantina, a cidade natal do presidente eleito, tinha se convertido na trilha sonora de JK:

*Como pode o peixe vivo viver fora d'água fria, como poderei viver sem a tua, sem a tua companhia...*

Na memória dos brasileiros, o governo Juscelino é festejado como o período dos anos dourados. Os contornos do cenário mítico são delineados pelas boas lembranças: estabilidade constitucional, um presidente bossa-nova, o nascimento do cinema novo, o otimismo generalizado, os planos desenvolvimentistas, o Volkswagen pioneiro saindo da linha de montagem no ABC paulista, a conquista da primeira Copa do Mundo (Suécia 1958) e a arquitetura modernista da nova capital construída no meio do nada.

É possível, com a mesma facilidade, descrever um cenário virado ao avesso, de tons sombrios.

Juscelino chegou ao Palácio do Catete em um momento de instabilidade política e de crise militar. Venceu nas urnas. Mas foi preciso um golpe preventivo dado pelas Forças Armadas para garantir a posse.[1] Ele governou com uma oposição barulhenta, que suspirava por um golpe militar, e precisou contornar duas rebeliões na Aeronáutica – na base aérea de Jacareacanga, no Pará, em 1956 e em Aragarças, em Goiás, em 1959. Piloto de uma política econômica desastrosa, o presidentenão apenas se enrolou numa crise da dívida externa. Ele também abriu as portas para o descontrole inflacionário – herança maldita transmitida agerações de brasileiros.

Some-se tudo, os prós e contras, e só resta tirar o chapéu ao Nonô de Diamantina por ter seu governo chegado ao fim do jeito que chegou: com democracia, liberdade de imprensa e a entrega da faixa presidencial ao sucessor eleito nas urnas.

Caso raro, que só se veria novamente quase quatro décadas depois.

## Referências:

1 Os planos golpistas foram abordadospela pronta ação do ministro da Guerra, general Henrique Teixeira Lott. Ao perceberem a movimentação de tropas legalistas, os conspiradores – entre eles o deputado Carlos Luz, presidente da República em exercício, Carlos Lacerda e vários ministros – refugiaram-se no cruzador *Almirante Tamandaré,* o mais poderosa embarcação da Marinha. Lott, que tinha pavio curto, fez o inesperado: mandou a artilharia do Exército disparar contra o navio. As granadas caíram na água e os conspiradores tiveram o bom senso de não responder ao fogo. Foi a última vez que se ouviram tiros de guerra na Baía da Guanabara.

**FORÇAS TERRÍVEIS LEVANTAM-SE CONTRA MIM E ME INTRIGAM OU INFAMAM, ATÉ COM A DESCULPA DE COLABORAÇÃO.**

Jânio Quadros

Na carta entregue ao ministro da Justiça, Jânio Quadros atribuía a renúncia à pressão de "forças terríveis". Em edição extraordinária, *O Repórter Esso*, jornal radiofônico de maior audiência em 1961, trocou para "forças ocultas". Jânio morreu 31 anos mais tarde, em 1992, sem se conformar com a troca de adjetivos.

"Terríveis" ou "ocultas", que diferença faz? Nenhuma dessas palavras ajuda a entender o gesto do presidente que, sete meses depois da posse, pediu para sair. A melhor explicação ainda é "Fi-lo porque qui-lo" – outra frase que tirava Jânio do sério. Ele negava com vigor ser autor de tal barbarismo. Era um perfeccionista do idioma e jamais diria algo gramaticalmente tão errado.[1] Jânio sabia que o "porque" atrai o pronome. Logo, a frase correta teria que ser "fi-lo porque o quis".

Uma paródia evidente, cuja autoria é difícil de precisar. A graça está em emular a linguagem erudita, um tanto ridícula, cheia de mesóclises e ênclises, adotada pelo político. Nem por isso deixa de ser uma interpretação correta. Jânio fê-lo porque quis aplicar um autogolpe. Ele queria implantar uma ditadura civil, governar sem o embaraço de lidar com um Congresso hostil. Para o populista que pensou ter todas as cartas na mão, foi um tremendo fiasco. Para o país foi uma desgraça. A renúncia desencadeou a sucessão de crises que levou à morte da democracia em 1964. Jânio jamais se desculpou.

"Entre as várias maneiras de alguém entrar para a História, Jânio escolheu a cômica", escreveu o historiador paulista Francisco Iglésias.

Em que momento da vida ele terá percebido o potencial político de seu talento histriônico?

Jânio João Quadros nasceu em Campo Grande, no que é hoje o Mato Grosso do Sul, filho de um médico e de uma dona de casa. Jovem, trocou o João pelo "da Silva". A adoção do sobrenome "popular" foi o primeiro gesto conhecido da figura política que montaria com esmero de ator. O sotaque peculiar, que não existia em lugar algum, ele inventou ainda estudante em Curitiba. Outros recursos cênicos, como roupas desleixadas e cabelos desalinhados, surgiram durante o curso de Direito na Faculdade do Largo São Francisco, em São Paulo.

Tentou, sem sucesso, entrar para o Itamaraty. "Reprovado por critérios estéticos", ele dizia. Foram seus alunos no Dante Alighieri, colégio da elite paulista onde ensinou Geografia, que tomaram a iniciativa de lançá-lo candidato à Câmera de Vereadores, em 1947. Nos 13 anos seguintes, Jânio percorreu o universo político com impulso de rojão. Foi deputado estadual, prefeito da capital paulista, governador de São Paulo, deputado federal e presidente da República. Só completou um mandato, o de governador.

O político Jânio Quadros era avesso a partidos. Elegia-se por coalizões improvisadas, sem se ater a nenhuma agremiação, sem ligar para ideologia. Confiava mais no instinto e no talento cênico. Seus discursos giravam em torno de dois temas de eterno apelo eleitoral: o combate à corrupção e a má qualidade da gestão pública. Ao deixar o Palácio dos Bandeirantes em 1959, ele consolidara a imagem de administrador incorruptível.

Na campanha para presidente, Jânio se apresentou como o candidato solitário contra a coligação de partidos poderosos, o defensor dos interesses dos mais pobres (transporte coletivo, escolas, hospitais). O bordão "tostão contra o milhão" era reforçado pelo terno desalinhado e salpicado de caspa, pelo sanduíche que comia no palanque, simulando falta de tempo para uma refeição decente. No final dos comícios apresentava a mulher, Eloá, que não abria a boca.

"Minha mulher pediu-me que dirigisse as últimas palavras à mulher brasileira, a verdadeira dona da vassoura", discursava. "Àquela que sofre no trabalho permanente do lar, que deve equilibrar as contas de salários de miséria."

Soa patacoada, mas encantou o eleitorado feminino. Jânio foi eleito presidente com 5,6 milhões de votos, 48% do total (ainda não havia segundo turno) contra um candidato enfadonho, o general Henrique Teixeira Lott. O vice-presidente, eleito à parte, era João Goulart, do PTB.

Era o primeiro presidente a tomar posse em Brasília, a nova capital, e encarnava as esperanças no futuro. Essas logo se desfizeram. Nos 204 dias em que esteve na presidência, o Brasil viajou numa montanha-russa monitorada por um homem que obedecia exclusivamente ao instinto.[2] "Ele foi a UDN de porre no governo", resumiu Afonso Arinos de Melo Franco, seu ministro de Relações Exteriores. "Faltou alguém trancá-lo no banheiro."

Jânio ocupava-se de assuntos desproporcionais à importância do cargo que exercia. Proibiu o lança-perfume, o desfile de maiô nos concursos de miss, a briga de galos e corridas de cavalos em dias úteis. No campo das providências mais sérias, era igualmente desconcertante. Combinou iniciativas simpáticas à esquerda com medidas simpáticas aos conservadores. "De algum modo, desagradava assim a ambos", interpretou o historiador Boris Fausto.[3]

Ele tabelou o arroz e o feijão, reduziu o orçamento das Forças Armadas e aumentou o horário de expediente do funcionalismo, condecorou Che Guevara (a inauguração simbólica do que viria a ser a política externa independente), planejou a anexação da Guiana Francesa e brigou com quase todos os parlamentares e políticos aliados. "Para piorar", como escreveu o historiador Marco Antônio Villa, "o que parecia novo estava carregado do velho golpismo latino-americano".[4]

Pelo resto da vida, Jânio insistiu em cercar a renúncia de uma aura de mistério. Só em 1992, preso a um leito do Hospital Israelita Albert Einstein, em São Paulo, permitiu-se um momento de sinceridade, atendendo à curiosidade do neto Jânio John Quadros Mulcahy.[5]

"Foi o maior erro que cometi", lamentou. "Ao renunciar, eu quis pedir um voto de confiança à minha permanência no poder."

Jânio pensou ter tudo bem organizado. Primeiro despachou João Goulart em missão oficial à China, o lugar mais distante possível. Assim, no momento da crise, o vice-presidente não estaria no Brasil para assumir ou fazer articulações políticas. Jânio sabia que Jango, herdeiro do getulismo, seria inaceitável para as Forças Armadas. Imaginou que os militares, os governadores e, principalmente, o povo, iriam às ruas para chamá-lo de volta ao Palácio.

Ele aceitaria, mas com a condição de obter maior soma de poderes. Não precisaria ser uma ditadura de Estado Novo. Bastaria poder governar sem muita interferência do Congresso e dos partidos.

Jânio só se esqueceu de combinar com os demais interessados. Entregou o pedido de renúncia e partiu apressadamente de Brasília para São Paulo. Ninguém pediu que voltasse. Os militares engoliram a posse de Jango (só para derrubá-lo três anos depois, é verdade) num arranjo parlamentarista. Jânio virou carta fora do baralho da política brasileira.

Deu seu último suspiro eleitoral em 1986, eleito prefeito de São Paulo. Cumpriu o mandato com discrição. Era então apenas um velho bigodudo, que dizia coisas engraçadas nas entrevistas, mais curiosidade do que fenômeno político.

Jânio morreu em 16 de fevereiro de 1992. Para desespero da família, levou para o túmulo o número da mítica conta bancária na Suíça. Além dele, só Eloá, que morreu dois anos antes do marido, sabia do segredo – e também nunca o revelou.

## Referências


1 Jânio Quadros em entrevista à apresentadora Marília Gabriela no programa *TV Mulher*, em 1982.

2 Augusto Nunes, "Jânio Quadros, o dia em que o presidente sumiu", Revista *Veja*, 24/8/2011.

3 Boris Fausto. *História concisa do Brasil.* São Paulo: Edusp, 2001.

4 Marco Antônio Villa. *Folha de S. Paulo*, 25 agosto de 2011.

5 Jânio Quadros Neto e Eduardo Lobo Botelho Gualazzi, *Jânio Quadros, Memorial à História do Brasil.* São Paulo: Editora Rideel Ltda, 1996. Jânio John Quadros Mulcahy mudou o nome para Jânio Quadros Neto quando se candidatou a deputado estadual em São Paulo, em 2006.

SE NÃO DERMOS O GOLPE, ELES O DARÃO CONTRA NÓS.

Leonel Brizola

No segundo ano do governo de João Goulart, o Jango, todos esperavam um golpe. A dúvida era de que lado viria. O historiador Marco Antônio Villa, autor do instigante biografiado presidente deposto pelo golpe de 1964, sustenta que a descrença na democracia era o *zeitgeist*, o espírito daquele tempo:

"Jango, Brizola, Prestes (Luiz Carlos, do PCB), a maior parte da oficialidade das Forças Armadas, quase toda a UDN, parte do PSD, jornalistas, empresários, todos não só não acreditavam na democracia como a consideravam um empecilho ao progresso econômico."[1]

Desde a posse do cunhado em 1961, Leonel Brizola o aconselhava a tomar a iniciativa e mudar a regra do jogo democrático a seu favor: "Se não dermos o golpe, eles o darão contra nós."

Jango até ensaiou um golpe branco. Em 4 de outubro de 1963, ele solicitou ao Congresso Nacional a decretação do estado de sítio usando como justificativa uma onda de greves. Com as ferramentas da exceção, o presidente poderia ter deposto governadores de oposição e abatido em voo os planos de seus inimigos políticos. Faltou-lhe, contudo, apoio suficiente no Legislativo para fazer passar a ampliação de seus poderes. Até os deputados de esquerda recuaram, com receio de que o estado de sítio viesse a ser usado contra o governador Miguel Arraes, de Pernambuco, que andava às turras com o governo federal.

A marcha da insensatez brasileira tivera início em agosto de 1961, com a renúncia do presidente Jânio Quadros. Os ministros militares tentaram impedir a posse do vice-presidente, que estava na China em viagem oficial. Brizola, governador do Rio Grande do Sul, resistiu. Com o apoio do III Exército, montou uma rede de rádios – a Cadeia da Legalidade – que mobilizou o país. Diante do risco de guerra civil, políticos mais sensatos trataram de costurar um acordo: Jango assumiu, mas o poder da presidência foi diluído com a implantação do regime parlamentarista.

O próprio presidente rompeu o acordo no ano seguinte. Antecipou o plebiscito sobre o sistema de governo, que só deveria ocorrer em 1965, e venceu facilmente. Em janeiro de 1963, cerca de 9,5 milhões de eleitores votaram pela volta do presidencialismo, contra pouco mais de 2 milhões de votos no parlamentarismo. A questão naquele momento era a seguinte: o que Jango pretendia fazer com os poderes da presidência restaurados? Não havia clareza sobre suas intenções.

"Ele era uma rolha balançando na água. Ia sempre pela última opinião que ouvia", escreveu em suas memórias o diplomata Lincoln Gordon, embaixador americano no Brasil entre 1961 e 1966.

Nos últimos meses de 1963, o cenário político que garantira a posse estava inteiramente revirado. As relações com o Congresso eram tensas.O presidente tinha rompido com a maioria dos antigos aliados à direita e à esquerda. A oposição conservadora conspirava com os militares para depor o governo. Os deputados da UDN mantinham uma campanha diária de denúncias contra o governo, acusado de querer entregar o país aos comunistas. A euforia inicial da esquerda com a posse de Jango se dissolvera, transformada em impaciência.

San Tiago Dantas, ministro da Fazenda até o final de 1963, dividia a esquerda brasileira em duas vertentes, a positiva e a negativa. A primeira reunia moderados, como ele próprio e o ministro do Planejamento, Celso Furtado, e trabalhava por reformas sociais e econômicas profundas dentro das regras da democracia. A outra era a dos radicais, como Leonel Brizola e Francisco Julião, que queria partir para a revolução.

"Reforma agrária na lei ou na marra", era o bordão das Ligas Camponesas, lideradas por Julião. Influenciado pelo sucesso da revolução cubana, Julião tinha organizado um campo de treinamento de guerrilheiros em Anápolis, em Goiás. O campo foi desbaratado pelo exército, mas não antes de contribuir para o clima de exaltação que dominava a política nacional.

O próprio Brizola, aliado de longa data, rompeu com o presidente em 1963. "É um reformador, um daqueles que desejam pintar as paredes das choupanas dos camponeses e embelezá-las, mas para si ficam na casa-grande", declarou a respeito do cunhado.

"A esquerda radical optou por lutar pela revolução socialista imediata", escreveu o antropólogo Darcy Ribeiro, nos anos 1980. Observador dos bastidores na posição de chefe de gabinete de Jango, Darcy não tinha dúvida sobre o que o presidente podia esperar da esquerda que, em tese, deveria apoiá-lo no projeto de reformas sociais: "Seu propósito era o de derrubar o governo."[2]

Thomas Skidmore, o mais notável dos brasilianistas, escreveu que "o fato mais nefasto que se evidenciava no quadro da política partidária era a ausência de um partido (...) de centro. A opinião do centro (...) estava cada vez mais sujeita ao pânico, com as perspectivas de ver a administração das reformas passar às mãos de extremistas de esquerda".[3]

Talvez a solidão tenha levado Jango a enveredar pela desastrada estratégia populista de suas últimas semanas no poder. Ao estilo de Perón, o presidente decidiu passar por cima da política convencional e falar diretamente ao povo.

A ideia do grande comício nascera em janeiro de 1964, numa reunião de Jango com dirigentes sindicais. Esperavam que a grande mobilização popular pressionasse o Congresso a votar os projetos do governo. No dia 13 de março, 250 mil compareceram à esplanada em frente à Central do Brasil, no Rio. No palanque, estavam Leonel Brizola e Miguel Arraes ao lado dos principais líderes nacionalistas, comunistas e reformistas de todos os quilates, moderados e radicais. Também estava presente a primeira-dama, linda no esplendor de seus 24 anos. Era a primeira vez que Maria Teresa Goulart comparecia a um comício.

O presidente discursou, prometendo lançar o governo na campanha pelas reformas de base. Essa era uma bandeira que o PTB agitava desde o governo Juscelino, e que Jango pretendeu consolidar em propostas concretas. A diversidade de temas (reformas agrária, urbana, tributária, educacional, bancária, administrativa...) tornava um tanto difuso o programa preparado pelo governo. No palanque, entretanto, só eram lembradas as causas de maior apelo popular: a reforma agrária, a estatização das refinarias de petróleo e o controle da remessa de lucro das multinacionais.

Pelas duas semanas seguintes ao comício da Central do Brasil, Jango ocupou a liderança do movimento nacional-reformista, como era chamado pela esquerda.

Teria completado o mandato se adotasse uma atitude conciliadora?

Provavelmente não.

Seus inimigos assanhavam-se com a perspectiva de chegar ao poder na marra. Tinham conspirado para depor Getúlio Vargas, e para impedir a posse de Juscelino Kubitschek. A aversão a Jango não decorria apenas do que ele e o Partido Trabalhista Brasileiro representavamem 1964 ou de sua proposta de reforma de base. Havia o baú de ódios e ressentimentos a fermentar desde o suicídio de Getúlio Vargas, em 1954, do qual Jango era agora o depositário.

Os dois presidentes gaúchos se identificavam como se um fosse a continuação do outro, ainda que a diferença de estatura política entre eles fosse gritante. João Belchior Marques Goulart – Jango era um apelido carinhoso de infância – não passava de um pigmeu se comparado ao patrono.

As famílias Goulart e Vargas eram vizinhas e amigas em São Borja, no Rio Grande do Sul. Ao retornar à presidência pelo voto direto em 1951, Getúlio levou o jovem Goulart, então com 32 anos, para o governo. Deputado federal, presidente do Partido Trabalhista Brasileiro, o PTB, Jango tornou-se uma celebridade nacional no curto período em que comandou o Ministério do Trabalho. Na cadeira de ministro, ele se aproximou dos sindicatos e, numa manobra ousada, propôs dobrar o valor do salário mínimo. Não durou muito no ministério, derrubado por um manifesto de coronéis, que o acusavam de conivência com sindicalistas comunistas. Perdeu o cargo, mas adicionou ao seu cacife eleitoral a preciosa fama de amigo dos trabalhadores.

Uma hipótese interpretativa, elaborada pelo jornalista Augusto Nunes, da revista *Veja*, é a de que Jango foi um homem talhado para o papel de coadjuvante, saindo-se pior como protagonista.[4] Faz sentido.Após a carreira rápida à sombra de Getúlio, Jango foi vice-presidente de Juscelino Kubitschek e em seguidade Jânio Quadros. Ao sentar-se finalmente na cadeira da presidência, fez um governo ruinoso.

Em 1964, a inflação havia disparado, aproximando-se dos três dígitos, a economia ia ladeira abaixo, os quartéis estavam inquietos, havia agitação no campo e nos sindicatos. A intranquilidade social podia ser medidapela quantidade de greves de repercussão nacional – foram 105 em 1961, 128 em 1962, e 149 em 1963. Depois do comício de 13 de março, a direita mostrou força levando a classe média às ruas de várias cidades com as Marchas da Família com Deus e pela Liberdade. A primeira delas, dia 19 daquele mês, em São Paulo, reuniu meio milhão de pessoas. A multidão cantava:

*Um, dois, três, Brizola no xadrez*
*Se tiver lugar, põe também o João Goulart.*

Getúlio fora um brilhante manipulador político. Jango era um desastre como estrategista. Seu pior erro de cálculo foi o de estimular a mobilização política de militares de baixa patente, organizados em sindicatos. Nem os militares do propalado "dispositivo militar" de apoio ao presidente estavam dispostos a tolerar a quebra da hierarquia representada pelas manifestações dos subordinados.

Até eles, os militares legalistas, deixaram de confiar na capacidade do presidente para manter a ordem social e política do país.[5]

Envolvido num clima de injustificada euforia, o governo parecia não perceber que cutucava a onça com vara cada vez mais curta. No dia 25 de março, reunidos na sede do sindicato dos metalúrgicos do Rio, marinheiros e fuzileiros navais se amotinaram contra a punição disciplinar sofrida por alguns deles. O ministro da marinha, Silvio Mota, mandou prender os amotinados. Jango reagiu, demitindo o ministro. A primeira coisa que fez seu substituto, o almirante Paulo Mario da Cunha Rodrigues, foi dar anistia aos amotinados. Feito isso, declarou: "Meu Deus, como é dura a luta contra o imperialismo agonizante".

O sinal verde para o golpe de Estado de 1964 abriu-se com o pronunciamento feito por João Goulart para uma plateia de 2.000 sargentos e suboficiais no Automóvel Clube, no dia 30 de março. Foi seu último discurso. Os generais colocaram as tropas na rua naquela mesma noite. Não havia dispositivo militar algum para defender a legalidade. Três dias mais tarde, Jango voou para o exílio. Viveu placidamente, afastado da política até 1976, quando morreu na Argentina. Tinha 57 anos.

O Brasil amargou 21 anos de trevas impostas pelos golpistas que derrubaram Jango.

## Referências


1 Marco Antônio Villa. *Jango: um perfil (1945-1964)*. São Paulo: Globo, 2004.

2 Jorge Ferreira, *João Goulart – uma Biografia*, Civilização Brasileira, 2011.

3 Thomas Skidmore, *Brasil: de Getúlio a Castelo, 1930-1964*, Companhia das Letras, 2010.

4 Augusto Nunes, *Bom coadjuvante, mau protagonista*, *Veja*, 07/09/2011.

5 Elio Gaspari, *A Ditadura Envergonhada*, Companhia das Letras, 2002.

> O CHEIRINHO DO CAVALO É
> MELHOR QUE O DO POVO.

João Figueiredo

João Baptista de Oliveira Figueiredo, o quinto e último presidente do regime militar, tomou posse em 15 de março de 1979. Seu antecessor, Ernesto Geisel, entregara-lhe uma tarefa de grande porte, a de conduzir a abertura lenta, gradual e irrestrita. Justiça seja feita, Figueiredo cumpriu a missão recebida.

Menos de seis meses após tomar posse, em 28 de agosto de 1979, Figueiredo assinou a Lei da Anistia, permitindo a volta de tanta gente que partiu num rabo de foguete. Ele enfrentou com serenidade o desafio de conviver com Leonel Brizola, o político mais odiado pelos golpistas de 1964 e que voltara ao país com a anistia, e com o surgimento de um novo movimento sindical e um novo tipo de líder sindical, Luís Inácio da Silva, o Lula.

Ressoa ainda hoje sua estranhíssima profissão de fé:

"É para abrir mesmo e quem quiser que eu não abra, eu prendo e arrebento."

A razão de Geisel escolher como sucessor um oficial de cavalaria capaz de dizer tal asnice ainda é objeto de discussão. Em 1977, quando seu nome vazou para a imprensa, Figueiredo era praticamente desconhecido. Chefiava o Serviço Nacional de Informações, o SNI, um órgão de reputação sinistra. Usava farda e óculos escuros, a carranca fechada. Os brasileiros jamais tinham ouvido sua voz.

Em suas memórias daquele período, Faïd Farhat, "assessor polivalente" do candidato e, depois, porta-voz e ministro da Comunicação Social do presidente, contou que uma das primeiras providências foi convencê-lo a abandonar os pesadíssimos óculos escuros.[1]

Nas circunstâncias do Colégio Eleitoral, ser candidato do partido do governo, a Arena, equivalia à nomeação. Ainda assim, já não era mais razoável apresentar um novo general-presidente de supetão, como fora feito com Emílio Garrastazu Médici, em 1969. Ficou decidido no Palácio do Planalto que o futuro presidente precisava falar com a imprensa, mostrar a cara, abrir um sorriso, conquistar a boa vontade do povo.

O candidato se pôs a falar – e que desastre!

Em abril de 1978, numa das primeiras entrevistas, Figueiredo se pôs a explicar a vantagem do Colégio Eleitoral sobre a eleição direta para presidente:

"O brasileiro pode votar bem se não conhece noções de higiene? (...) Eu encontrei outro dia, num quartel, um soldado de Goiás que nunca escovara os dentes e outro que nunca tinha usado um banheiro. E por aí vocês me digam se o povo está preparado para eleger o presidente da República."[2]

Em agosto foi perguntado sobre seu conhecido apreço pelos cavalos. Respondeu com a frase que grudou em sua pessoa como uma praga:

*"O cheirinho do cavalo é melhor que o do povo."*

A uma pergunta sobre o salário mínimo, respondeu:

"Se eu ganhasse salário mínimo, dava um tiro no coco."

O presidente Geisel iniciara o desmonte do regime ditatorial com a revogação de algumas medidas de exceção, incluindo o

AI-5. Para justificar a lentidão do processo, inventou uma variedade de eufemismos: democracia relativa, distensão paulatina, abertura gradual. Perguntado se democracia adjetivada não era uma contradição, Figueiredo recorreu a uma analogia frutífera para explicar a "morte do liberalismo":

"Nós temos laranja-lima, laranja-pera, laranja-baía, que têm sabores diferentes, mas nem por isso deixam de ser laranjas. Assim, também, há democracias diferenciadas."

Do limão, assessores tentaram fazer uma limonada. Comentários que tinham mais a ver com o tempo de Figueiredo na Cavalaria do que com a liturgia da presidência da República foram festejados como demonstrações de um político franco e espontâneo. Surgia o "João do Povo", um brasileiro como você. "Plante que o João garante" foi o mote de uma campanha de incentivos dirigida aos agricultores. Criada pelo então ministro do Planejamento Antonio Delfim Netto, ela levou muitos pequenos produtores rurais à falência.

A economia, aliás, não foi o forte de Figueiredo. A recessão de 1981-1983 foi a pior que qualquer brasileiro podia lembrar. O Produto Interno Bruto registrou queda de 3,1% em 1981. Foi o primeiro resultado negativo desde 1947, quando os indicadores do PIB começaram a ser medidos. Em 1979, Figueiredo concedera o reajuste trimestral dos salários pela correção monetária. A indexação se tornou um mecanismo de realimentação da própria inflação, que atormentou os brasileiros pelos quinze anos seguintes. No último ano de Figueiredo, a inflação atingira o estratosférico índice de 223,8%.

João do Povo também posava de machão. Exibia-se só de sunga, meias e tênis fazendo ginástica. Parecia em excelente forma para um sexagenário. Era enganação. Seus olhos lacrimejavam a ponto de exigir uma cirurgia. Tinha problemas cardíacos e sofria dores terríveis com uma hérnia de disco, agravada pelos exercícios de equitação. Durante o período em que esteve no poder, passou por duas cirurgias sérias e um infarto. Em um hospital de Cleveland, nos Estados Unidos, onde permaneceu internado por 44 dias, abriram-lhe o peito para a implantação de uma ponte de safena.

Em sua monumental série de livros sobre a ditadura militar, o jornalista Elio Gaspari fez severa avaliação do esforço propagandista: "Era penosa a insistência na ficção de que a precariedade de raciocínio e de linguagem, demonstrada a cada manifestação pública, deviam ser interpretadas como características de um homem sincero, que prezava a simplicidade."[3]

Quando Figueiredo foi escolhido por Geisel, em 1977, muitos políticos, governistas e oposicionistas, suspiraram com alívio. Outro concorrente era o general Silvio Frota, ministro do Exército, um brucutu que desejava apertar o garrote da ditadura. Uma coisa era certa: tinha que usar farda. Os militares não teriam aceitado a candidatura de um civil. Figueiredo era um homem do regime, estava no Palácio do Planalto desde 1969. Um general de quatro estrelas. A quinta, no jargão dos anos de chumbo, era a presidência da República. Como seus antecessores no cargo, ele tirara primeiro lugar nos três principais cursos do Exército.

Anos mais tarde, falando abertamente em depoimento gravado para a posteridade, Geisel disse ter valorizado a intimidade de Figueiredo com o poder:

"Ele tinha assistido a boa parte do governo do Castello, pois desde o começo foi levado pelo Golbery *(do Couto e Silva)* para a Agência Central do SNI. Depois (...) foi servir com o Médici e o acompanhou no governo como chefe da Casa

Militar. Acompanhou também o meu governo do primeiro ao último dia. Quer dizer, acompanhou três governos, sendo que dois no dia a dia. Tinha uma experiência e uma visão muito grande das coisas, da estrutura governamental, dos problemas nacionais."[4]

Ambos, Geisel e Golbery acreditavam que a personalidade de Figueiredo mudara para pior no exercício da presidência. Elio Gaspari, que entrevistou os dois para seus livros, discorda: "Jamais houve dois Figueiredos. Houvera um general trancado no Gabinete Militar e no SNI, protegido ora pela censura ora pela trama destinada a torná-lo presidente. Expondo-se, mostrou-se um primitivo."[5]

No primeiro ano de governo, Figueiredo fez mais de duzentas viagens pelo país. Inaugurou obras, discursou. As pesquisas de opinião pública indicavam que sua popularidade andava nas nuvens. Em agosto de 1979, um levantamento do Ibope mostrou que os brasileiros o consideravam o político mais simpático do país. Espantosamente, em segundo lugar, aparecia o histriônico ex-presidente Jânio Quadros. A maior preocupação de seus acompanhantes nas viagens eram as piadas de caserna. Que outro político iria ao Rio Grande do Sul e dizer, como fez o presidente, que "gaúcho é gigolô de vaca"?

A estratégia publicitária chegou bruscamente a seu fim em Florianópolis, em 1º de dezembro de 1979. Era a sexta-feira de uma semana tensa, em que o governo autorizara o aumento do preço da gasolina.[6] Acompanhado de vários ministros, Figueiredo subiu ao palanque erguido no centro da capital catarinense. Um grupo de estudantes iniciou ruidosa manifestação. Logo elevou o tom, partindo para o palavrão com um coro de estádio de futebol:

"Um, dois, três, quatro, cinco mil, queremos que o Figueiredo vá pra puta que o pariu."

O presidente desceu do palanque, pediu briga, indignado pelos insultos que ouviu. Precisou ser contido pelos guarda-costas. "Minha mãe não está em pauta", esbravejava. A manifestação estudantil se desdobrou em confrontos com a polícia. Correria, bombas de gás lacrimogêneo. Ministros acabaram por trocar sopapos com manifestantes. Muita gente temeu que o tumulto colocasse fim ao processo de abertura política. A única mudança, no final das contas, foi o sumiço de "João do Povo". O presidente desistiu de sair às ruas. O articulador político do governo Figueiredo era o ministro da Justiça Petrônio Portella, que morreu em janeiro de 1980. Naquele mesmo mês, militares assustados com o risco de o Brasil se tornar uma democracia, partiram para o terrorismo. Vinte e cinco bombas explodiram sem deixar vítimas, a maioria contra bancas de jornais que vendiam publicações esquerdistas. Em agosto, virou tragédia. Uma carta-bomba mutilou o assessor de um vereador do Rio de Janeiro e outra matou uma secretária na sede carioca da OAB.[7] Houve então uma pausa.

Na noite de 30 de abril de 1981, duas bombas explodiram no Riocentro, centro de convenções onde se realizava um festival de música com a presença de 20 mil pessoas. O primeiro artefato não machucou ninguém. O segundo detonou dentro de um carro no estacionamento, matando o sargento que o segurava no colo e ferindo com gravidade o capitão que estava ao volante. Ambos serviam no Doi-Codi[8] do I Exército, o setor encarregado da repressão política. Fora acidente de trabalho.

O inquérito realizado pelo Exército inverteu as provas e chegou à ridícula conclusão de que os militares haviam sido "vítimas de uma armadilha ardilosamente colocada no carro do capitão".[9] Em protesto contra a leniência com que Figueiredo lidou com a baderna nos quartéis, Golbery do Couto e Silva pediu demissão. Sem Portella e agora sem Golbery, as duas cabeças pensantes de seu governo, o presidente perdeu o rumo no trato com os políticos. Vivia às turras com seus colegas do Partido Democrático Social, PDS, e com os próprios auxiliares no Palácio. "São piores que a oposição", queixou-se mais de uma vez.

Foi Figueiredo quem desmontou a camisa-de-força do bipartidarismo, permitindo a multiplicação das legendas. Ele também aceitou a eleição de um oposicionista, Tancredo Neves, pelo Colégio Eleitoral. Poderia ser diferente? Ele poderia ter se aliado à linha-dura do exército, colocado as tropas na rua e engrenado a marcha-ré na redemocratização?Colocado diante dessas questões, Jarbas Passarinho, ministro no governo Figueiredo e um dos signatários do AI-5, respondeu afirmativamente: "Se quisesse, teria barrado a posse de Tancredo Neves."[10]

Entre janeiro e abril de 1983, multidões foram às ruas em apoio à emenda que restabelecia eleições diretas para presidente. Trinta e cinco milhões de brasileiros participaram de manifestações naqueles quatro meses de empolgação. Apesar do recado claro das ruas, a emenda foi rejeitada em votação na Câmara dos Deputados em 25 de abril de 1984. Figueiredo teria conquistado uma estatura maior perante a História se tivesse autorizado as eleições diretas para presidente da República – mas ele não foi capaz desse gesto de grandeza.

Tancredo Neves, o eleito pelo Colégio Eleitoral, morreu antes da posse. Assumiu o vice-presidente, José Sarney, que até junho de 1984 presidira o PSD, partido sucessor da Arena na defesa do regime militar. Amargurado e frustrado, Figueiredo recusou-se a participar da cerimônia de posse por considerar Sarney um traidor. Preferiu sair do Palácio do Planalto pela porta dos fundos.

Em janeiro de 1985, numa entrevista a TV Manchete, fez,a guisa de testamento político, um pedido à imprensa e aos brasileiros: "Que me esqueçam."[11]

## Referências

1 Saïd Farhat, *Tempo de Gangorra*, Tag&Line, 2012.

2 Getúlio Bittencourt, *A Quinta Estrela – Como se tenta fazer um presidente no Brasil*, Livraria Editora Ciências Humanas, 1978. A entrevista original a Getúlio Bittencourt e Haroldo Cerqueira Lima foi publicada pela *Folha de S. Paulo*, de 5 a 6 de abril de 1978.

3 Elio Gaspari, A Ditadura Encurralada, Companhia das Letras, 2004.

4 Ernesto Geisel, organizado por Maria Celina d'Araujo e Celso Castro, citado por Elio Gaspari, em *A Ditadura Encurralada*, Companhia das Letras, 2004.

5 Elio Gaspari, obra citada, página 444.

6 Um litro de gasolina passou a custar 22,60 cruzeiros. Em valores de agosto de 2013, seriam 9,66 reais. Com o salário mínimo da época se poderia comprar 132 litros. O governo também aumentou os incentivospara a produção de álcool-combustível, usado como alternativa para abastecer a frota brasileira, que era então de 8 milhões de veículos. O preço do barril de petróleo, que em 1973 estava em 2,2 dólares, atingiu 22,5 dólares em 1979.

7 José Ribamar de Freitas, ferido na explosão da carta-bomba na Câmara de Vereadores do Rio de Janeiro, era tio e assessor do vereador Antonio Carlos Ferreira, o Tonico. A senhora Lyda Monteiro da Silva morreu ao abrir a carta-bomba endereçada ao presidente da OAB, Miguel Seabra Fagundes. Outras seis pessoas ficaram feridas.

8 Destacamento de Operações de Informação-Centro de Operações de Defesa Interna, o órgão encarregado da repressão política no regime militar.

9 O sargento Guilherme Pereira do Rosário foi enterrado com honras militares. O capitão Wilson Dias Machado, depois coronel, jamais se manifestou publicamente sobre o atentado.

10 Entrevista a Maurício Lima e Silvio Ferraz, *Veja*, 5 de janeiro de 2000.

11 João Baptista de Oliveira Figueiredo morreu no Rio de Janeiro às vésperas do Natal de 1999. Tinha 81 anos e costumava passear pela avenida Atlântica em Copacabana. Quando alguém fazia menção de tê-lo reconhecido, apressava-se em dizer: "Não sou quem você está pensando. Só sou parecido com ele."

EU NÃO MERECIA ISSO.

Tancredo Neves

José Sarney foi taxativo: "É proibido gastar". Fez então curta pausa oratória e reiterou, com ênfase: "Esta é uma ordem do presidente Tancredo Neves".

O vice-presidente em exercício foi cuidadosamente fiel ao texto que lhe cabia ler na primeira reunião ministerial da Nova República, em março de 1985. Em sete ocasiões ele sublinhou que aquelas eram as palavras de Tancredo ao ministério e ao povo brasileiro.

O discurso fora escrito com antecedência. O presidente eleito o ditara ao sobrinho Francisco Dornelles, sendo posteriormente submetido a uma pequena revisão do jornalista Mauro Santayana.[1] Então, às vésperas de receber a faixa de presidente da República, Tancredo foi hospitalizado e operado às pressas na madrugada do dia da posse, 15 de março. O cargo foi entregue ao vice-presidente eleito, José Sarney, na condição de interino.

A frustração era geral.

O cargo, os ministros, o discurso e o entusiasmo popular eram de Tancredo. Sarney era um estranho no ninho, uma peça adicionada por necessidade à minuciosa articulação montada por Tancredo para a transição para a democracia. O presidente eleito amargara 21 anos na oposição ao regime de exceção. O vice mudara de ninho poucos meses antes, depois de comandar o PSD, o partido de sustentação da ditadura. Na convenção do PMDB que sacramentara a chapa que concorreria nas eleições indiretas, Sarney até evitou discursar, temendo ser vaiado.

Não se sabe com certeza o momento em que a saúde de Tancredo começou a declinar. No dia da eleição, 15 de janeiro, ele parecia vigoroso e cheio de vida, uma performance pessoal invejável num homem de 75 anos. O Colégio Eleitoral era o mecanismo criado pelo regime militar para entregar a 686 cidadãos privilegiados o direito de voto de 60 milhões de eleitores. No ocaso da ditadura, o feitiço havia virado contra o feiticeiro. O candidato da oposição recebeu 480 votos contra 180 dados a Paulo Maluf. Este representava a situação, mas sua candidatura contrariava a vontade do Palácio do Planalto. "Venho em nome da conciliação", anunciou o presidente eleito.

Uma figura política rara, o mineiro Tancredo de Almeida Neves era, de fato, um conciliador nato. A tolerância era a marca de seu caráter. Nascido em São João del Rei em 1910, quinto numa família de 12 filhos. Era filiado ao PSD quando foi eleito deputado federal pela primeira vez, em 1951. Depois, foi ministro da Justiça no segundo governo de Getúlio Vargas, presidente do BNDE no de Jânio Quadros, articulador do acordo que permitiu a posse de João Goulart e a implantação do sistema parlamentarista em 1961, no qual atuou como primeiro-ministro. Em 30 de março de 1964, ele tentou em vão convencer Goulart a não comparecer a um ato público promovido pelos sargentos no Automóvel Clube, no Rio. Argumentou que a presença do presidente seria vista pelos militares como provocação. Não deu outra: no dia seguinte, Goulart foi derrubado por um golpe militar. Tancredo também foi senador. Em 1984, renunciou ao governo de Minas Gerais para ser o candidato da oposição e o presidente da transição para a democracia.

Quem poderia pensar que o veterano guerreiro morreria três meses depois de eleito presidente da República?

Depois da vitória no Colégio Eleitoral, Tancredo viajou para o exterior e se encontrou com chefes de Estado, numa estratégia que visava demonstrar ao mundo que o processo de redemocratização no Brasil era irreversível. Começou a sentir as dores e o desconforto da doença no dia 8 de março, mas preferiu escondê-los de todos. No dia 13, foi examinado pelo chefe do serviço médico da Câmara, Renault Matos Ribeiro, que recomendou cirurgia imediata. Tancredo preferiu deixar a operação para depois da posse.

Em 14 de março, véspera da posse, ele se sentiu mal durante a missa em ação de graças em sua homenagem no Santuário Dom Bosco, em Brasília. Era celebrada por seu primo, dom Lucas Moreira Neves, bispo da Cúria Romana, e por quatro arcebispos. Foi sua última aparição pública. Antes de ir para o hospital, Tancredo tomou o cuidado de assinar uma por uma a nomeação dos ministros e mandou que fossem publicadas imediatamente. Não queria correr o risco de deixar a tarefa para Sarney.

Tancredo foi internado à noite no hospital de Base de Brasília. O primeiro diagnóstico divulgado foi o de apendicite. A cirurgia ocorreu no início da madrugada seguinte. Na manhã da posse, os médicos divulgaram um novo diagnóstico: o presidente eleito sofria de diverticulite de Meckel, doença cujos sintomas são condizentes com as fortes dores abdominais que sentia. Era falso, inventado para iludir e tranquilizar o Brasil.

O economista Ronaldo Costa Couto, que havia sido secretário do Planejamento de Tancredo em Minas e fora nomeado ministro do Interior, escreveu que o caso era de abdômen agudo cirúrgico. Depois se veria que era inflamação de tumor benigno, um leiomioma, problema que poderia ser resolvido com uma cirurgia simples.[2] Conspirou contra a saúde do presidente uma série de barbeiragens. É o que conta Ronaldo Costa Couto:

"Contras as normas e recomendações, a cirurgia teria sido assistida por trinta ou quarenta pessoas, dependendo da fonte de informação. Do ponto de vista médico, pouquíssimos tinham por que estar no próprio centro cirúrgico. Muito menos na disputada sala de cirurgia, onde o excesso de pessoas, a negligência com os procedimentos obrigatórios de prevenção e a situação específica do hospital multiplicaram os riscos de infecção. E Tancredo morreria exatamente de infecção generalizada."

À desastrada operação na madrugada seguiram-se 38 dias de agonia, 27 dos quais com o presidente eleito internado no Instituto do Coração, o Incor, em São Paulo. Foi operado sete vezes e dado como recuperado pelos médicos em três ocasiões – numa delas, uma junta médica chegou a encenar uma fotografia com a pretensão de mostrar que Tancredo estava melhor do que na realidade.

O neto Aécio Neves conta que, nos dias finais, debilitado e sofrendo com as dores causadas por tubos, suturas e cateteres, Tancredo expressou um derradeiro lamento:

"Eu não merecia isso."[3]

Tancredo Neves morreu em 21 de abril de 1985. O simbolismo da coincidência de datas com a do enforcamento de Tiradentes não escapou aos mineiros. O Brasil homenageou Tancredo com um dos maiores funerais da história, só similar ao de Getúlio Vargas em 1954. Estima-se que entre São Paulo, Brasília,

Belo Horizonte e São João del Rei, onde foi sepultado, seu esquife foi seguido por mais de 2 milhões de pessoas.[4]

O primeiro presidente civil depois de 21 anos de trevas deveria ter subido a rampa do Palácio do Planalto em 15 de março para a celebração da esperança de um recomeço para o Brasil. Subiu 38 dias depois, dentro de um caixão levado nos ombros de cadetes das Forças Armadas. Em lugar da festa, um velório.

## Referências


1 *Folha de S. Paulo*, 18 de março, 1985.

2 Ronaldo Costa Couto: *Tancredo Casos e acasos*, Record, 1995.

3 Aécio Neves, *"Eu vi meu avô sair da vida e entrar para a história"*, *Veja Especial 45 anos*, 1º de setembro, 2013.

4 Obra acabada no governo que não houve, *Veja*, 1º de maio, 1985.

EM TRÊS MESES QUERO A DIREITA INDIGNADA E A ESQUERDA PERPLEXA.

Fernando Collor de Melo

Às vésperas do segundo turno das eleições presidenciais de 1989, Fernando Collor de Melo fez um anúncio enigmático: "Em três meses quero a direita indignada e a esquerda perplexa." Nem sempre valia a pena levar a sério o que o candidato dizia. Essa promessa, contudo, ele cumpriu. Collor foi colocado para fora do Palácio do Planalto dois anos depois da posse, deixando o país perplexo e indignado com as roubalheiras em seu governo.

Como aconteceu de tal aventureiro chegar à presidência da República?

Havia três décadas que o Brasil não elegia um presidente por voto direto. O último fora Jânio Quadros, em 1960. Duas décadas de regime militar haviam tumultuado a sucessão natural entre gerações na política brasileira. Os principais candidatos em 1989 eram rostos manjados do passado. E se podia colocar na salada o tempero do governo José Sarney, um dos mais impopulares da história. A politicagem explícita, a corrupção e a hiperinflação, sem esquecer o bigodão fora de moda e o terno trespassado do presidente, ajudaram a reforçar a percepção popular de que a política com aquela gente era um ambiente insalubre, dominado por interesses mesquinhos e personalistas.

O eleitor não sabia direito quem era Collor. Jovem, bonitão, ele se apresentava como elemento novo, estranho à política tradicional e sem rabo preso com os partidos. O candidato batia impiedosamente em Sarney, a quem chamava de “o maior batedor de carteiras da história”. Nenhum outro sabia usar com tanta eficiência a propaganda na televisão. Ele tinha até a assessoria permanente de um instituto de pesquisas, o que não era comum. O eleitorado e os outros candidatos, acostumados à mordaça da Lei Falcão,[1] nunca tinham visto nada assim.

Fernando Afonso Collor de Melo nasceu no Rio de Janeiro, em 1949.[2] O pai, Arnon de Melo, fora governador e senador por Alagoas.[3] A mãe, Lêda Collor, era filha de gaúcho Lindolfo Collor, líder da Revolução de 30 e criador do Ministério do Trabalho. Fernando usava profissionalmente o sobrenome do pai, Melo, até ser convencido por um numerólogo a dar destaque ao sobrenome materno, Collor.

Em Brasília, a geração de Fernando ficou conhecida como “os filhos do poder”. Herdeiros de famílias influentes no regime militar, a rapaziada atordoava as noites brasilienses com carros em disparadas e festas ruidosas. À sombra do pai e, depois, por moto próprio, Fernando foi protagonista de uma carreira meteórica:

Aos 23 anos, ele foi convocado a assumir o negócio de família em Maceió.[4] Aos 26, casou-se com uma ricaça de São Paulo, Celi Elizabeth Júlia Monteiro de Carvalho, a Lilibeth. O casamento, no qual tiveram dois filhos, acabou em 1981. Aos 30, por influência do pai, ele foi nomeado prefeito biônico da capital alagoana. Aos 33, elegeu-se deputado federal pelo PDS (o tesoureiro da campanha foi o amigo Paulo César Farias, o notório PC). Aos 35, casou-se com Rosane Malta.[5] Aos 38, elegeu-se governador de Alagoas. Aos 41, tomou posse como presidente da República.

Na última vez em que havia ido às urnas para escolher um presidente, em 1960, o eleitor brasileiro entregara a faixa a um farsante que prometia acabar com corrupção e as mamatas no Governo Federal. O jovem Collor de Melo percebeu logo que, longe de se desiludir com candidatos messiânicos, havia demanda no eleitorado pela mesma mercadoria.

Na cadeira de governador de um dos estados mais pobres da federação, Collor desfraldou uma bandeira, o combate aos altos salários de certos servidores públicos, apelidados de marajás, e criou sua persona política: o caçador de marajás.[6] No final da década, era o governador mais popular do Nordeste. No Carnaval de 1989, o combate à corrupção foi tema do enredo de quatro escolas de samba cariocas e Collor circulou pela pista do sambódromo fazendo o sinal de vitória com os dedos. Foi muito aplaudido.

O projeto de candidatura do governador de Alagoas ao palácio do Planalto existia desde 1987. As primeiras linhas haviam sido traçadas durante uma viagem de lazer à China feita por Collor e três companheiros da política alagoana, Renan Calheiros, Cláudio Humberto e Cleto Falcão.[7] Em 1989, o panorama eleitoral era de balbúrdia. Havia 25 candidatos presidenciais entre alguns pesos-pesados da política como Ulysses Guimarães, do PMDB; Mário Covas do PSDB; Leonel Brizola, do PDT, e Luiz Inácio da Silva, o Lula do PT. Collor, que já passara pela Arena, pelo PDS e pelo PMDB, concorria por uma agremiação criada para a ocasião, o Partido da Reconstrução Nacional, o PRN.[8] O candidato a vice-presidente era um senador mineiro de pouca expressão, Itamar Franco.

Fernando Collor estreou em cadeia nacional de televisão em 30 de março. Apresentou-se como um candidato jovem e ousado, denunciou a crise moral e bateu pesado nos "coronéis", nos "marajás", em Sarney. Na semana seguinte, já liderava as pesquisas de intenção de votos. Em maio, disparou na preferência do eleitorado e, por um momento, pareceu que iria levar o mandato de presidente no primeiro turno, o que não aconteceu.

O segundo turno contra Lula adquiriu aspecto plebiscitário, o que favoreceu Collor. Lula era o "sapo barbudo",[9] nas palavras de Leonel Brizola, difícil de engolir. Todos aqueles assustados com o esquerdismo destemperado do PT daquele tempo correram para os braços do "caçador de marajás".

No início do ano, tornara-se público que Lula tinha uma filha, Lurian, de 15 anos, nascida fora do casamento e ausente de sua biografia oficial.[10] Na reta final da campanha, Collor levou ao ar o depoimento da mãe de Lurian, Miriam Cordeiro. Com rancor de mulher desprezada, Miriam afirmou ter resistido à insistência de Lula para que abortasse a criança. Pegou mal para o candidato apoiado pela Igreja Católica e com o discurso dirigido ao setor mais pobre e conservador da sociedade.

A exposição de sua intimidade foi golpe abaixo da linha da cintura que abalou Lula. É possível que a revelação tenha contribuído para seu visível desconforto no último debate, às vésperas das eleições.

Fernando Collor de Melo recebeu 42,75% dos votos, contra 37,86% dados a Lula. Tomou posse em 15 de março de 1990, tornando-se o mais jovem presidente do Brasil e o primeiro eleito por voto em três décadas. Exatos 35.089.998 brasileiros optaram por entregar a chave do cofre ao ladrão.

Mas isso só se soube mais tarde.

## Referências

1 A Lei Falcão, que leva o nome de seu mentor, o ministro da Justiça Armando Falcão, vigorou entre 1976 e 1985 e permitia ao candidato exibir apenas a

própria foto, partido, nome e número no horário eleitoral na televisão e no rádio. Um locutor lia o currículo do candidato. O resultado era uma campanha tediosa, totalmente desprovida de conteúdo político. Itamar Franco, então senador do MDB de Minas Gerais, resumiu assim a lei Falcão: "É proibido ao povo conhecer seus candidatos e suas ideias".

2 Parte substancial dos dados biográficos foi consultado no Verbete Mello, Fernando do CPDOC-GV:http://www.fgv.br/cpdoc/busca/Busca/BuscaConsultar.aspx

3 Em 4 de dezembro de 1963, Arnon de Melo disparou três tiros contra um desafeto, o senador Silvestre Péricles, dentro do plenário do Senado. Uma bala atingiu e matou José Kairata, senador do Acre, que nada tinha a ver com a rivalidade entre os alagoanos. Apesar do assassinato cometido em público, Arnon não teve o mandato cassado ou recebeu qualquer punição.

4 As Organizações Arnon de Melo eram o maior grupo de comunicações de Alagoas, com um jornal, uma emissora de televisão (retransmissora da TV Globo), três estações de rádio e uma gráfica.

5 A noiva pertencia a um clã político com sede em Canapi e influência em municípios miseráveis do sertão alagoano.

6 Em entrevista à revista *Veja*, em abril de 1987, Collor se declarou em guerra contra o que considerava os quatro pilares da política alagoana: "O sindicato do crime, o poder econômico, a contravenção penal e os desmandos administrativos".

7 Renan Calheiros é senador da República em terceiro mandato e pela segunda vez presidente do Senado Federal. Da primeira vez renunciou à posição, em 2007, por pressão de denúncias de corrupção. O jornalista Claudio Humberto foi porta-voz do governo Collor, quando implantou a doutrina de contra-atacar pesado as críticas feitas ao presidente – o chamado "bateu, levou". O deputado Cleto Falcão, que morreu em 2011, rompeu com Collor em 1992, quando votou pelo impeachment do presidente.

8 O PRN era o novo nome de um nanico, o Partido da Juventude (PJ). Em 2000, desmoralizado pelo escândalo Collor, adotou a denominação de Partido Trabalhista Cristão (PTC), de pífia expressão eleitoral.

9 A expressão é de Leonel Brizola na campanha do primeiro turno das eleições de 1989. No segundo turno, o político do PDT aliou-se a Lula contra Collor.

10 A revelação se deve ao trabalho investigativo de um dos melhores repórteres de sua geração, Luiz Maklouf de Carvalho. Foi publicada no *Jornal do Brasil*, em 2 de abril de 1989.

**O PC É O TESTA DE FERRO DO FERNANDO.**

Pedro Collor

Fernando Collor de Melo tomou posse em 15 de março de 1990. Foi o mais jovem e o primeiro presidente eleito por voto direto desde Jânio Quadros, em 1960. Dois dias depois, ele anunciou um pacote anti-inflacionário, o Plano Collor. A inflação superava 80% ao mês e nos cinco anos anteriores ultrapassara o estratosférico índice de um milhão por cento. Os brasileiros estavam habituados aos planos de estabilização da economia. Os ingredientes básicos da receita – mudança no nome da moeda[1] e o congelamento de preços e salários – já não causavam surpresa.

O Plano Collor inovou com o equivalente financeiro a um murro abaixo da linha da cintura: o confisco de todo o dinheiro depositado em conta corrente e na poupança que excedesse 50.000 cruzeiros.[2] Deixou todos, indivíduos e empresas, pasmos e de bolso vazio.

Zélia Cardoso de Mello, a ministra da Economia, Fazenda e Planejamento, foi à televisão explicar a nova metodologia de combate à inflação – e ninguém entendeu nada. Pescada por Collor no segundo escalão do ministério do Planejamento, Zélia era pouco versada na língua corrente do país. Falava em pesado economês, aumentando a angústia generalizada. Mais hábil com as palavras, o presidente a socorreu com uma frase de efeito. "Eu tinha apenas uma bala para matar o tigre da inflação e acertei o alvo", explicou Collor, falante e bonitão como de hábito.

Bala perdida, infelizmente. A inflação voltou poderosa, acompanhada de recessão e desemprego. No final do ano, já galopava ao ritmo de 20% ao mês. Em janeiro de 1991, o governo tentou um segundo tiro com o Plano Collor II. Outro fiasco. Nunca antes na história deste país se vira a popularidade de um presidente cair pela metade da noite para o dia.

O Partido dos Trabalhadores, com a humilhante derrota eleitoral de Lula[3] entalada na garganta, abastecia a imprensa com toda a sorte de pecados governamentais escavados por seus deputados e militantes nos escaninhos da máquina do Estado. A preocupação entre os aliados do presidente no Congresso, que nunca tinham sido numerosos, passou a ser a identificação do momento certo para abandonar o barco que afundava.[4]

A resposta de Collor a tantos desafios foi a de aprimorar o marketing de campeão da juventude e da ousadia. Vestia camiseta justa e saía a correr pelas ruas de Brasília, seguido por um pelotão de fotógrafos e cinegrafistas. O presidente era visto nos jornais e na televisão praticando esportes variados, fingindo pilotar aviões de guerra, levantando água em passeios de jet-ski no lago Paranoá. A propaganda espalhafatosa pouco ajudou quando o mar de lama chegou à *primeira-família* e ao *primeiro-amigo*. Desde a eleição ouviam-se resmungos de que Paulo César Farias, o PC, tesoureiro da campanha e companheiro de longa data do presidente, ia com muita sede ao pote. Abordava empresários com maus modos e tinha inflacionado o valor da propina paga por quem fazia negócios com o Estado.

Há quem garanta que, apesar do escândalo e da queda de Fernando Collor, o percentual da propina permaneceu no patamar estabelecido por PC Farias, jamais retornando aos valores mais baixos praticados anteriormente.

No segundo ano de governo, as denúncias esparsas confluíram numa torrente, ameaçando virar o barco. O presidente da Petrobras pediu demissão e anunciou estar caindo fora por não suportar as pressões feitas por PC Farias e pelo secretário-geral da Presidência, Marcos Coimbra, cunhado de Collor, para favorecer uma empresa privada.[5] Apareceram compras superfaturadas e desvio de recursos na Legião Brasileira de Assistência, presidida por Rosane Collor entre 1990 e 1991. Com a imprudência própria de quem pensa que pode tudo, a primeira-dama não hesitou em bancar com dinheiro público uma festa em homenagem a uma amiga, a assessora Eunice Guimarães, nos jardins do Palácio da Alvorada. Em agosto de 1992, a Justiça Federal de Brasília obrigou Rosane a devolver ao Tesouro Nacional o equivalente a 18 mil dólares gastos na festa.

Por onde se procurasse, surgiam novos escândalos. O maior fora o envio de verbas para uma fundação fantasma, a Pró-Carente, de Canapi, cidade natal da primeira-dama em Alagoas. O endereço da entidade era o mesmo da casa da mãe de Rosane. A própria Rosane foi também condenada, em primeira instância, a onze anos de cadeia por superfaturamento na compra de leite (não passou um só dia atrás das grades, evidentemente). O Ministério Público estimou em 16 milhões de dólares o total desviado pelo grupo da primeira-dama. Para demonstrar sua irritação, Fernando Collor passou a circular publicamente sem a aliança no dedo.

A Receita Federal foi encarregada de vasculhar a contabilidade de PC Farias. O laço apertava, mas não a ponto da asfixia. O presidente teria provavelmente se safado se as desavenças dentro do clã Collor não tivessem transbordado para a imprensa.

Pedro, o caçula, andava às turras com Fernando, tinha relações tensas com o primogênito Leopoldo, empresário em São Paulo, e perdera a confiança da mãe, Lêda. Em janeiro de 1991, Pedro foi informado pelo próprio presidente que PC Farias iria lançar um jornal em Maceió, *A Tribuna de Alagoas*.[6] Pedro, que dirigia *A Gazeta de Alagoas*, carro-chefe do latifúndio de comunicações dos Collor de Melo, não gostou. A única concessão que obteve do irmão-presidente foi o adiamento da data de lançamento da *Tribuna*, inicialmente prevista para janeiro de 1992.

Em fevereiro, Pedro contou a *Veja* ter preparado um fornido dossiê com as falcatruas de PC Farias, a quem chamava de "lepra ambulante", e adiantou certos detalhes escabrosos.[7] A Procuradoria Geral da República foi chamada a investigar as denúncias. Em maio, dizendo-se ameaçado de morte, o caçula implodiu o que restava da *ormetà* familiar. Em entrevista alçada a tema de capa pela revista *Veja*,[8] Pedro Collor entregou o esquema: "O PC é o testa de ferro do Fernando".

Aberta a porteira, a boiada disparou. A imprensa foi à luta com disposição poucas vezes vista no Brasil. A cada enxadada dada pelos repórteres no mar de lama, mais minhocas apareciam. O país surpreendia-se a cada dia com novos detalhes da trama criminosa que pagava as contas do presidente da República. PC Farias montara uma rede de contas bancárias em nome de fantasmas. Esquema furadíssimo. Os cheques deixavam um rastro fosforescente ao passar pelas mãos de office-boys, secretárias e motoristas. A trilha levava sempre a PC: o carro usado pela família, o pagamento da reforma do jardim da Casa da Dinda, a residência da família Collor em Brasília, uma extravagância de 2,5 milhões de dólares.

O tesoureiro se vangloriara abertamente do relacionamento estreito com o presidente – e a fanfarronice agora servia de prova nas investigações. Pedro Collor havia contado na entrevista: "O Paulo César diz para todo mundo que 70% são do Fernando e 30% são dele".

A fartura de provas alimentou a Comissão Parlamentar de Inquérito, cujo relatório final apresentado em agosto de 1992 recomendou o *impeachment*. Collor havia tentado uma explicação canhestra, a de que o dinheiro usado para pagar suas despesas viera de um empréstimo feito no Uruguai por intermédio de um doleiro. A manobra – apelidada de Operação Uruguai – não convenceu ninguém. A deposição do presidente virou causa nacional. Estudantes saiam às ruas em manifestações coloridas – os caras-pintadas –, fornecendo belas imagens para os telejornais. Em 14 de agosto de 1992, num espasmo de desespero, Collor foi à televisão convocar manifestações a seu favor:

"Que saiam no próximo domingo de casa com alguma peça de roupa com uma das cores da nossa bandeira! Que exponham nas janelas! Que exponham nas suas janelas toalhas, panos, o que tiver nas cores da nossa bandeira. Porque assim, no próximo domingo, nós estaremos mostrando onde está a verdadeira maioria", exortou o presidente.

O homem que só tinha uma bala havia dado um tiro no pé. As ruas de dez capitais se encheram de manifestantes trajando roupas pretas. O presidente estava sozinho. É de duvidar que ainda lhe servissem um cafezinho no Palácio do Planalto. Seu último ato como presidente foi renunciar ao cargo, em 29 de dezembro de 1992. A penada veio tarde demais para evitar a vergonha de ser colocado para fora do Planalto. Reunido naquele dia, em clima de exaltação patriótica, o Congresso votou o *impeachment* do presidente por corrupção.[9]

Collor perdeu o mandato e teve os direitos políticos cassados por oito anos.[10] O Brasil sentiu-se de alma lavada. Por um momento pareceu que o país atingira a maturidade democrática e nunca mais um governante ousaria roubar o dinheiro do povo brasileiro.

A ilusão durou pouco.

## Referências:

1 O Plano Collor ressuscitou a denominação de "cruzeiro" para a moeda nacional. O nome já circulara entre 1942 e 1967, depois foi substituído por cruzeiro novo (1967-1970), cruzeiro novamente (1970-1986) e, por fim cruzado (1986-1990). O cruzeiro deu vez ao real em 1994.

2 A metodologia usada na fixação do teto de 50.000 cruzeiros foi a de escrever vários valores em pedacinhos de papel e sortear um deles durante a festa de posse de Collor. Pelo câmbio oficial em 9 de março de 1990, equivalia a 1.380 dólares. O depoimento da ministra a respeito do episódio está em *Zélia, Uma Paixão*, biografia autorizada escrita por Fernando Sabino. Publicado pela Record, o livro vendeu 240.000 exemplares em 1991.

3 Em crise depressiva por causa derrota nas eleições de 1989, Luiz Inácio Lula da Silva passou um mês confinado na casa do candidato a vice-presidente, Hélio Bicudo. O depoimento de Bicudo pode ser visto no Youtube: http://www.youtube.com/watch?v=MKhSKE3FkDA.

4 Collor privatizou algumas estatais, entre elas as da siderurgia que davam brutal prejuízo aos cofres públicos, e extinguiu autarquias arcaicas, como o Instituto Brasileiro do Café. Também sumiu com excentricidades perdulárias, tipo a Embrafilme. A modernização do Estado e da economia não perturbava apenas a esquerda. A abertura de brechas no protecionismo punha muitos empresários diante do desafio inédito da concorrência global. A indústria automobilística, por exemplo, foi forçada a produzir veículos melhores que as habituais "carroças" (a definição foi um feliz achado de Collor). Os políticos, por sua vez, incomodavam-se com o sumiço de tantas sinecuras e cabides de empregos.

5 Luís Otávio da Mota Veiga acusou a dupla de pressionar para que a Petrobras fornecesse a Vasp combustível a preços camaradas. Privatizada no início da década de 1990, a companhia aérea fora comprada por um empresário de Brasília, Wagner Canhedo. A Vasp faliu em 2005.

[6] O projeto de Fernando Collor e PC Farias era montar uma rede de comunicações paralela em Alagoas, da qual faria parte *A Tribuna de Alagoas*, uma dúzia de estações de rádio e talvez uma de televisão.

[7] Eduardo Oinegue, *Veja*, 19 de Fevereiro, 1992, páginas 24 e 25.

[8] "O PC é o testa de ferro do Fernando", *Veja*, 27 de maio, 1992, páginas 18 a 22.

[9] Cláudio Humberto, porta-voz do Governo Collor, conta em *Mil dias de solidão – Collor bateu e levou* (Geração Editorial, 1993 – 399 páginas), que o presidente e seus aliados ofereciam um milhão de dólares por voto contra a abertura do processo de *impeachment*, em setembro. Dois deputados paranaenses aceitaram o dinheiro, mas traíram o compromisso na hora de votar em plenário.

[10] Depois de tentar sem sucesso se eleger governador em 2002, Fernando Collor de Mello voltou ao Congresso Nacional em 2007, eleito senador por Alagoas. Em 2010, tentou novamente ser governador. Foi o terceiro mais votado.

QUER SABER MAIS SOBRE A LEYA?

Fique por dentro de nossos títulos, autores e lançamentos.

Curta a página da LeYa no Facebook, faça seu cadastro na aba *mailing* e tenha acesso a conteúdo exclusivo de nossos livros, capítulos antecipados, promoções e sorteios.

A LeYa está presente também no Twitter e Google +

www.leya.com.br

facebook.com/leyabrasil

@leyabrasil

google.com/+LeYaBrasilSãoPaulo

Este livro foi composto em
Original Garamond
e impresso para a LeYa
em janeiro de 2014